本书是2016年度“教育部人文社会科学研究专项任务项目（中国特色社会主义理论体系研究）——中国共产党领导的社会福利事业建设研究（1949-1966）（16JD710066）”资助的研究成果。

我国社会主义民政福利建设与影响研究（1949-1966）

WOGUO SHEHUI ZHUYI MINZHENG FULI JIANSHE YU YINGXIANG YANJIU

龙国存◎著

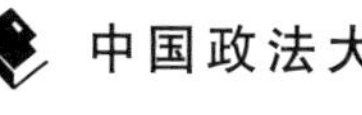

中国政法大学出版社

2018 · 北京

图书在版编目（CIP）数据

我国社会主义民政福利建设与影响研究:1949-1966/龙国存著.—北京:中国政法大学出版社, 2018.11
ISBN 978-7-5620-8702-1

Ⅰ.①我… Ⅱ.①龙… Ⅲ.①社会福利－研究－中国 Ⅳ.①D632.1

中国版本图书馆 CIP 数据核字(2018)第 253024 号

出版者　中国政法大学出版社
地　址　北京市海淀区西土城路 25 号
邮寄地址　北京 100088 信箱 8034 分箱　邮编 100088
网　址　http://www.cuplpress.com（网络实名：中国政法大学出版社）
电　话　010-58908586(编辑部) 58908334(邮购部)
编辑邮箱　zhengfadch@126.com
承　印　固安华明印业有限公司
开　本　880mm×1230mm　1/32
印　张　11.25
字　数　270 千字
版　次　2018 年 11 月第 1 版
印　次　2018 年 11 月第 1 次印刷
定　价　59.00 元

目录

CONTENTS

第一章　绪　论 …… 1

第一节　研究现状述评 …… 1

第二节　基本概念界定 …… 19

第三节　研究思路和研究意义 …… 30

第二章　我国社会主义民政福利建设的源起 …… 39

第一节　马克思恩格斯福利思想及其指导 …… 39

第二节　毛泽东福利思想及其指导 …… 47

第三节　中国传统文化源流及其影响 …… 54

第四节　我国民政福利建设的历史实践 …… 61

第三章　我国社会主义民政福利管理体系的建设 …… 80

第一节　党的民政福利指导思想的形成和演变 …… 80

第二节　社会主义民政福利制度体系建设 …… 92

第三节　政府对社会福利机构的整合 …… 123

第四章　我国社会主义民政福利建设实践的开展 …… 147

第一节　社会福利事业的广泛开展 …… 147

第二节　社会福利企业的普遍发展 …………………………… 225
第三节　收容遣送工作的深入实践 …………………………… 257

第五章　我国社会主义民政福利建设的影响与启示 …… 289
第一节　我国社会主义民政福利建设的重要影响 ………… 290
第二节　我国社会主义民政福利建设存在的历史局限性…… 323
第三节　我国社会主义民政福利建设事业发展的现实启示 ………………………………………………………… 334
第四节　我国社会福利事业发展的未来方向 ……………… 349

参考文献 ……………………………………………………… 353
后　记 ………………………………………………………… 357

第一章

绪　论

第一节　研究现状述评

一、关于社会福利的概念辨析

“福利”是一个拥有多重含义的概念。汉语中的“福利”一词是由英语“welfare”翻译而来的。在英语中“福利”一词是由“well”和”fare”两个词合成的，“well”的意思是“好”，“fare”的意思是“生活”，两个词综合起来就是“美好的生活”。但什么是“美好的生活”？这是一个见仁见智的问题。它可以指物质生活的安全和快乐，也可以指精神上的一种幸福状态，还可以指为达到美好生活，政府所采取的各种政策和提供的各种服务等。

与“福利”一样，“社会福利”也是一个难以界定的词语。因此，无论是西方还是中国国内，政府、学者、企业界等对社会福利的界定常常莫衷一是。关于社会福利的概念，学术界一般从“状态”和“制度”两个方面来定义。美国学者米基利（Midgley）主张对社会福利可以从两个层面来理解其含义，社会福利一方面指社会福利状态，一方面也指社会福利制度。

一是指社会福利状态，也就是社会一种正常和幸福的存在状态。美国学者巴克尔（Barker）曾提出，社会福利是指一个社会共同体的集体的幸福和正常的存在状态。[1]米基利（Midgley）也说过：社会福利是“当社会问题得到控制时，当人类需要得到满足时，当社会机会最大化时，人类正常存在的一种情况或状态”。[2]我国很多学者也认为福利在本质上是人的一种幸福或健康的状态，如马广海和许英就提出，社会福利是指一个社会的幸福状况，包括人们的健康、经济状况、快乐和生活质量。[3]作为一种状态的社会福利，贫困、疾病、犯罪等社会病态是它的反义词，它首先是个人需要的满足，之外还包括社会问题的调控、实现人的发展潜能等。

二是指社会福利制度，国家和社会为实现社会福利状态所作的各种制度安排，主要是为促进人类幸福、疗救社会病态而进行的慈善活动和政府行为。巴克尔（Barker）还曾提出社会福利是帮助人们对满足维持社会运转必不可少的社会需要、教育需要和健康需要的国民制度。[4]中国大多数学者也都从制度角度来研究社会福利，认为社会福利是制度安排，包括社会福利的目标体系、社会福利的对象、社会福利的项目体系、社会福利的资金和服务提供体系。如郑功成认为，中国的社会福利其实专指国家和社会通过社会化的福利设施和有关福利津贴，以满足社会成员的生活服务需要并促使其生活质量不断得到改善的一种社会政策。[5]

---

〔1〕 Barker R.，*The Social Work Dictionary*（4th ed.），Washington，D. C：NASW Press，1999：454.

〔2〕 尚晓援：“社会福利”与“社会保障”再认识，载《中国社会科学》2001年第3期。

〔3〕 马广海、许英：“论社会福利：概念和视角”，载《山东大学学报（哲学社会科学版）》2008年第5期。

〔4〕 郑功成：《社会保障学》，中国劳动社会保障出版社2005年版，第37页。

〔5〕 郑功成：《社会保障学——理念、制度、实践与思辨》，商务印书馆2000年版，第20页。

作为状态的社会福利和作为制度的社会福利相辅相成，社会福利状态是目的，社会福利制度是手段。社会福利作为一种正常和幸福的状态，是福利制度安排的目标，而社会福利制度安排能促进社会福利状态的实现。

在社会福利的实际运用中，更常见的是把社会福利作为一种制度或政策。而作为一种制度或政策，社会福利也有狭义和广义两种理解。

狭义的社会福利是指为帮助特殊群体、疗救社会病态而提供的社会服务，又称福利服务。这种狭义的社会福利以弱势群体或社会边缘群体为对象，以传统社会工作（照顾老弱病残等）为主要内容。20 世纪以前西方国家的社会福利主要就是这种狭义的社会福利，将社会福利与慈善事业、济贫服务同义，社会福利是建立在自由主义、个人责任和私人善行基础上的，只为少数不幸的人提供服务的制度。

广义的社会福利是指国家和社会为实现社会福利状态所作的各种制度安排。如《简明不列颠百科全书》将社会保障解释为“一种公共福利计划”。广义社会福利具有以下特征：社会福利对象不再仅仅是少数弱势群体，而是面向全体社会成员；社会福利项目不再仅仅是社会救助和社会福利服务，而是覆盖全体国民的社会保障、就业、住房、教育、医疗等项目；社会福利的提供者也扩大为全社会。第二次世界大战结束后，西方大多数工业国家很大程度上扩展了社会保护计划，社会福利的概念也开始拓宽，“社会福利”与“社会政策”“福利国家”等名词交替使用。社会政策开始指与提供现金和实物的社会措施有关的政策。后来蒂特马斯（Titmuss）扩大了社会政策的范围，他把含有资源再分配和促进社会整合目标的各类税制减免和职业福利也概括在社会政策的领域内。汤森（Townsend）在 1969

年则将社会政策看作有助于实现既定的社会目标的任何政策。福利国家是指建立在公民权利平等基础上，由国家提供的最低生活保证，使公民在教育、健康、医疗和住房等方面享有的基本照顾。后来，这个概念被扩展为福利制度遵循社会的政治经济命脉运行的方式。[1]也就是说，20世纪以后，西方的社会福利成为一种社会化的行为并走向制度化，在国家的干预下成为各国国民能够普遍分享的一种或一类社会政策。[2]

也有人认为社会福利作为一种社会制度，既可以专门为弱者提供服务，也可以为全体社会成员提供服务；既可以涵盖狭义的社会福利概念，也可以涵盖广义的社会福利。例如《大美百科全书》对社会福利的定义是：常指分门别类的制度与服务，其主要目的在于维护和提高人们身体的、社会的、智力的或感情的福祉。同时它亦指大学的、政府的或私人的方案，这些方案涉及社会服务、社会工作和人群服务等领域以达到助人的专业目标。它认为，作为社会制度的社会福利，一方面要帮助有困难的社会成员维持其基本的物质和精神文化生活，另一方面也要提高全体社会成员的生活水平和质量，增进全民的福祉。[3]

国际上对社会福利的内涵还缺乏统一的界定和认识。西方国家更多的将社会福利作为一个广义的概念。美国学者大多认为，社会福利是为了保证个人以及集团成员拥有平均的生活水准和身体健康而提供的各项社会服务和有关制度的组织体系。如弗里德曼在《选择的自由》一书中指出，社会福利包括社会

---

〔1〕 黄黎若莲：《中国社会主义的社会福利——民政福利工作研究》，中国社会科学出版社1995年版，第3~4页。

〔2〕 郑功成：《中国社会保障制度变迁与评估》，中国人民大学出版社2002年版，第325页。

〔3〕 陈红霞：《社会福利思想》，社会科学文献出版社1995年版，第2页。

保障、公共援助、房屋津贴和医疗保健。[1]在英国，社会福利被定义为“是为了保障全体国民的物质的、精神的社会最低生活水准而由政府和民间提供的各项社会服务的总和”。大多数日本学者采用大福利概念，或者灵活采用其他表达方式。日本社会福利学会执行会长康子教授就认为，狭义的社会保障是指对存在生活问题的社会成员平均地、常规地给予一定的经济供给，而对于上述社会成员提供个别的或者特殊性措施则叫作社会福利，同时也承认广义的社会保障大多包含了社会福利。[2]

中国的台湾和香港地区，也大多将社会福利作为一个广义的大概念。台湾地区“行政院”主计处所编的社会指标统计中，则将社会福利分为公务人员保险、退休人员保险、私立学校教职员保险、农民健康保险、劳工保险、全民健康保险、人寿保险、社会救助、残障福利、妇女福利、老人福利、儿童福利。香港也将综合援助、社会服务等纳入社会福利范畴。

中国政府所持的社会福利观点则与狭义的社会福利观点基本一致，民政部曾提出：“社会福利是专为社会弱者或特殊人群服务的，为其提供基本的生活保障。”[3]民政部部长多吉才让也曾提出，社会福利指“民政部门代表国家提供的针对弱势老人、残疾人、孤儿和优抚对象的收入和服务保障”[4]。中国民政部门一般从专为弱者提供服务的方向界定社会福利，在内容上主要包括社会福利事业、残疾人就业、收容遣送、城市社区

---

〔1〕 Miton and Rose Friedman, *Free to Choose*, Avon Books, 1981: pp. 82~118.

〔2〕［日］一番ケ濑 康子：《社会福利基础理论》，沈洁、赵军译，华中师范大学出版社1998年版，第34~35页。

〔3〕 民政部社会福利司：《社会福利发展概况和改革思路》；国家经济体制改革委员会编：《社会保障体制改革》，改革出版社1995年版。

〔4〕 多吉才让：《中国社会福利丛书》，中国社会出版社2002年版，第1页。

服务等，主要对孤老残幼等有特殊困难的社会成员提供基本生活保障，它是我国社会保障制度的一个组成部分。

中国政府对社会福利多采用狭义概念，侧重弱势群体，强调救济原则。而对社会保障则采用广义概念，认为社会保障是各种国民生活保障的最高层级概念，社会福利与社会保险、社会救济、社会优抚则是社会保障制度的组成部分。这种狭义上的社会福利概念为中国官方、学术界和国民所广泛接受。社会福利主要是指，由民政部门负责的专为社会弱势群体或者通常所说的“三无”人员（即无劳动能力、无生活来源、无法定抚养义务人）提供服务的基本生活保障制度。香港学者黄黎若莲认为，与西方相比，中国的社会福利的内涵是独特的，“福利”这个名词与生活待遇和救济相提并论，特别指与支援有特殊困难的群体相关的工作和服务。[1]

从社会福利的内涵、功能、性质等来看，社会福利有不同的模式。西方学者大多从剩余性、制度性两个层次进行阐释，将社会福利分为剩余性社会福利模式（或称为补救性模式）、制度性社会福利模式、发展性社会福利模式、混合性社会福利模式。

美国社会学家威伦斯基和莱博（Harold Wildnsky and Charles Lsbdaux）认为社会福利有两种概念：剩余性社会福利和制度性社会福利，即剩余说和制度说。剩余说主张社会福利只有在正常的社会供给渠道（即家庭和市场）遭受破坏时才发挥作用，首先解决社会失常现象和补充必要的普及性服务。剩余说认为，家庭和市场是满足个人需要的最先选择，只有在家庭和市场不能发挥作用时，社会福利才发挥作用。剩余性福利容易被当作

---

〔1〕 黄黎若莲：《中国社会主义的社会福利——民政福利工作研究》，中国社会科学出版社 1995 年版，第 4 页。

一种“施舍”或“善行”，福利的接受者常常被视为社会的弱者。剩余性社会福利是一种选择性的社会福利，具有暂时性、替代性特征。剩余福利模式也被称为补救模式。马丁（George T. Martin, Jr）和查尔德（Mayer N. Zald）也提出：“我们的社会福利的定义相对来说是有排斥性的，社会福利的目的在于使处于需要中的人们获得社会和个人的最低水平的保障。”[1]

制度说则认为社会福利服务是正常的和“第一线”的危机预防系统，不是在家庭和市场不能满足福利需求时才介入，而是现代社会结构中常规化的、永久性的制度。制度说强调社会福利优先解决普遍性的社会问题，在现代工业社会中有必然的重要性。[2]制度说认为社会福利对象不仅指社会弱势群体，也包括社会中的所有国民，是一种普遍性的社会福利。社会福利不再是施舍，而是所有公民正当的权利。制度性社会福利提供的福利水平比剩余性福利模式要更高，但也基本上是保障公民的基本生活。伯恩斯（Eveline M. Burns）认为，“对一位经济学家来说，作为制度的社会福利的最重要的事实是，它是一套组织化的安排，在这种安排下，消费者的经济产品的生产和分配是按照不同于自由经济市场或在家庭制度下普遍的原则或方法来进行的。”[3]英国社会政策学学者蒂特姆斯（Richard Morris Titmuss）是制度说的主要倡导者，他将社会福利区分为三种模式：剩余模式、成就或成绩模式、制度性再分配。第一种和第

---

〔1〕 George T. Martin, Jr., Mayer N. Zald, eds., *Social Welfare in Society*, New York: Columbia University, 1981.

〔2〕 Harold Wilensky, Charles Lebeaux, *Industrial Society and Social Welfare*, New York: The Free Press, 1958: pp. 130~140.

〔3〕 Eveline M. Burns, “Some Economic Aspects of Welfare as an Institution”, *Social Science and Social Welfar*, John M. Romanyshan, ed., *New York*: *Council on Social Work Education*, 1974.

三种相当于威伦斯基和莱博的剩余说和制度说。第二种模式则将社会福利界定为“经济的附属物”，主张社会资源要按“成绩、工作表现和生产力来分配”。蒂特姆斯（Richard Morris Titmuss）认为社会福利要满足所有的社会成员，关注社会需求。

剩余性社会福利模式和制度性社会福利模式都是针对社会问题的制度性回应，认为社会福利都是为了解决社会问题的。而发展性社会福利模式则从更广泛的意义上解释社会福利，认为社会福利不仅仅是解决社会问题，更强调社会福利的发展功能，社会福利还要提高人民的生活水平和生活质量，服务对象是全民。卡恩（Alfred Kahn）和罗曼尼斯克因（John Romanyshyn）首先提出了发展性社会福利观点，他们认为发展性社会福利是一套旨在提高人们生活质量和满足人类需要的福利制度。[1]发展性社会福利模式主张社会福利的目的，是为了提高全民健康水平、教育水平、生活水平等，确保社会正义及公平分配国家的财富。

西方学者一般认为工业国家的福利发展阶段是从剩余模式过渡到制度模式的。罗曼尼斯克因（John Romanyshyn ）把福利发展的过程说成是从慈善走向公平，中间经过三个阶段：私人行善阶段、社会保障和社会规划阶段、福利社会阶段。不过西方学者一般都认为，在现实社会中大多数国家其实都采用混合模式，也就是既采用剩余模式，同时又采用制度性模式。混合性社会福利模式观点认为，社会福利的对象不但有社会弱势群体，还包括全体公民，社会福利既要满足全体公民的基本需要，也要提高公民的生活质量。混合型模式在西方国家占主导地位。

---

〔1〕孟钧：“中国社会福利事业管理改革的依据与方向”，载《中国民政》2007年第9期。

由于长期以来中国相对落后的生产力水平，并有鉴于西方福利国家的过高福利给经济发展带来了障碍，剩余性社会福利模式的观点对中国社会福利产生了广泛而深刻的影响。中国政府部门对社会保障、社会福利制度的设计及相关政策实践很多是从剩余说出发的，认为“社会福利的对象是无依无靠的孤老残幼，精神病人等”。〔1〕长久以来，中国把社会福利作为社会保障制度的一个子制度，并把社会福利对象限于社会弱势群体，这正是建立在对社会福利的剩余性、补救性的理解上。中国的社会福利具有明显的补缺性特征。

但混合性的社会福利观点越来越多地为中国学者所接受。尤其是改革开放以来，随着中国经济水平的提高，以及作为社会主义国家对社会公平的追求，中国学者更多地主张中国不但要有补缺性的社会福利存在，而且还要满足所有人口益增长的物质和文化需求，发展制度性福利。如《中国劳动人事百科全书》中就提出：“社会福利是国家、地方或社会团体举办的以社会全体成员为对象的福利事业，如教育、科学、环境保护、文化、体育、卫生设施，为城乡居民支付的救济金和各项补贴，为残疾人和丧失劳动能力的人举办的各项社会福利设施及服务和保险事业。”〔2〕

二、关于中国社会福利问题的研究

20 世纪 90 年代以前中国国内学术界对中国社会福利问题研究甚少，20 世纪 90 年代以来中国社会福利、民政福利才逐渐成

〔1〕 王东进：《中国社会保障制度》，企业管理出版社 1998 年版；李铁映：“建立具有中国特色的社会保障制度”，载《求是》1995 年第 2 期。

〔2〕《中国劳动人事百科全书》编写委员会编：《中国劳动人事百科全书》，经济日报出版社 1989 年版。

为国内学术界的一个研究热点。但是学术界更为关注的是有关中国社会福利、民政福利的现实问题，对改革开放前社会福利、民政福利事业的发展历史关注不多，研究还有待更深入。

第一类研究是从历史学角度（专门史、党史、国史等）研究新中国成立后社会福利事业的发展。这些研究探讨了中国自古代到近现代社会福利历史的发展进程，其中有一部分内容涉及 1949 至 1966 年间社会福利的历史进程，主要介绍了当时中国社会福利工作的内容，理论分析不多。通过古今对比，对当时中国的社会福利工作大多持肯定态度，认为党和政府的福利工作取得较大成就，社会福利事业有较大发展。例如，孟昭华、王明寰所著的《中国民政思想史》在梳理自古至今的中国民政工作和思想时，提出新中国成立后党和政府十分重视救济福利工作，采取果断的救济福利措施，从而清除了历史上长期存在的社会病态。当社会秩序稳定后，政府通过开展社会救济、组织社会福利生产、举办社会福利事业、进行收容遣送而使社会救济福利工作成为国家的一项经常性工作。王子今、刘悦斌、常宗虎所著的《中国社会福利史》，简要梳理了新中国五十年来社会福利事业的发展历程，提出新中国的社会福利事业是在旧中国社会福利事业发展基础上发展起来的，在计划经济体制时期它适应了形势的要求，发挥了应有的作用，并总结了有关必须确立科学化的社会福利概念、社会福利事业的发展必须走向社会化、社会福利生产不能不办也不宜大办的现实启示。

第二类研究是从社会学角度对中国社会福利事业进行研究。有关社会保障、社会福利理论的某些著作，有时会涉及新中国成立后中国社会福利制度的历史沿革，但仅仅是被作为研究社会福利制度理论与具体改革的背景资料出现的，主要通过对改革开放前的社会福利制度的特征和缺陷进行分析，从而提出对当前福利制度改革的建议。对改革开放前传统社会福利事业的研究依然缺乏专门的、深厚的理论分析，学者很少对这一时期的社会福利的指导思想、实践以及历史经验进行深入的探索，并且欠缺实证研究、个案考察。

关于这一时期民政福利制度的制度基础和管理模式。一般学者认为，这一时期民政福利深深打上了公有制和计划经济的烙印。公有制是社会福利制度的制度基础，社会福利制度建立在公有制基础上。“我国计划经济时期的社会福利制度完全建立在公有制基础上，并成为公有制的附属物，使当时我国的一切福利制度和政策都与公有制密切联系。”〔1〕在公有制条件下，国家作为无产阶级和人民群众的代表，有权制定社会福利分配计划并决定社会福利分配方式。计划经济体制下，由国家和政府来统揽一切福利事务，社会福利事业既由国家举办又由国家管理，实行管办合一的计划管理模式。大多数学者认为这种计划管理模式适应于当时中国国情，在经济落后的条件下有利于福利事业的发展。“强调国家的计划职能，由国家和政府来调拨社会福利资源，保障了国家在社会福利资源调拨方面的权力，使国家能够在经济条件比较困难的情况下，维持社会福利事业。”〔2〕高冬梅认为科层制的、国家主导社会的政治模式有利于社会救助绩效的发挥。“在这种科层式的权威主义国家中，下级服从上级，局部服从全局，全党服从中央，整个政治系统都投入到社会救助中，这成为弱势群体社会救助问题得以较好、较快解决

〔1〕成海军：“计划经济时期中国社会福利制度的历史考察”，载《当代中国史研究》2008 年第 5 期。

〔2〕成海军：“计划经济时期中国社会福利制度的历史考察”，载《当代中国史研究》2008 年第 5 期。

的政治基础。”[1]宋士云也认为计划经济体制下中国的社会福利模式是一种特殊的“计划型”福利模式，但他认为这种计划模式的负面作用较大，国家把社会福利纳入计划体制的轨道，服务于整个社会政治、经济资源的计划配置，“这种模式不仅降低了中国整个社会福利事业的社会性和福利资源的利用效率，而且也降低了其他社会主体参与社会福利事业的积极性与可能性”。[2]

关于这一时期社会福利制度的特征，大多数学者认为在国家追求社会主义“一大二公”的背景下，福利制度在封闭状态下分割化，体现出条块分割、混杂不清、倾向城镇、典型补救式等特征，国家福利政策充满内在矛盾性。例如郑功成提出中国的社会福利制度是在接收、改造旧中国管办、民办、教会办的福利设施基础上逐步建立起来的，形成了以职工福利为核心的国家负责、城乡分割、板块结构式的传统福利制度。他认为，传统福利制度是一种奇特的混合模式，福利是民政福利、价格补贴、单位福利的混合体，“一方面，在传统福利制度中，中国的福利被分割为政府财政价格补贴、民政福利和企业或单位办福利三大独立板块”，“三者之间既缺乏协调性，又缺乏稳定性”。[3]福利一度与救济混合在一起，福利与工资混合，国家福利、单位福利与家庭福利混合。其次，传统社会福利制度是典型的城镇福利制度，社会福利基本上是面向城镇居民的，而农村居民的福利则严重不足。“在传统福利制度下，包括财政性价

〔1〕 高冬梅：《新中国成立初期中国共产党社会救助思想与实践研究（1949–1956）》，人民出版社 2009 年版，第 250 页。

〔2〕 宋士云：《新中国社会保障制度结构与变迁》，中国社会科学出版社 2011 年版，第 131 页。

〔3〕 郑功成：“论中国传统社会福利制度及其缺陷”，载《社会工作》1997 年第 5 期。

格补贴、民政福利，以及企业或单位提供的住房福利、生活补贴、集体福利实施等，都是面向城镇居民的。”〔1〕普遍化的社会福利仅仅面向城镇居民，覆盖范围主要是城镇居民，“全国人口约20%的城镇居民占有全国财政性福利支出的95%以上的份额”。〔2〕再次，社会福利制度是典型的就业关联福利制度。福利项目的设置面向城镇就业者，福利覆盖对象也是城镇就业者，以企业或单位来组织实施。“中国传统的福利制度是典型的与就业或工资收入关联的制度，这是与工业化国家的社会福利截然不同的。”〔3〕还有学者提出，传统社会福利制度是典型的补救式福利。中国的民政福利主要面向“三无”对象，福利水平较低。例如，宋士云指出：“在传统福利制度下，中国的民政福利主要是通过举办社会福利机构，为无劳动能力、无法定扶养人、无生活来源的‘三无’对象提供基本的生活保障和服务保障，是一种补救型的社会福利。”〔4〕

关于这一时期社会福利制度的缺陷，大多数学者认为这一时期的社会福利制度具有较大制度缺陷，是一种非社会化的、不平等的、城乡分化的、缺乏分担机制、制度不健全的福利制度，从而造成福利水平低、福利覆盖范围狭小等不足。例如郑功成认为，传统福利制度的制度缺陷明显，传统福利制度非社会化，民政福利与其他福利相互分割，经费来源渠道只有政府；

〔1〕 郑功成：“论中国传统社会福利制度及其缺陷”，载《社会工作》1997年第5期。

〔2〕 宋士云：《新中国社会保障制度结构与变迁》，中国社会科学出版社2011年版，第132页。

〔3〕 郑功成：“论中国传统社会福利制度及其缺陷”，载《社会工作》1997年第5期。

〔4〕 宋士云：《新中国社会保障制度结构与变迁》，中国社会科学出版社2011年版，第132页。

导致了社会结构主体各方的角色错位，劳动工资与社会福利混淆不清，政府、社会与单位角色错位；是不平等的福利制度，城乡居民福利待遇极不平等，强化了城乡差别，造成中国城乡二元化社会经济结构至今难以改变；因缺乏分担机制而不具可持续发展，每一福利项目通常只有单一的经费来源渠道，并采取无偿供给的方式来提供，造成福利需求的持续扩张，福利供需矛盾日益突出；职工福利严重异化，职工福利的性质、地位、功能、影响等不断异化。〔1〕宋士云也认为，传统福利制度在计划经济体制下发挥过特定的历史作用，但与生俱来的制度性缺陷也是十分严重的。制度结构的板块状与社会福利社会化的基本原则相背离；工资分配与福利分配相混淆；实施范围有身份限制，只面向城镇居民；资金严重短缺；福利方面的供需矛盾十分突出。正是因为社会福利制度的局限性，民政福利政策在实施中也出现了很多问题，例如民政福利规定不合理，助长了民众对国家的依赖心理。“社会福利的项目混乱，有些制度不合理，管理不善，掌握偏松偏紧，因而造成苦乐不均和严重浪费现象。”〔2〕成海军认为，社会福利与政府和企业紧密依附，造成了政府和企业的沉重负担，并且社会福利恩赐色彩浓厚，忽视了对公民权利的关注。王齐彦认为，计划经济时期我国福利制度是由国家包揽的福利，是救济型的、狭隘的民政福利，“当时的服务机构数量少、规模小、服务质量差，总体呈低水平运行的状态”。〔3〕

---

〔1〕 郑功成等：《中国社会保障制度变迁与评估》，中国人民大学出版社 2002 年版，第 339～342 页。

〔2〕 苏振芳：“构建与社会保障体系相适应的民政社会福利”，载《福建论坛（人文社会科学版）》2014 年第 10 期。

〔3〕 王齐彦主编：《中国新时期社会福利发展研究》，人民出版社 2011 年版，第 336 页。

对这一时期社会福利建设的历史地位、历史作用的评价，大多数学者认为这一时期的社会福利思想与制度与当时中国的具体国情相适应，与当时中国的社会经济水平相协调，有历史必然性。郑功成认为，虽然社会福利制度有缺陷，但是它与中国特定时期的特殊社会经济背景较为吻合。成海军认为这一时期在中国历史上第一次建立起相对稳定和制度化的国家社会福利体系，是“体系比较健全、结构比较合理、符合当时我国实际的、趋于制度化的社会福利制度和体系”。[1]景天魁指出改革开放前中国社会福利有了显著的发展，形成了社会福利制度框架的雏形，并且党提出了一系列符合中国国情的社会福利思想，是中国特色社会福利制度形成与确立的重要指导思想，肯定了20世纪50、60年代中国社会福利指导思想的合理性与重要作用。他提出不同时期社会福利指导思想有所不同，过渡时期党和政府认为社会福利是关系到新政权稳固的重大问题，社会福利的增加必须与社会福利生产力的发展水平相一致，特定的政治经济环境是社会福利制度选择的重要依据；十年建设时期社会福利与社会主义计划经济相适应、单位化管理是社会福利的主要手段。[2]另外，大多数学者认为社会福利发展在实践上绩效显著，起到了促进社会稳定、促进社会公平、有利于经济发展等积极作用。郑功成认为，传统社会福利在经济极端落后的条件下，依靠政府和集体的力量较好地解决了那些无家可归、无依无靠、无生活来源的社会成员的生活问题，改善了居民的生活状况，这是传统社会福利制度的一大成就。成海军指出，

---

〔1〕 成海军：“计划经济时期中国社会福利制度的历史考察”，载《当代中国史研究》2008 年第 5 期。

〔2〕 景天魁等：《当代中国社会福利思想与制度》，中国社会出版社 2011 年版，第 57~62 页。

社会福利对于有生存困境的脆弱群体有积极保障作用，“这样的社会福利制度较好地解决了全体社会成员的基本生活保障问题，帮助城乡最脆弱的社会成员摆脱了生存危机，维护了社会稳定。”〔1〕苏振芳认为，国家建立了民政福利体系，明确了发展福利的方向和原则，“在相当长一段时间内基本上保障了城乡人民的最低生活水平，在一定程度上促进了生产力的发展。”〔2〕陈晓丽提出这一时期的社会福利在实践上和理论上都有积极的作用，“对社会稳定起到了重要的促进作用，学习苏联社会福利模式，实践了马克思主义社会福利思想，丰富和发展了马克思主义社会福利理论，对改革开放和构建和谐社会提供了重要的参考价值”。〔3〕

从20世纪50、60年代民政福利实践出发，对于如何改革社会福利制度，学者进行了较深入的探讨。学者从分析改革开放前社会福利制度的局限性出发，从社会福利社会化、社会福利制度化、社会福利适度普惠化等方面提出了改革建议。宋士云提出，要改革民政福利，要促使其由补缺型向适度普惠型转变，“社会福利事业要进一步向国家、集体、个人一起办的体制转变，进一步由救济型向福利型转变，由供养型向供养康复型转变，由封闭型向开放型转变”，“在积极发动全社会做好残疾人劳动就业工作的同时，大力发展社会福利生产”，“在福利经费来源方面，逐步打破了国家或单位包办的格局，福利经费多渠道

〔1〕 成海军：“计划经济时期中国社会福利制度的历史考察”，载《当代中国史研究》2008年第5期。

〔2〕 苏振芳：“构建与社会保障体系相适应的民政社会福利”，载《福建论坛（人文社会科学版）》2014年第10期。

〔3〕 成海军、陈晓丽：“计划经济时期中国共产党社会福利思想研究”，载《中国浦东干部学院学报》2011年第3期。

的供款格局和福利责任分担机制正在形成”。[1]随着市场经济的转轨，福利制度的改革势在必行，社会福利制度的保障范围要拓宽，社会化特征要凸显，社会福利逐步由补缺型向适度普惠型转变，传统社会福利制度要向现代社会福利制度模式转变。苏振芳着重提出社会福利发展要统筹兼顾、协调统一，要达到“市场与政府的协调统一”“民政福利事业与经济协调发展”“权利与义务相协调”“统一性与多样性相结合”。[2]有的学者则强调要从制度建设出发，建立健全社会福利制度，“做好民政社会福利发展规划”，“理顺民政社会福利领导体制”，“用法制的手段保证民政社会福利与社会保障体系协调发展”。[3]有学者提出要将发展民政社会福利列入国家经济和社会事业发展的总体规划中，要加强对全国民政社会福利统一管理和协调，尽快成立由国务院牵头的全国民政社会福利领导机构，要建立健全社会福利的专门法规制度。常宗虎则从50年社会福利史的发展历程提出，社会福利要发展，首先要确立科学的社会福利概念，强化社会福利性质；其次，社会福利本质属性是社会性的，必须使社会福利恢复社会性，政府应退出社会福利机构出资和经营主体领域，以足额补贴来履行职责；另外，组织残疾人员参加社会福利企业的生产活动进行生产自救，是中国的一项重要遗产，是保障残疾人基本生活权益的有效措施，但对举办福利生

〔1〕 宋士云：“新中国社会福利制度发展的历史考察”，载《中国经济史研究》2009年第3期。

〔2〕 苏振芳：“我国民政福利事业的历史演变及其构建”，载《福建论坛（人文社会科学版）》2007年第4期。

〔3〕 苏振芳：“构建与社会保障体系相适应的民政社会福利”，载《福建论坛（人文社会科学版）》2014年第10期。

产要理性冷静，社会福利生产不能不办、也不宜大办。[1]

总体来看，当前学术界对新中国成立后社会主义民政福利事业的研究为本书提供了良好的研究基础，同时也为本书继续深入研究留下空间。学者对新中国成立后社会主义民政建设（1949-1966年）的研究具有以下特点：①对1949-1966年社会福利事业的研究往往作为研究1978年后社会福利改革的背景资料，大多是线性的介绍与梳理，缺乏专门研究，理论分析与归纳尚不充分。如很少结合社会变迁背景探讨社会主义福利建设与社会的互动、社会主义福利思想与制度的发展演变及规律等，很少深入论述20世纪50、60年代民政福利建设的历史经验与教训以及现实启示。②历史学领域对新中国成立后民政福利建设的研究大多通过古今对比，肯定新中国成立后社会主义福利建设的功绩，较少分析其局限性。社会学领域对新中国成立后社会福利建设的研究，大多从新中国成立后中国传统社会福利制度出发，从理论上分析社会福利制度本身的特征、缺陷等，很少深入到这一时期社会福利对象的状况、福利制度的具体运行情况等，是从理论到理论的分析。③较少对新中国成立后到改革开放前的社会主义民政福利建设进行详实的个案考察、实践考察等。

近年来有关新中国成立后社会主义福利建设的史料相继出版和公布，也为中国福利事业的研究提供了重要的支撑材料。例如民政部计划财务司编写的《民政统计历史资料汇编（1949-1992）》、民政部编写的《民政部大事记（1949-1986）》、民政部编写的《中华人民共和国民政法规汇编》、民政部政策研究室编撰的《民政工作文件汇编》、国家统计局编写的《中国统计年鉴1985》，中国社科院和中央档案馆编撰的《中华人民共和国

[1] 常宗虎："聆听历史的教诲——近50年来中国社会福利史的三点启示"，载《中国民政》2001年第4期。

经济档案资料选编——劳动工资和职工保险福利卷（1949-1952）》、《中华人民共和国经济档案资料选编——劳动工资和职工保险福利卷（1953-1957）》，国家统计局社会统计司编撰的《中国劳动工资统计资料（1948-1985）》和《中国劳动工资统计资料（1978-1987）》，中央文献研究室编纂的《建国以来重要文献选编》（1~9册），中央人民政府法制委员会编纂的《中央人民政府法令汇编》（1~7册），上海民政志编纂委员会编写的《上海民政志》、浙江省民政厅编撰的《浙江民政志》、浙江省民政厅编写的《浙江民政大事记（1949-1988）》、杭州市民政局编写的《杭州民政大事记（1949-1988）》、杭州市民政局编写的《杭州市民政志》、北京市地方志编纂委员会编写的《北京志·民政志》、广东省地方史志编纂委员会编写的《广东省志·民政志》、黑龙江省地方志编纂委员会编写的《黑龙江省志·民政志》、江苏省常州市民政局编纂的《常州民政志》、石家庄市民政志编纂委员会编写的《石家庄市民政志》，还有各省、市档案馆所收藏的有关社会福利、民政福利等资料。这些资料是开展本研究最重要的资料信息基础。

第二节 基本概念界定

一、社会福利

如以上所述，关于社会福利的概念，学术界有两种观点。一种是大福利概念，从广义的角度来界定社会福利概念，认为社会福利是指由国家和社会为了改善和提高全体成员物质生活和精神生活而提供的各种社会服务及其措施，包括政府举办的文化、教育和医疗卫生事业、城市住房事业和各种服务事业，以及各种福利性财政补贴等。这种广义的社会福利覆盖的对象为全体公民。另一种是小福利概念，从狭义的角度来界定社会福利概念，社会福利指国家和社会为社会弱势群体提供的带有福利性质的社会服务与保障措施，主要包括老年人福利、儿童福利、残疾人福利等，狭义的社会福利覆盖的对象为社会弱势群体。新中国成立后的相当长时间内，国内学术界大部分人都采用狭义的福利概念。

近年来随着改革开放的深化，人们对社会福利的认识也不断深化，有的学者主张从广义的角度重新定义“社会福利”一词，并要求以广义的社会福利为基础重新建立中国的社会福利体系。但是仍有很多学者依然坚持狭义的福利概念，认为狭义的社会福利概念更符合中国的实际国情。并且，在当代中国“福利”不是作为理论概念形成的，而是根据政府行政实践需要而逐渐建立起来的，是随着社会的发展和政府行政管理的需要逐步形成的。在中国政治实践的现实中，按照中国法律、法规与官方文献的定义，社会福利就是社会保障系统中的一个子系统，专指民政部门负责的各种福利事务（简称民政福利）、传统的由单位包办的职业福利（简称职工福利）、公共福利等，这已成为约定俗成的概念。中国官方政府所采用的社会福利概念基本相当于狭义的社会福利概念。

本书遵照中国约定俗成的惯例，根据中国的实践，采用狭义的社会福利概念，即认为社会福利是指国家和社会为老人、儿童、残疾人、流浪人员等社会中需要给予特殊关心的困难群体提供的社会服务和社会保障。社会保障是一级层次的概念，而社会福利是社会保障的下一级层次的概念，是社会保障的一个子系统，与社会救助、社会保险、社会优抚共同构成中国社会保障的组成部分。

社会救助，是指国家和社会对生活在贫困线以下的低收入者或者遭受灾害的生活困难者提供无偿物质帮助的一种社会保障制度。它通常被视为政府的当然责任和义务，采取的也是非供款制与无偿救助的方式。〔1〕

社会保险，是以劳动者为保障对象，使劳动者因年老、失业、患病、伤残、生育、死亡而减少或丧失劳动收入时能获得经济补偿和物质帮助的保障政策。它强调受保障者权利与义务相结合，采取的是受益者与雇佣单位等共同供款和强制实施的方式。〔2〕

社会优抚，是指国家对从事特殊工作者及其家属，如军人及其亲属予以优待、抚恤、安置的一项社会保障制度。在我国，优抚安置的对象主要是烈军属、复员退伍军人、残疾军人及其家属；优抚安置的内容主要包括提供抚恤金、优待金、补助金，举办军人疗养院、光荣院，安置复员退伍军人等。

社会福利，是专指国家和社会通过社会化的福利设施和有关福利津贴，以满足社会成员的生活服务需要并促使其生活质量不断得到改善的一种社会政策。这一概念包含几个层次的含义，第一，国家和社会是社会福利的责任主体；第二，与其他社会服务相比，其本质主要体现在经济福利性上，从而既属于第三产业范畴，又不同于一般第三产业，是难以采取市场调节的社会公共领域，政府的呵护与政策支持是其生存发展的必要条件；第三，它强调社会化，即福利的提供是开放式的；第四，社会福利的供给，主要采取提供服务的方式；第五，社会福利的目标不仅是保障社会成员的基本生活，还要促进社会成员的生活质量不断得到改善和提高。

---

〔1〕郑功成：《社会保障学——理念、制度、实践与思辨》，商务印书馆 2000 年版，第 14 页。

〔2〕郑功成：《社会保障学——理念、制度、实践与思辨》，商务印书馆 2000 年版，第 18 页。

从新中国成立到改革开放前，在计划经济体制下，中国的社会福利主要是由政府（主要是各级政府中的民政部门）举办的各种福利院、福利企业等提供，面向的是一些无依无靠、无家可归、无生活来源的孤老残幼人员以及流浪人员等其他特殊困难群体，从而亦是覆盖范围狭小的福利事业。[1]这一时期的中国社会福利体系，主要由民政福利、职工福利、公共福利三部分构成，基本形成了条块分割、封闭运行的城乡二元化的混合模式。

其中民政福利只覆盖城镇少数的“三无”孤寡老人、孤儿弃婴以及残疾人员、流浪人员等特殊困难群体。也就是说，城市中没有家庭依靠和其他依靠的以及没有单位的、在单位体制以外的无家可归、无依无靠、无生活来源的“三无”人员，区分为孤寡老人、孤儿弃婴、残疾人等，享受政府直办直管的社会福利机构提供的福利。对于不属于“三无”对象而又具备部分劳动能力的残疾人，则采取组织起来集体就业、发展福利生产、政府提供减免税的方式获得福利。民政福利覆盖的人口本应该包括占总人口5%左右的残疾人、占总人口0.5%左右的孤老残幼，但实际上民政福利仅限于提供给无家可归、无依无靠、无生活来源的孤老残幼和部分有劳动能力的残疾人、流浪人员等，真正覆盖的人口不到1000万人，占总人口的比例不足1%，数量非常有限。[2]

职工福利是计划经济时期的一项特别的福利事务，是针对城镇就业职工、由企事业单位提供的福利，包括生活服务、文

---

〔1〕 郑功成：《社会保障学——理念、制度、实践与思辨》，商务印书馆2000年版，第20~21页。

〔2〕 郑功成：《中国社会保障制度变迁与评估》，中国人民大学出版社2002年版，第331页。

化福利、职工住房、职工补助等。严格来说，职工福利是由单位提供给员工的，不是开放式的，并不能算是社会福利。职工福利覆盖城镇就业职工及其职工家属。1952 年起中国政府陆续颁布《中华人民共和国工会法》《关于统一掌管多子女补助与家属福利等问题的联合通知》《关于职工生活方面若干问题的指示》等法律政策，建立了职工福利制度，规定城镇机关、企事业单位是职工福利的提供者，为职工及其家属免费（或仅仅象征性地缴费）提供生活服务（食堂、浴室、理发室等）、文化福利（俱乐部、阅览室、影剧院、体育场所等）、职工住房（公房分配）、职工补助（探亲补助、交通费补助、取暖费补助）等。职工福利由政府设置，单位包办，免费（或只有象征意义的缴费）享受。劳动部门主管职工福利，制定企业职工福利的各项政策，各个单位与基层工会负责具体实施。1954 年 5 月政务院发出《关于劳动保险业务移交工会统一管理的通知》，工会不仅充当着职工福利的管理机构，而且成为全国劳动保险的管理机构，基层工会也成为职工福利的具体组织实施者。这种方式其实就是国家通过“高就业、低工资、高福利”的方式，在单位内保障职工的福利。当时职工福利覆盖了 95%以上的城镇居民，占全国总人口达 25%以上，是新中国成立后社会福利制度的重要内容。

公共福利是国家和社会为满足全体社会成员的物质及精神生活基本需要而兴办的公益性设施和提供的相关服务，包括价格补贴、教育福利、卫生福利、住房福利等。所谓的价格补贴，是提供给所有城镇居民的一种社会补贴制度，对城镇居民购买粮食、食油及有关副食品给予相应的价格补贴，以保障城镇居民的基本生活，这种福利由国家财政部门负责组织实施。中国的教育也是一种公共福利。城市学校虽或者是由政府主办的，或者是各个单位自办的，但都是国家负责的公立学校。在农村，大部分中小学由农村集体主办，一部分中学由政府举办。在计划经济时期中国的中小学教育基本上是免费的，而高等教育不但不用缴费，而且还有助学金补助，更是一种高水平的福利。对传染病、地方病的防治以及儿童免疫等，我国采取政府财政补贴的方式免费提供，这种卫生福利也是一种公共福利。住房福利则是由财政拨款，向没有建房资金来源的单位干部职工提供公房分配。

广大农民普遍缺乏福利保障，农村只有“三无”孤老残幼人员才能享受到农村集体筹资的“五保”待遇。20 世纪 50 年代随着农村经济的恢复和发展以及农业集体化的兴起，针对农村的“三无”孤老残幼，国家提出由农业生产合作社给予适当照顾，形成了“五保”制度。1956 年中央出台了农村五保政策，农业合作社对农村无劳动能力、无依无靠的鳏寡孤独者提供保吃、保穿、保烧、保教、保葬等生活保障。《1956 年到 1967 年全国农业发展纲要》中规定：“农业合作社对于社内缺乏劳动力、生活无依靠的鳏寡孤独农户和残废军人，应当在生产上和生活上给以适当的安排，做到保吃、保穿、保烧（燃料）、保教（儿童和少年）、保葬，使这些人的生养死葬都有指靠。”但是改革开放以前，农村五保供养制度是以公社内部剩余和积累为基础的一种互助共济制度，主要依靠集体公益金运行。《高级农业生产合作社示范章程》第 14 条就规定：“对于完全丧失劳动力，历来靠土地收入维持生活的社员，应该用公益金维持他们的生活。”五保对象实际上依靠公益金维持生活。也就是说，五保制度以农村集体经济为基础，由农村集体筹资，生产队或生产大队组织实施供养，而缺乏国家财政的投入，属于一种农村集体保障。所以，改革开放前五保供养制度并不是由国家和政府举办的，不属于民政福利体系范畴。

综上所述，改革开放前中国社会福利是把民众网罗到职工福利和农村集体保障这两张“安全网”中，露在网外的或挂在网边的人则依靠“民政福利”帮助，获得相应的生活保障，总体形成了比较完整的制度体系。因此，在计划经济时期，从某种程度上说，中国人民在中国共产党的领导下，在中国历史上第一次建立了比较完善的有中国特色的社会福利制度体系，使社会福利成为中国人民的“安全网”，使马克思主义社会福利思想在中国得以实践。

相比于新中国成立前，计划经济时期中国建立了更完善的社会福利制度，覆盖范围更广，能保障民众的基本生存权利。但另一方面，民政福利、职工福利、公共福利三者相互分割，难以协调，是国家和单位的混合体，也是福利与工资的混合体，未构成一个完整的体系。职工福利由城镇国家机关和企事业单位提供给本单位职工；民政福利由各级政府和民政部门提供和管理，保障城镇未就业的“三无”群体的基本福利；公共福利主要是政府为社会成员提供的价格补贴和公共服务。三种福利独立运行，少有协调，未能形成一个完整的体系。不同部门提供的福利满足不同群体的需求，不同群体也只能在自己所属的条块中享受一定的福利权利。

二、民政福利

本书要研究的民政福利是社会福利的一个组成部分。计划经济时期社会福利包括民政福利、职工福利、公共福利等。其中，民政福利工作是指由民政部及其下属机构所进行的社会福利工作。政府包办的民政福利是中国社会福利事业的基本组成部分。从新中国成立到改革开放前的这一时期，民政部门通常是从狭义角度解释社会福利，将社会福利界定成“专为弱者提供的服务”。

民政福利专指各级政府部门对无家可归、无依无靠、无生活来源的“三无”老人、儿童、残疾人以及其他特殊困难群体提供最低保障或基本生活需求的民政福利项目。民政福利的提供者主要是国家和政府，具体由民政部门主导和组织实施。民政福利的经费来源主要是各级政府的财政拨款。民政福利的对象是特定的人群，主要是无家可归、无依无靠、无生活来源的“三无”老人、未成年孤儿弃儿、残疾人（包括精神病人），从新中国成立到改革开放前还包括其他困难群体，如有劳动能力的残疾人以及游民、乞丐、盲目流入城市而生活无着的农民等流浪人员。也就是说，民政福利事业由国家依法面向不能维持最低限度生活水平的特殊困难群体，提供的是满足其基本生活需求的一种福利，福利待遇水平较低。

从新中国成立到改革开放前，民政福利主要服务于无家可归、无依无靠、无生活来源的老年人、残疾人、孤儿弃婴以及流浪人员等特殊困难群体。期间民政福利服务主要采用以下三种形式：社会福利事业、社会福利企业、收容遣送等。

社会福利事业是指由社会福利机构集中收养“三无”老人、儿童、残疾人（包括精神病人）等，提供衣食住医等基本生存保障，由民政部门主管。社会福利机构按接收对象不同，具体可分为三类：第一类，社会福利院和养老院，主要接收老人，社会福利院也收养一些残疾人和孤儿；第二类，儿童福利院，主要接收孤儿和弃婴；第三类，精神病人福利院，主要接收“三无”人员和退伍军人中的精神病人。

社会福利企业，则是为有一定工作能力的残疾人提供就业而兴办的特殊企业，20 世纪 50 年代后期开始民政部门和地方集体为帮助残疾人就业而开办了许多福利工厂，并组织福利生产活动。只要一个企业雇佣的残疾人超过一定比例就可以获得减免所得税等优惠，国家通过政策优惠为残疾人保障工作和生活，并为其提供自食其力、参与社会的机会。

收容遣送则是由民政部门主管的针对流浪人员的一项带有救济福利性质的工作。新中国成立后针对城市中出现的大量流浪乞讨人员，民政部门设立了相应的收容遣送管理机构，安排专职工作人员，并由基层组织即收容遣送站具体负责收容遣送工作。工作内容首先是对流浪人员进行收容救济，其次进行教育改造工作，改造其中一些人的游堕习性，并遣送他们回乡生产或就业，使他们得到适当安置；而无家可归的和屡遣屡返、长期流浪的人员，则被送往安置农场进行集中安置。

学者在讨论当前民政福利事业的范畴时，一般把城市社区服务也作为民政福利事业的一种形式。虽然在当今时代，城市社区服务是城市社会福利事业社会化的一个重要形式，但是在改革开放前的计划经济时期，城市社区服务并没有成型，更没有形成体系纳入城市社会福利事业的范畴。社区服务雏形在20世纪50年代就已经出现。从新中国成立初期到“文革”之前，中国许多城市都已存在民间社区型的社会服务组织，街道和居民委员会一直开展着尊老爱幼、扶困助残等便民服务活动，如为老年人服务、为残疾人提供康复服务等，还建设了其他一些福利设施。例如，20世纪50年代末杭州市区街道、居委会曾兴办了一批托儿所、幼儿园、食堂、敬老院和民办生产单位等便民利民设施，但不久相继被合并、上交或停办。[1]限于当时的历史条件，这些福利和社会服务只是在某些城市零星出现，没

〔1〕 杭州市民政局：《杭州市民政志》，内部发行1993年版，第246页。

有得到普遍的推广和广泛的发展，大多被削弱以至于中断或停顿，未能形成体系纳入社会福利事业的范围。因此，对改革开放前我国社会主义民政福利事业建设的研究，不把城市社区服务包含进去。

三、研究时间界定

习近平总书记在论述实现中华民族伟大复兴的必由之路——关于坚持和发展中国特色社会主义的重要问题时，从六个时间段分析了社会主义思想从提出到现在的历史过程，展现了中国特色社会主义的历史渊源和发展进程。其中“第五个时间段，新中国成立后我们党对社会主义的探索和实践”，〔1〕也就是从新中国成立到改革开放前这一段时期，是党对社会主义的探索和实践时期，这是历史上党对社会主义革命和建设进行探索和实践的一个重要阶段。本书就以这个时期的1949－1966年间我国社会主义民政福利建设为研究对象。

1949－1966年这一时期，以毛泽东同志为核心的党的第一代中央领导集体带领全党全国各族人民，在迅速医治战争创伤、恢复国民经济的基础上，创造性地进行社会主义改造，建立起社会主义基本制度。但对于如何在中国建设社会主义，是党面临的崭新课题，党对怎样建设社会主义有了自己的新的重要认识。在实践中，由于党在指导思想上“左”的错误，很多关于社会主义建设的正确思想没有得到贯彻落实，甚至发生了“文化大革命”那样全局性、长时间的严重错误，使我们党在探索社会主义历程中遭到严重挫折。但是在这个探索和实践的过程中，当时所提出的许多正确主张没有落实，直到改革开放后才

〔1〕中共中央宣传部编：《习近平总书记系列重要讲话读本》，学习出版社、人民出版社2016年版，第22页。

得到了真正贯彻，这一时期的社会主义建设探索和实践为改革开放的顺利推进作出了准备、积累了条件。习近平总书记指出："尽管探索艰辛坎坷，但我们党取得的积极成果是极其宝贵的，为新的历史时期开创中国特色社会主义提供了宝贵经验、理论准备、物质基础。"〔1〕

以党的十一届三中全会为标志，我们党领导人民进行社会主义建设，主要分为改革开放前和改革开放后两个历史时期。这是两个相互联系又有重大区别的时期，但本质上都是我们党领导人民进行社会主义建设的实践探索。中国特色社会主义是在改革开放时期开创的，但也是在新中国已经建立起社会主义基本制度并进行了 20 多年建设的基础上开创的。"如果没有 1949 年建立新中国并进行社会主义革命和建设，积累了重要的思想、物质、制度条件，积累了正反两方面经验，改革开放也很难顺利推进。"〔2〕因此，对 1949 到 1966 年改革开放前这十多年的社会主义建设探索进行研究，探讨正反两方面的经验，可以为改革开放后的社会主义和谐社会建设和社会福利制度改革提供借鉴。

1949-1966 年这一时期的中国民政福利建设也同样经历了曲折的探索和实践，既取得了较大的成效，积累了正面的经验，又出现了失误，积累了反面的经验，从而为当代中国社会福利事业建设与和谐社会建设提供了宝贵经验、理论准备、物质基础。所以，本书从民政福利建设这项社会建设事业入手，探讨 1949-1966 年这一时期中国社会主义民政福利建设思想、制度、

〔1〕 中共中央宣传部编：《习近平总书记系列重要讲话读本》，学习出版社、人民出版社 2016 年版，第 22 页。

〔2〕 中共中央宣传部编：《习近平总书记系列重要讲话读本》，学习出版社、人民出版社 2016 年版，第 31 页。

实践等，从而为当前有中国特色的社会主义建设事业提供经验借鉴。

第三节　研究思路和研究意义

一、研究思路与主要内容

本书以翔实的档案、报刊等史料为依据，考察党对社会主义的探索和实践时期（1949－1966年）社会主义民政福利事业的发展实况。联系中国社会变迁的历史背景，在阐明民政福利建设的理论与实践基础上，探讨有中国特色的民政福利思想、制度与实践的形成与发展，考察有中国特色的社会福利体系的建立过程，进而阐明社会主义民政福利建设中的绩效和不足，分析所体现的社会主义制度的优越性和历史局限性，总结所积累的重要思想、物质和制度条件以及正反两方面经验，从而探讨对新时期有中国特色的社会主义福利建设事业的重要启示。

首先，厘清社会主义民政福利建设的源起，分析中国民政福利建设的理论基础和实践基础。中国民政福利建设以马克思主义理论为指导，马克思恩格斯的福利思想、列宁的福利思想、毛泽东的福利思想都是中国民政福利建设探索和实践的最重要指导思想。中国传统文化中的仁爱互助、以民为本、社会大同等理念，是中国社会福利思想的重要理论来源，影响了封建时期历代政府、近代中国政府及其民间力量。新民主主义时期中国共产党在根据地设置了各种社会福利机构，采取了各种社会福利措施，开展了丰富的社会福利实践活动，为新中国成立后社会主义民政福利建设打下了深厚的实践基础。

其次，从党的福利指导思想、民政福利组织体系、行政管理体制、政策体系、资金来源、对福利机构的整合等方面探讨社会主义民政福利事业管理体系的建设。党的福利指导思想是民政福利事业发展的最重要导向，为“人民大众”服务、以“人民自救自助为基础”“在人民政府领导下”是党的福利指导思想的总方针。不同历史阶段党的福利指导思想有所变化。人民政府和各级民政系统是民政福利事业的领导者和主管者，民政福利事业实行政府举办并管理的管办合一的行政管理体制，民政部门制定的政策主导民政福利事业的运行。政府逐步成为民政福利事务的唯一资金来源，逐步形成了由政府统揽一切民政福利事务的计划管理模式。政府对民间福利机构的处理经历了从团结合作到取缔接收的转变，最终完全排斥了民政福利事业领域的社会力量，使中国社会福利建设走向非社会化轨道。

最后，以民政福利服务内容进行分类，从社会福利事业、社会福利企业、收容遣送工作三方面对中国民政福利建设的实践活动进行探讨，从实践层面考察民政福利政策的实施、运作、绩效等实况，深入考察有中国特色的民政福利体系的形成过程，从中探察中国民政福利思想政策的优劣及其实施过程中的得失。中国民政福利建设在探索和实践中，虽取得了良好的绩效，体现了民政福利思想政策的普遍性、平等性、进步性等，但还存在着民政福利覆盖对象太少、福利水平不高等局限性，这也折射出民政福利事业发展中的不平等性、强制性等问题。

基于以上分析，对 1949-1966 年间社会主义民政福利建设进行合理评价与总结。新中国成立后中国初步建立了与基本国情相适应的、与经济社会发展水平相协调的、有中国特色的社会福利体系。这个福利体系体现了坚持以民为本、坚持公平正义、坚持统筹兼顾、发挥集中力量办大事的优势等社会主义制度的优越性。但受制于特定的政治经济形势，党的民政福利指导思想也有一定的历史局限性，还没有完全树立平等的福利权利观，还没有建立健全专门的福利制度，福利发展逐步趋向非社会化。尽管改革开放前的民政福利建设探索曲折，但依然推动了中国的社会变革，推进了社会主义社会的和谐与稳定。这一时期的民政福利建设不但促进了社会秩序的稳定，也以此提高了民众对共产党执政的认同，巩固了政权，推动了社会新风尚的形成，还促进了国民经济的恢复和发展。改革开放前的中国民政福利事业建设是当前中国福利事业发展的历史基础，为当前社会福利事业发展积累了重要的福利思想、物质、制度条件，并且在探索和实践中积累了正反两面的经验。这些经验与教训，为中国社会福利制度的改革和建设中国特色社会主义社会福利事业提供了重要启示，启示我们要提高新时期重视中国特色社会主义社会福利的思想认识水平；要确立科学的中国特色社会主义社会福利思想与观念；要推进与经济发展水平相适应的社会福利发展；要实现新型社会化的中国特色社会主义民政福利事业建设；要建立新时期完善的有中国特色的现代社会福利制度。

二、研究方法与研究意义

本书将采用文献研究法，广泛搜集、鉴别并整理有关民政福利建设的档案、报刊、方志等相关史料。本书以翔实的档案资料为依据，全面细致地搜集了有关社会主义民政福利建设的相关资料，如民政部所编写的《民政统计历史资料汇编（1949－1992）》《民政部大事记（1949－1986）》《中华人民共和国民政法规汇编》《民政工作文件汇编》等，翻阅了报纸上有关新中国成立后有关民政福利建设的资料，尤其是详实地查阅了各地方的民政志等。通过收集和运用具体、鲜活、全面的史料，使研究更深入。

在深入了解史料的基础上，本书采取整体研究与个案考察、宏观与微观、理论分析与实践考察相结合的方式，对福利事业建设的理论与实践基础、制度体系、指导思想等采取整体考察方法。对民政福利建设的实践状况，如社会福利事业、社会福利企业、收容遣送工作等的具体开展，采取整体考察与个案分析相结合的方式，选取典型个案进行具体研究。本书更多地采用了实践考察和个案考察，第四章具体就民政福利建设的社会福利事业、社会福利企业、收容遣送工作三方面展开了详尽的实践考察。在研究政府对社会福利机构的整合等中，采取了个案考察。通过实践考察和个案考察使对新中国成立后社会主义民政福利建设的研究更具体、更深入。

本书运用比较分析法将此时期社会福利制度的体系框架、实施绩效等与其他历史时期进行比较分析，从而深入探究民政福利制度的实施、运作、绩效等实况。本书将 1949-1966 年间的民政福利水平与新中国成立前进行比较，如将 1949-1966 年社会福利机构收养的老人和残疾人的人数、生活水平与新中国成立前进行比较分析，从而可以看出新中国成立后社会福利水平有所提高；将社会福利机构所收养对象的生活水平与一般城镇居民生活水平进行比较，从而可以看出收养对象的生活水平偏低。这样通过比较分析，可以更深入地探析新中国成立后社会主义民政福利建设的成效与不足。

本书对新中国成立后民政福利建设的研究，在研究内容方面有所拓展，从民政福利思想、制度、实践三层面考察了新中国成立后社会主义民政福利建设，层层推进，厘清了 1949-1966 年间民政福利建设的具体情况，从而总结了社会主义民政福利建设探索和实践所产生的积极影响以及所存在的历史局限性，在总结历史经验、教训和结合现实的基础上，提出现实启示。相比于其他研究本书研究更着重于实践考察，更关注社会福利服务对象的状况，更关注福利与社会的互动，从而将党对社会主义探索和实践时期的民政福利建设的研究推向更深入。在其他研究将1949–1966年社会福利事业的分析往往作为研究1978年后社会福利改革的背景资料，更多地进行线性介绍与梳理，少有专门研究的情况下，本书结合社会变迁背景，具体探讨了福利对象的状况、福利制度的具体运行情况、社会福利与社会的互动、福利思想与制度的发展演变及规律等，进行了更充分的理论分析与归纳，对民政福利发展史的研究范围和深度有所扩展。

本书认为新中国成立后的社会主义民政福利指导思想既有进步性，取得了一定成效，但又具有一定局限性。在历史学研究领域中涉及对新中国成立后民政福利建设的研究中，很多学者通过古今对比，对新中国成立后1949–1966年间的社会福利事业建设基本持肯定态度，较少分析其局限性，本书则具体分析了这一时期社会主义民政福利指导思想、福利建设成效方面的具体局限性。其他社会学研究在分析新中国成立后社会福利建设的缺陷时，往往从中国传统福利制度本身出发，是从理论到理论的分析。本书则将民政福利建设放到历史社会的考察之中，结合民政建设的时代特性进行研究，并且更多地进行实践考察，更深入地研究在新中国成立后民政福利建设过程中，福利制度的具体运行情况、福利对象的具体生存情况（如老年人福利事业），在此基础上分析社会福利制度的缺陷，如不平等性、制度不健全、非社会化等。

本书关注国家与社会、政府与民间的互动，结合社会变迁的背景探讨了社会主义福利建设过程中政府与社会的互动，例如在探讨政府对旧的社会福利单位从进行团结合作到整合、改造、接收的过程中，总结出政府与社会曾有过良性的互动，但因受到政治形势等影响，这种良性互动最终中断。本书关注新中国成立后社会福利指导思想与政策的发展演变与规律，总结了不同历史阶段党的民政福利指导思想、民政福利行政管理体制等的总体变迁规律与特征，还考察了这种变迁在民政福利建设实践中的具体体现，另外还总结了老年人福利事业、儿童福利事业、残疾人福利事业在不同历史阶段的不同特征，以及社会福利企业和收容遣送工作在新中国成立后 17 年间的发展演变。

综上所述，本书将从思想、制度、实践几层个面对新中国成立后的民政福利事业进行考察，厘清中国民政福利事业的具体情况，概括社会福利事业发展变迁的特征和规律，总结党对民政福利建设的探索和实践中的经验和教训，具有一定的理论意义，既可以拓宽中共党史、国史学科的研究，又可以丰富并加深学术界对中国社会福利史的研究。

另外，研究改革开放前中国共产党对民政福利事业建设的探索和实践，可以总结历史经验与教训，结合现实对当前中国社会福利事业改革进行深入思考，并总结其启示，可以为社会福利制度的改革提供有益的历史借鉴与理论依据，不但具有重要的理论意义，还具有重要的现实意义。

随着社会主义市场经济体制改革的深化，中国经济结构发生重大变化，民间资本力量壮大，经济成分、利益主体、生活方式等出现多样化，对扩大福利设施数量、提高福利服务水平、拓宽福利服务领域等方面提出新要求；尤其是随着人口老龄化进程加快，家庭规模缩小化的趋势日益加剧，多层次、多形式的福利需求不断增加。改革社会福利制度，完善社会福利事业建设，不仅有益于满足民众日益增长的福利需要，也关乎社会主义和谐社会的建设。在当前深化社会经济体制改革、建设和谐社会的背景下，社会福利事业的发展是一个重要的问题。党的十八大报告提出“健全社会福利制度”，这是第一次在党的纲领性文件中对完善社会福利制度提出明确要求，体现了党和国家对社会福利制度改革的关注。通过改革社会福利制度，从而建设好当前的社会福利事业，是当前中国必须面对和解决的问题。社会福利制度的改革，不但有助于对社会现实进行深入探讨，也可以从福利建设的历史中寻找依据，从历史中得到启示。改革开放前对民政福利建设的探索和实践为改革开放后的社会福利建设积累了条件，改革开放后的社会福利事业实践是对改革开放前的民政福利建设的坚持、改革和发展。如习近平总书记所说：“改革开放前的社会主义实践探索为改革开放后的社会主义实践探索积累了条件，改革开放后的社会主义实践是对前一个时期的坚持、改革、发展。”〔1〕

改革开放前的社会主义建设探索和实践为今天的中国特色社会主义建设打下了良好的基础。习近平总书记提出：“以党的十一届三中全会为标志，我们党领导人民进行社会主义建设，主要分为改革开放前和改革开放后两个历史时期……中国特色社会主义是在改革开放历史时期开创的，但也是在新中国已经建立起社会主义基本制度并进行了20多年建设的基础上开创的。”“如果没有1949年建立新中国并进行社会主义革命和建设，积累了重要的思想、物质、制度条件，积累了正反两方面经

〔1〕 中共中央宣传部编：《习近平总书记系列重要讲话读本》，学习出版社、人民出版社2016年版，第32页。

验，改革开放也很难顺利推进。”[1]新中国成立后的社会主义革命和建设所积累的重要思想、物质、制度条件是改革开放顺利进行的前提。新中国成立后的民政福利建设探索和实践也为今天的社会福利事业建设积累了重要的思想、物质、制度条件，积累了正反两方面的经验。我们要深入研究新中国成立后民政福利建设的指导思想、制度体系、实践状况等，这可以为今天的社会福利制度改革与和谐社会建设提供正反两方面的经验。

党在民政福利建设的探索和实践中，形成了正确的思想理念，如“为人民谋福利”“以人民自救自助为基础”“不让一个人饿死”等，体现了我们党的福利思想的平等性、积极性。改革开放前党和政府创建了符合于当时社会国情的福利制度体系，确立了人民政府对民政福利事业的坚定领导地位，坚持了福利事业的以民为本原则、公平正义原则，建立了政府出资、举办并管理的计划管理体制，保证了民政福利建设的正确方向和高效运行。新中国成立后中国共产党在民政福利建设实践方面更是取得了良好的绩效，解决了成千上万食宿无着的困难群体的基本生存问题，保证了社会的安定。我们党在民政福利建设实践中还提出了许多正确主张，当时没有真正落实，改革开放后则可以继续坚持和发展。当前的社会福利事业可以吸收这些宝贵经验，并将之与当前中国的具体国情相结合，灵活地运用。当然，改革开放前的民政福利建设中也有一些深刻的教训，例如民政福利发展中社会化向非社会化的转变、福利制度不健全、福利政策实施过程中仍体现了不平等性、计划管理模式的逐步强化等，在建立和完善社会主义市场经济体制和进行社会主义福利建设过程中，我们尤其要吸取这些教训。正如习近平总书

〔1〕 中共中央宣传部编：《习近平总书记系列重要讲话读本》，学习出版社、人民出版社2016年版，第31页。

记所说：“对改革开放前的社会主义实践探索，要坚持实事求是的思想路线，分清主流和支流，坚持真理，修正错误，发扬经验，吸取教训，在这个基础上把党和人民事业继续推向前进。”我们要修正改革开放前社会主义民政福利建设中的错误，发扬民政福利建设中的有益经验，也吸取其中的深刻教训，从而推动当代中国社会福利事业的发展与和谐社会的建设。

第二章 我国社会主义民政福利建设的源起

第一节　马克思恩格斯福利思想及其指导

中国共产党福利思想和政策最重要的理论来源就是马克思主义理论。虽然马克思和恩格斯所处的时代还没有建立起现代意义上的社会福利制度，马克思主义理论中也没有关于社会福利的专门论述，没有单独阐述过社会福利问题，但是这并不代表马克思和恩格斯不关心社会福利问题。他们把人类的幸福作为自己终极关怀的目标，从私有制的根源、满足人的需要、两次扣除学说等方面间接阐释了对社会福利问题的看法。马克思主义政治经济学理论实际上蕴含了丰富的社会福利思想，并且指导了中国共产党的福利思想和中国社会主义福利政策的建立。

一、满足人的需要是社会福利的本质要求

马克思认为，从社会发展层次看，需要构成一切社会活动的内在动力，满足人的需要是社会生产活动的基本动力，是社会主义生产的根本目的。社会福利政策的本质要求也是解决人的需要问题。“在现实世界中，个人有许多需要”，“他们的需要即

他们的本性”，“而人类的特性恰恰就是自由自觉的活动”。[1]而生存需要是劳动者必须得到的最低限量和最基本的需要，是人类赖以生存和发展的基本条件。只有满足了人的需要，才能充分发挥人在社会生产中的积极性和创造性，社会才能持续发展。因此，有必要举办社会福利事业，社会福利也是要满足人的基本生存需要。

马克思认为，物质资料再生产是人类生存和发展的物质基础，生产力的高度发展是每个人自由而全面发展的条件，而最有利于人的自由而全面发展的生产方式和分配方式，也最有利于生产力的发展。生产力的发展与人的自由全面发展原则上是一致的，而且互为条件，在生产力发展的基础上，采取有效的社会福利政策是实现共同富裕、实现人的自由全面发展的重要途径。恩格斯也认为，在资本主义造就的生产力基础上，在实现生产资料归社会占有后，“通过社会生产，不仅可能保证一切社会成员有富足的和一天比一天充裕的物质生活，而且还可能保证他们的体力和智力获得充分的自由的发展和运用”。[2]共产主义可以创造出发达的生产力，还能建立起比资本主义更充分的社会福利、保证人的自由的发展。而另外一方面，马克思认为再生产的过程，包括物质资料的再生产与劳动者的再生产，在社会化大生产条件下，劳动者的劳动风险逐渐增加，“大工业在瓦解旧家庭制度的经济基础以及与之相适应的家庭劳动的同时，也瓦解了旧的家庭关系本身。”失业、工伤等都使家庭保障越来越难以应付新的风险，为了确保劳动力扩大再生产以适应现代经济发展的需求，必须通过社会福利制度框架下一系列的社会福利政策，来减少劳动力面临的各种风险，保证社会再生

---

〔1〕《马克思恩格斯全集》（第42卷），人民出版社1979年版，第96页。

〔2〕《马克思恩格斯全集》（第20卷），人民出版社1995年版，第307页。

产的顺利进行与社会的和谐发展。

马克思主义理论中关于人的需要的理论，是中国政府发展福利事业的重要依据。中国共产党认识到发展社会福利、解决民众的基本生存需要是社会主义的题中之意，社会主义中国必须建立社会福利体系，同时马克思主义关于满足人的需要与生产力的发展互为条件的理论，也深刻影响了党的福利指导思想。毛泽东认为社会福利与生产力发展是一种辩证关系，新中国社会福利政策的制定应注意将社会福利的发展与社会生产力水平相一致，一方面发展生产力为社会福利事业开展准备物质基础，另一方面试图通过开展社会福利事业来促进社会生产力的发展。

二、政治问题的解决是社会福利问题解决的前提

马克思主义理论揭露了劳动异化、私有制和资本主义剥削的罪恶，认为资本主义社会存在着资产阶级和无产阶级两大对立的阶级，两大阶级之间“在一极是财富的积累，同时在另一极，即在把自己的产品作为资本来生产的阶级方面，使贫困、劳动折磨、受奴役、无知、粗野和道德堕落的积累”。[1]资本主义生产关系使工人阶级注定是作为工具而存在的，工人创造了价值而得到的回报只是为了维持再生产的需要，生活却日益陷入绝对贫困和相对贫困的状态。工人的工资随着财富的增加而下降，工人阶级的贫困化与社会财富的大量积累呈反方向发展，而资产阶级的财富却不断积累。马克思认为在资本主义私有制和商品经济作用下，劳动本身不仅不能给劳动者带来更多、更好的福利，相反劳动成为劳动者苦难的根源。劳动者生产的产品越多，他受到的控制就越大，他就丧失更多的自由，这就是

〔1〕《马克思恩格斯选集》(第2卷)，人民出版社1995年版，第259页。

"劳动异化"。要消除"劳动异化"，就要消灭私有制，以促使人性回复到它的本来状态为目标，即共产主义社会设想。"共产主义是私有财产即人的自我异化的积极的扬弃……它是人向自身、向社会的（即人的）人的复归，这种复归是完全的、自觉的而且保存了以往发展的全部财富的。这种共产主义，作为完成了的自然主义，等于人道主义，而作为完成了的人道主义，等于自然主义。"〔1〕

马克思批判了资本主义社会中工人阶级福利水平不断下降的现象，并提出正是不平等的资本主义制度导致了工人阶级福利水平的下降。例如在《雇佣劳动和资本》中马克思分析了工人福利下降的原因："生产资本愈增加，劳动的分工和机器的应用范围也就愈益扩大。劳动的分工和机器的应用范围愈扩大，工人们相互间的竞争也愈益强烈，他们的工资也就愈益缩减了。"〔2〕马克思还从制度经济学方面阐述了工人阶级福利水平下降的原因：一是工资收入和劳动付出的价值不平等；二是工人一无所有，不得不靠出卖劳动力为生；三是雇佣劳动使劳动者必然失去平等的权利和真正的自由，虽然资本家或资本主义国家政府可能会变换手段（例如延长劳动时间，以为表现增加了劳动者收入），但实质上这些都是虚拟的福利增加。在资本主义私有制生产关系下，仅仅改善工人的劳动条件和工资待遇是不可能从根本上改变工人阶级命运的。马克思认为，资本主义社会一切关于社会福利问题的政策和措施，都是资产阶级用以维护和改良其统治的工具。

马克思提出只有通过革命消灭异化劳动和它的根源私有制，建立公有制，才能使劳动者从异化状态中解放出来，他们的福

〔1〕《马克思恩格斯全集》（第42卷），人民出版社1995年版，第120页。

〔2〕《马克思恩格斯选集》（第1卷），人民出版社1995年版，第359页。

利状况才能得到根本的改变。因此，马克思认为，社会福利问题的解决必须以政治问题的解决为前提，而不是依靠社会政策的局部调整或通过再分配的方式。只有通过彻底的社会革命推翻资产阶级、消灭私有制，才能在根本上解决社会福利问题。无产阶级是推翻资产阶级、建立共产主义社会制度的主导力量。"无产阶级将利用自己的政治统治，一步一步地夺取资产阶级的全部资本，把一切生产工具集中在国家即组织成为统治阶级的无产阶级手里，并且尽可能快地增加生产力的总量。"〔1〕

马克思主义这种通过无产阶级进行彻底的社会革命，推翻资产阶级，消灭私有制，建立公有制才能根本解决福利问题的理论，深刻影响到党的福利指导思想。一方面，中国政府认为推翻旧社会，否定私有制，实现人民的翻身解放是社会福利事业发展的根本前提，新民主主义和社会主义政权的建立对发展社会福利事业具有决定性作用。在私有制条件下，社会福利不可能消除无产阶级的贫困，不可能使无产阶级获得福利权利。因此，中国社会福利制度就建立在公有制基础上，社会福利成为公有制的附属物，20世纪50年代后期开始，中国的一切福利政策与公有制都有密切关系。新中国成立后中国政府正是秉持这种必须改造旧社会，推翻资本主义私有制，建立公有制的统治思想，掀起了社会主义改造高潮，将社会福利领域的所有私有制福利机构均进行接收和改造，将旧中国遗留下来的外国势力资助的和民间慈善团体举办的福利机构全部改造为国有化，不允许民间社会团体的存在，导致中国福利事业发展的长期非社会化。同时，在公有制条件下，生产资料为人民群众所有，社会福利服务也应为人民所有，而中国共产党是广大人民群众

〔1〕《马克思恩格斯选集》(第1卷)，人民出版社1995年版，第272页。

的代表，因此，新中国成立后党和政府就致力于维护最广大人民的利益，关注弱势群体，按照人民群众的利益要求来制定社会福利政策，决定社会福利分配方式，把为人民谋取福利作为实现广大人民利益的一个手段。

三、两次有效扣除是社会福利的重要来源

在《哥达纲领批判》中，马克思认为"劳动所得要通过平等的分配方式分配给劳动者"，[1]他赞同只有在社会化大生产的基础上（集体调节全部劳动）才能实现公平的收入分配。马克思还对公平分配界定了两条标准：一是"属于一切社会成员"；二是"社会成员具有平等的权利"。那么如何实现具体的收入分配呢？马克思认为："如果我们把'劳动所得'这个用语首先理解为劳动的产品，那么集体的劳动所得就是社会总产品。"即他首先把"劳动所得"归结为劳动的产品，"集体的劳动所得就是全部社会产品"。[2]接着，他论述了对收入（即总产品）进行分配的方法，也就是"两次有效扣除学说"。"现在从它里面应该扣除……用来应付不幸事故、自然灾害等的后备基金或保险基金。从'不折不扣的劳动所得'里扣除这些部分，在经济上是必要的，至于扣除多少，应当根据现有的资料和力量来确定，部分地应当根据概率论来确定，但是这些扣除根据公平原则无论如何是无法计算的。"社会总产品不能不折不扣平等分配给所有社会成员，应从中扣除一部分包括：用于补偿消费掉的那部分生产资料所需要的费用；用于扩大再生产所追加的部分；为预防不幸事故、自然灾害等而用于保险的后备基金或保险基金。马克思说，做出这种扣除是必要的，至于如何划定其比例，要

---

〔1〕《马克思恩格斯选集》（第3卷），人民出版社1995年版，第84~85页。

〔2〕《马克思恩格斯选集》（第3卷），人民出版社1995年版，第88页。

根据生产资料和集体的力量按概率扣除。其次，进入个人分配之前还必须从第一次扣除后剩下的总产品中再扣除："第一，和生产没有关系的一般管理费用。……第二，用来满足共同需要的部分，如学校、保健设施等。……第三，为丧失劳动能力的人等设立的基金，总之，就是现在属于所谓官办济贫事业的部分。"第二次扣除也就是要扣除管理费用、学校、保险机关等福利设施以及济贫费用等。〔1〕恩格斯在《反杜林论》中也提出同样的想法："劳动产品超出维持劳动的费用而形成的剩余，以及社会生产基金和后备基金从这种剩余中的形成和积累，过去和现在都是一切社会的、政治的和智力的继续发展的基础。"〔2〕恩格斯再次说明社会福利基金的来源，并且指出社会福利后备基金对未来社会的稳定发展、政治安定、国民教育等具有重要支柱作用，所以有必要在社会生产中建立社会福利后备基金。

根据以上所述，马克思在第一次有效扣除中，用于预防不幸事故、自然灾害等而用来保险的后备基金或保险基金，就是马克思所主张的社会主义的国家保险、灾害预防和救助基金，是社会福利的范畴。在第二次有效扣除中，用于满足社会需要的部分，则对应于我们今天的教育、医疗等福利事业项目，是为丧失劳动力的社会成员设立的基金，用于政府济贫。

马克思的两次有效扣除学说指出共产主义社会要建立社会福利制度，并且论证了共产主义社会的社会福利基金的重要来源，就是社会总产品的一种必要扣除，即取之于民、用之于民。这种社会福利思想是中国建设社会福利事业的重要理论指导依据。中国政府认识到发展社会福利事业对于新政权的巩固和社会稳定的重要作用，因此将为广大人民群众谋取福利作为最重

---

〔1〕《马克思恩格斯选集》（第3卷），人民出版社1995年版，第9~10页。

〔2〕《马克思恩格斯选集》（第3卷），人民出版社1995年版，第233页。

要的政治任务和工作职责。并在新中国成立后每年从国家有限的财政收入中支出一定费用用于福利事业发展。马克思主义福利分配理论中还提出了公平原则。在中国计划经济时期，公平原则被当作一种平均主义，这在很大程度上影响了新中国福利事业的发展方向，导致中国福利事业建设强调平均主义，主张人人有份、人人平均享受的福利待遇，要求福利机构向“三无”弱势群体平均分配福利资源，而忽略了不同个体对社会福利的差别化需求。在生产力水平相对落后的情况下，这种平均主义的社会福利只能提供给福利对象以最基本的生存保障，难以满足更高层次的公共需求。在20世纪50年代末期，随着政治领域的整风运动和反右倾运动的掀起，“左倾”思潮完全否定按劳分配，提倡平均主义，将按劳分配视为资本主义的经济基础，误传“搞福利就是想走资本主义道路”，社会福利满足民众基本需要的保障功能被完全政治化和人为扭曲，“文革”时期更是把社会福利工作污蔑为福利主义和修正主义的温床。

总之，马克思主义理论是中国共产党和中国政府福利思想和政策的最重要指导思想和理论来源。马克思主义理论提出用革命消灭异化劳动和它的根源私有制，以及解决社会福利问题须以政治问题的解决为前提。马克思还认为满足人的需要是社会生产活动的基本动力，是社会主义福利生产的根本目的，社会福利政策的本质要求就是解决人的需要问题，社会生产力的发展与满足人的需要互为条件。另外，马克思的两次有效扣除说指出共产主义社会要建立社会福利制度，并且论证了共产主义社会社会福利基金的重要来源。马克思关于社会福利的这些理论对中国共产党有重要的指导作用。中国共产党继承和发扬了这些马克思主义福利思想，并将之与中国五六十年代的具体社会实践相结合，形成了有中国特色的社会主义社会福利指导思想，并贯彻到了中国社会的福利政策和实践中。

第二节　毛泽东福利思想及其指导

从新中国成立到改革开放前这一段时期，毛泽东福利思想是中国民政福利建设探索和实践的最重要指导思想。毛泽东既吸收了马克思理论，也受到中国传统文化的影响，根据中国革命和建设的历史经验，并在实践中不断探索和完善，结合中国的具体国情，对社会主义社会福利建设的目的、主体、方针策略等方面进行了深入探讨，形成了有中国特色的社会福利思想，为中国福利事业的发展指明了方向。

一、为人民谋福利

为人民谋福利是毛泽东福利思想的出发点和落脚点。毛泽东认为，为人民谋福利是中国共产党的宗旨，为人民谋福利也是社会主义国家的必然要求，“共产党员是一种特别的人，他们完全不谋私利，而只为民族与人民求福利”。中国共产党革命和建设的最重要目标就是为了提高人民的福利。中国共产党要始终为人民求生存、求幸福，为人民争权利、谋福利，这是党最重要的任务。

在革命战争年代，毛泽东就关注社会福利问题，并开始确立为人民谋福利的思想。毛泽东认为革命的必要性就在于提高民众的生活福利，“如果大家生活不提高，革命就没有必要，因此生活福利都要逐步提高”。[1]党领导的革命必须通过给人民带来福利，才能发动人民，从而取得革命的胜利。1942 年毛泽东

〔1〕 毛泽东：《毛泽东文集》（第 6 卷），人民出版社 1999 年版，第 490 页。

在《经济问题与财政问题》中说："一切空话都是无用的，必须给人民以看得见的物质福利……我们的第一个方面的工作并不是向人民要东西，而是给人民东西。我们有什么东西可以给予人民呢？就目前陕甘宁边区的条件来说，就是组织人民、领导人民、帮助人们发展生产，增加他们的物质福利。"[1]毛泽东强调要关心人民的生活，为人民谋取物质福利，他反对不关心民众的生存生活问题、脱离物质福利而对老百姓进行空洞宣传说教。在革命战争年代毛泽东一直坚守为人民谋福利的历史使命与信念，并号召全党、全军为人民的福利而不懈斗争，在《陕甘宁边区施政纲领》中，毛泽东提出，"为着进一步巩固边区，发展抗日政治、经济、文化建设，以达坚持长期抗战增进人民福利之目的"。

当革命取得胜利，新中国成立后，国内经历了长期的战乱和严重的自然灾害，广大民众食宿无着、流离失所。这一时期毛泽东的福利思想进入了新的阶段，怎样解决人民的生存问题、怎样发展人民的福利事业成为党高度重视的问题，人民的福利成为国家建设的重要目标。毛泽东认为，为人民谋福利不能是空话，而应该是"看得见的物质福利"，是人民的实际生活，"一切群众的实际生活问题，都是我们应当注意的问题"。而要解决人民的实际生活问题，就要通过发展福利事业，保障人民的生存安全，解决人民的生存困境问题，最终使人民群众的生活水平得到普遍提高。同时，为人民谋福利也包括为人民谋取长远利益，例如能够享有政治权利、享受精神文化生活等，最终获得自由而全面的发展。

毛泽东历来高度重视为人民谋福利的工作。革命战争时期，

---

〔1〕《毛泽东文集》（第2卷），人民出版社1993年版，第467页。

他认为只有帮助人民实现了福利权利，才能得到人民的支持，才能实现中国共产党的领导和无产阶级的政权。社会主义革命和社会主义建设时期，他同样认为，只有通过为人民谋取福利、解决人民的生存生活问题，才能恢复和发展经济，才能实现社会的安定、政权的巩固。“要把衣、食、住、用、行五个字安排好，这是六亿五千万人民安定不安定的问题。”〔1〕他认为人民群众的基本生存和生活问题是党和政府的头等大事，只有安排好人民的衣、食、住、用、行这些生存问题，才能获得社会安定。正是这种以人民为本、关注人民福利的思想指导了中国的福利建设，使社会福利工作取得了较大的成效，从而获得了人民的拥护，使国家政权不断得到巩固。

要给人民谋福利，共产党就要成为社会福利事业的领导者和建设者。在对社会主义的探索和实践中，党和政府制定的政策必须以人民群众的利益为出发点，“每项政策，都要适合人民的利益”，〔2〕“时刻想到自己的政策措施一定要适合当前群众的觉悟水平和当前群众的迫切要求”。〔3〕评价党和政府工作，包括界定社会福利工资的标准，就是要看其是否符合人民的最大利益，是否能得到广大人民群众的支持。另一方面，毛泽东接受了马克思主义关于资本主义私有制是导致无法改善工人阶级福利状况的根本原因的观点，认为只有公有制才能使工人阶级的福利权利得以实现。毛泽东提出，要实现人民的福利必须依靠党，坚持党和人民政府的领导，在经济上要建立社会主义公有制，才能保障人民的福利得以实现。如果不建立起社会主义公有制，就会变成修正主义，就难以保证人民福利权利的实现。

---

〔1〕《毛泽东文集》（第8卷），人民出版社1999年版，第78页。
〔2〕《毛泽东选集》（第4卷），人民出版社1991年版，第1128页。
〔3〕《毛泽东文集》（第8卷），人民出版社1999年版，第33页。

二、人民是福利发展的主体

对于如何实现人民的福利、如何发展福利事业，毛泽东认为这不但是党和政府的责任，还要依靠人民自身。人民是福利发展的主体，要让人民成为为自己谋福利的主体，要通过发挥人民的积极性和创造性为社会福利事业作贡献。社会福利工作要由党和政府领导，还要由广大人民群众参与建设。中国的社会福利事业是人民大众的事业，而不能仅仅是由国家包办的福利。

毛泽东认为要实现人民群众在社会福利建设中的主体地位，就要充分发挥人民群众的主体性作用。唯物史观认为，人民群众是历史的创造者，是真正的英雄，人民群众是社会实践和认识的主体，是社会物质财富和精神财富的创造者，也是推动社会发展、实现社会变革的决定力量。毛泽东立足于唯物史观，认为广大人民具有强大的创造力，是社会主义建设包括民政福利建设中的真正主体。“对中国的社会建设，我们需要人民的力量，只有人民的力量才是无穷的。”〔1〕1955 年毛泽东在《多余劳动力找到了出路》中也指出：“人民群众有无限的创造力。他们可以组织起来，向一切可以发挥自己力量的地方和部门进军，向生产的深度和广度进军，替自己创造日益增多的福利事业。”〔2〕如果把人民的生产主动性和积极性调动起来，就能创造更多的福利。政府要通过以工代赈、发展生产、进行劳动等方式引导人民参与社会福利事业。因此，在五六十年代的民政福利政策中，对于残疾人、流浪人员甚至是老人、儿童等，国

---

〔1〕 中共中央文献研究室编：《毛泽东著作专题选编》，中央文献出版社 2003 年版，第 2162 页。

〔2〕《毛泽东文集》（第 6 卷），人民出版社 1999 年版，第 457 页。

家在收养的同时往往实行劳动改造，收养机构普遍采取劳动形式，这就是依靠人民自身发展福利思想的重要表现。

毛泽东之所以提倡要实现人民群众在福利建设中的主体作用，发挥人民的生产积极性，是因为他认为，如果完全由政府来承担福利建设的任务，容易导致人民的惰性心理、依赖心理。毛泽东提出："城市一经我们管理，就必须有计划地逐步解决贫民的生活问题。不要提"开仓济贫"的口号。不要使他们养成依赖政府救济的心理。"[1]他认为，引导人民发挥自己的主体作用来解决生存问题，提高人民独立自主的能力，这是一种更积极的方式。所以，新中国成立后党和政府提倡通过发展生产、勤俭节约、自力更生等方式，提高人民的福利水平。

党和政府要依靠广大人民群众来推动社会福利事业建设，要把社会各阶层团结在自己周围，要团结一切可以团结的人来参与社会福利建设，"我们一定要把党内党外、国内国外的一切积极的因素，直接的、间接的积极因素，全部调动起来，把我国建设成为一个强大的社会主义国家。"[2]在国家经济水平落后、社会福利资源不足的情况下，毛泽东提倡调动国内外一切积极因素为社会主义建设事业服务。新中国成立初期，中国政府正是在这种思想的指导下，与外国资助的、民间出资的社会福利机构也一度进行团结合作。

三、福利发展和经济发展要统筹兼顾

毛泽东认为，经济建设与福利发展是一种辩证关系，二者相互促进。经济建设是前提，只有经济发展了，社会福利问题才能解决，也只有提高人民的福利水平，人民才会有更大的生

〔1〕《毛泽东选集》（第4卷），人民出版社1991年版，第1324页。
〔2〕《毛泽东文集》（第8卷），人民出版社1999年版，第306~307页。

产积极性投入到生产中，从而促进经济发展。他主张福利发展与经济发展要统筹兼顾，发展经济与发展福利二者都是社会主义中国必须解决的问题。毛泽东指出，“发展生产和改善人民生活二者必须兼顾。福利不可不谋，不可多谋，不谋不行。”〔1〕国民经济的发展是国家的重要任务，但也不能放弃对人民福利的增进。“在实施增产节约的同时，必须注意职工的安全、健康和必不可少的福利。如果只注意前一方面，忘记后一方面，那是不对的。”〔2〕

统筹兼顾并不是简单的等同，而是有重点的兼顾。毛泽东认为，生产力的发展是发展福利的前提，在兼顾经济发展和福利发展的同时，毛泽东也指出要把重点放在国民经济的发展上面，在发展生产的基础上兼顾发展人民的福利事业。“关于改善工人生活的问题，我们的重点必须放在发展生产上”，〔3〕必须通过发展经济、提高经济水平，才能实现福利的发展，“工人之福利必须于发展生产、繁荣经济中求之”。〔4〕新中国成立初期，国家一度重视国民经济的恢复和发展，也是在经济有所发展的情况下，五十年代后期社会福利事业进入快速发展阶段。并且毛泽东认为工业尤其重工业是经济发展的重心，国家采取了优先发展重工业的方针，这也反映在福利建设中。例如，毛泽东说：“没有工业，便没有巩固的国防，便没有人民的福利，便没有国家的富强。”〔5〕他提出工业发展是实现人民福利的前提，而且国家发展工业生产，并不会忽视福利，也是要照顾民众生活的。“所谓工业为重点，并不是说对目前的民生不加照顾，相反，是

〔1〕《毛泽东选集》（第5卷），人民出版社1977年版，第92页。

〔2〕《建国以来毛泽东文稿》（第3册），中央文献出版社1989年版，第505页。

〔3〕《毛泽东选集》（第5卷），人民出版社1977年版，第92页。

〔4〕《毛泽东文集》（第4卷），人民出版社1996年版，第302页。

〔5〕《毛泽东选集》（第3卷），人民出版社1991年版，第1080页。

应当照顾的”，[1]发展工业生产的目的就是为了改善人民的生活、提高人民的福利水平。

根据统筹兼顾的理念，政府有促进人民福利的责任，但在中国经济水平还较低的情况下，无法在短时间内满足人民的福利需要，只能实行较低层次的社会福利政策。福利问题要根据经济的实际情况逐步解决，而且还要通过人民生产自救来发展福利，不能由政府一下子全部把福利包起来。总之，社会福利要量力而行，社会福利水平不能提高太快，因为“人民的需要是逐步满足的”。[2]“工人福利问题，必须解决，但又必须解决得合乎实际的经济情况，不能太低，但又决不可太高。”[3]毛泽东一再强调不能不顾实际经济状况而片面追求福利，要随着经济水平的提高而逐步提高社会福利水平。“一九五六年的人民生活有所改善，就业有所增加，人民是高兴的。但是人民生活的改善，必须是渐进的，支票不可开得过多，过高的要求和暂时办不到的事情，要向人民公开地反复地解释。”[4]当然毛泽东也反对只顾经济发展，而忽视人民福利的提高。在《论十大关系》中论及国家、生产单位和生产者个人的关系时，他提出：“拿工人讲，工人的劳动生产率提高了，他们的劳动条件和集体福利就需要逐步有所改进。我们历来提倡艰苦奋斗，反对把个人物质利益看得高于一切，同时我们也历来提倡关心群众生活，反对不关心群众痛痒的官僚主义。”[5]毛泽东既要求社会福利水平要不断提高，要尽力而为，但也要求福利发展要依据经济的发

---

〔1〕《建国以来毛泽东文稿》(第4册)，中央文献出版社1990年版，第321页。
〔2〕《毛泽东文集》(第8卷)，人民出版社1999年版，第136页。
〔3〕《毛泽东文集》(第6卷)，人民出版社1999年版，第203页。
〔4〕《毛泽东文集》(第7卷)，人民出版社1999年版，第159页。
〔5〕《毛泽东文集》(第7卷)，人民出版社1999年版，第28页。

展而提高，要量力而行，这种提高的过程是渐进过程，从根本上指导了中国民政福利的发展方向和进程。在这样的思想指导下，中国的民政福利建设基本保持了一个渐进式发展的过程，政府在资金物资不足的情况下还是采取了很多福利措施，尽力解决人民的生存问题，同时又使福利水平与经济水平基本相适应。

毛泽东福利思想为中国民政福利建设指明了方向，指导着党和政府制定福利政策措施、开展福利实践活动，从而推动了新中国成立后社会主义民政福利事业的发展。毛泽东福利思想使中国社会福利事业坚持了为人民服务的方向，也充分发挥了人民自救自助在福利建设中的作用，还使社会福利事业的发展保持了与经济水平的基本平衡，为新中国成立后社会主义福利事业发展作出了重要贡献。

第三节　中国传统文化源流及其影响

中华优秀传统文化是中华民族的根基所在，对中华文明形成并延续几千年而从未中断，对推动中国社会发展进步，促进中国社会利益和社会关系平衡，包括推动社会主义福利事业发展都发挥了重要作用。中国优秀传统文化的丰富哲学思想、人文精神、教化思想、道德理念等，也蕴藏着解决当代人类面临的难题的重要启示，可以为人们认识和改造世界提供有益启迪，可以为治国理政、为社会主义福利建设提供有益启示。习近平总书记提出："要深入挖掘和阐发中华优秀传统文化讲仁爱、重民本、守诚信、崇正义、尚和合、求大同的时代价值。"[1]其中讲仁爱、重民本、求大同等中国传统文化理念不但影响到中国古代历代政

〔1〕 中共中央宣传部编：《习近平总书记系列重要讲话读本》，学习出版社、人民出版社2016年版，第203页。

府的福利思想，促动了古代政府和民间福利事业的发展，也是中国共产党制定社会福利政策、开展社会福利事业的重要思想来源。

一、讲仁爱的思想

仁爱思想是中国传统文化中最重要的内容之一。周朝时期，周文王提出“仁政”的理念，提倡尊老扶弱，实施“敬老、慈幼”的仁政，周文王曾提出：“施仁政、善养老、薄税敛，以济鳏寡孤独四种穷民。”《尚书·无逸》记载周公的话：“文王卑服，即康功田功；徽柔懿恭，怀保小民，惠鲜鳏寡”，肯定了周公能够关怀小民并照顾鳏寡之人的仁德，提倡照顾鳏寡孤独的社会公德。[1]

儒家学说将“仁”作为社会伦理的基础。仁爱是孔子思想的精髓，孔子提出“仁者爱人”，仁的本质即是爱人。仁是儒家学说中德行的准则，人应树立庄重、宽厚、诚实、勤勉、慈善五种品德，以践行仁。孟子也说：“人皆有不忍人之心。先王有不忍人之心，斯有不忍人之政矣。以不忍人之心，行不忍人之政，治天下可运之掌上。”[2]孟子认同性善论，认为每个人都有怜悯体恤别人的心情，这是人的本性。所以君主怀有怜悯体恤别人的心情，才有怜悯体恤百姓的政治，用怜悯体恤别人的心情，施行怜悯体恤百姓的政治，治理天下就可以易如反掌。孟子还提出“四端”：“恻隐之心，仁之端也；羞恶之心，义之端也；辞让之心，礼之端也；是非之心，智之端也。”[3]他认为同情心是仁的发端，从同情心出发，就要“老吾老以及人之老，

〔1〕 王子今、刘悦斌、常宗虎：《中国社会福利史》，武汉大学出版社2013年版，第23页。

〔2〕《孟子·公孙丑章句上》，岳麓书社2000年版。

〔3〕《孟子·公孙丑章句上》，岳麓书社2000年版。

幼吾幼以及人之幼”，这就是儒家的仁德，并逐渐成为整个社会的公德，形成了中华民族尊老爱幼的优良传统。《孟子·梁惠王上》中孟子还说：“老而无妻曰鳏。老而无夫曰寡。老而无子曰独。幼而无父曰孤。此四者，天下之穷民而无告者。文王发证施仁，必先斯四者。”孟子认为鳏寡独孤是天下最为困难、又无所依靠的人，政府首先应该救助这四种人，提出了社会福利的原则。荀子认为应该让贤良的人关注贫穷孤寡等弱势群体，《荀子·王制》中写道：“选贤良，举笃敬，兴孝弟，收孤寡，补贫穷。如是，则庶人安政矣。庶人安政，然后君子安位。”荀子将“收孤寡、补贫穷”作为安定政治的重要措施，反映了当时社会福利意识已经从朦胧走向明确。墨家则提出“兼爱”，提倡博爱的思想，主张人们要互帮互助，要帮助那些食宿无着的人，墨子提出“有力者疾以助人，有财者勉以分人，有道者劝以教人。若此，则饥者得食，寒者得衣，乱者得治。若饥则得食，寒则得衣，乱则得治，此安生生。”墨子从“兼爱”思想出发，提出济贫。

中国传统仁爱文化理念有利于推动中国传统福利事业的发展。一方面，仁爱思想要求统治者施行仁政、爱护民众、关注民众的福利需求；另一方面，仁爱理念也对绅士和普通民众提出要求，民众应该相互关心，帮助那些有困难的人员如鳏寡残幼等，从而倡导尊老、敬老、养老、爱护儿童等社会公德。仁政思想首先能督促政府发展福利事业，倡导统治者以仁德对待鳏寡孤幼、从而治理好天下；仁政思想也鼓励民间的社会福利行为，提倡民众相互帮助。不过，孔孟所述“仁者爱人”“恻隐之心”等，其基本出发点是人性的本能，是人本能的情感和行为，是具有朴素的自然的情感和行为。因此，封建时期中国政府和统治者多从情感、道德出发来施行仁政，以德行教化官绅怜恤他人，而没有进行立法，没有建立完整的法律制度。仅仅从人的本能出发，不讲理性，不通过建立制度和规则去发展福利事业，那必定是有局限性的。人的本能有主观性，缺乏刚性制度约束的人性可能进入误区。例如，主观人性可能受亲情的支配，仁爱容易造成亲疏远近的区别，或者变成没有底线的爱，出自本能的仁爱就可能成为真正实现福利权利平等、“法律面前人人平等”等的障碍。因此，缺乏法律制度规范的古代福利事业发展缺乏持续性。

二、重民本的理念

中国传统文化将如何处理民众与国家政权的关系作为最重要的课题，而民本主义是其基本思想。“民本”一词最早出自《尚书》:“皇祖有训，民可近，不可下。民惟邦本，本固邦宁。”指出民众是国家的根本，作为统治者要敬民、重民、爱民，这样国家才会稳固安宁，并倡导统治者要认识到民众的力量，自我约束，修善德行，慎重处理民事、国事。商朝开国之主采取利民、保民之策，从而代夏以兴；西周以后民本主义更是发展为主导政治意识。儒家学说一直强调统治者要认识到民众的力量，为民着想、为民众的利益服务，轻徭薄赋，减轻老百姓的经济负担，并认为只要百姓富足了，国家就不可能贫穷，为此要求统治者施行仁政。孟子提出：“君轻民贵”，认为民是基础，是根本，民比君更加重要，所以君要施行仁政。朱熹说：“天下国家之大务，莫大于恤民”，将恤民作为国家最重要的事务，认为统治者必须先惠民、利民，才能保证江山的稳定。

墨家提倡的博爱、平等和助人的理念，也包含以民为本、不欺民、要助民的理念，尤其是对于鳏寡孤独的弱势群体，墨家主张由政府提供救助。这都与社会福利基本理念相吻合。《墨子·兼爱中》写道："昔者文王之治西土，若日若月，乍光于四方于西土，不为大国侮小国，不为众庶侮鳏寡，不为暴势夺穑人黍、稷、狗、彘、天屑临文王慈，是以老而无子者，有所得终其寿；连独无兄弟者，有所杂于生人之间；少失其父母者，有所放依而长。此文王之事，则吾今行兼矣。"这段话表示，上天殷勤视察周文王的慈爱，于是老而无子者，有所得而终其寿；孤独无兄弟者，生活在众人中亦有所为；幼年而孤者，有所依靠而成长，这是周文王推行兼爱的事迹，而墨子也在实践这一原则，表达了要推行像周文王那样的社会福利政策的愿望。这种以民为本、施行仁政的文化理念，逐渐成为历代封建统治者奉行的统治策略，有力地促动了统治者实施赈济贫患、救助孤老残幼等福利措施。

民本主义在讨论国家与民众的关系时，虽然提倡国家要为民众服务、政府要为民众提供救济，但这被认为是君主仁政爱民的表现，而并不认为这是君主本来就对民众负有的责任。从本质上来讲，古代民本主义思想中君主处于主动、主导的地位，君主对民众实施福利政策的目的不是真正为了民众的利益着想，而是为了自己的政权稳固。例如孟子提出"民贵君轻"的完整表达是："民为贵，社稷次之，君为轻。是故得乎丘民而为天子，得乎天子为诸侯，得乎诸侯为大夫。"[1]孟子要求统治者以民为贵，是为了通过得民众而得天下。所以中国古代的民本主义文化，并不认为民众具备获得社会福利的基本权利，也不认为国家和政府有提供福利的义务，让民众获得福利只不过是君主统治天下的一个手段而已，甚至统治者认为福利是对民众的"施舍"，福利对象应该"感恩"，对福利事业的实施也多依靠

---

〔1〕《孟子·尽心章句下》，岳麓书社2000年版。

政府行政手段。因此，古代民本主义在讨论如何处理国家与民众的关系时，提倡国家考虑民众利益、统治者同情帮助弱势群体，客观上虽有利于国家为民众谋取福利，有利于统治者对民众采取某些福利措施，但很难形成规范的福利制度。

三、求大同的理想

自古以来中国人以大同作为社会理想和价值理念。大同是一种追求社会平等的社会理想，也是一种人与人之间友爱互助、建立融洽社会关系的道德理想，还是中国人追求和谐的价值理念。最早提到“大同”一词的是《尚书·洪范》，书中“大同”被用来描述王、卿士、庶民和天地鬼神同心同德的状态。但真正用“大同”来作为某种社会理想的则是《礼记·礼运》：“大道之行也，天下为公。选贤与能，讲信修睦。故人不独亲其亲，不独子其子。使老有所终，壮有所用，幼有所长。矜寡孤独废疾者，皆有所养。男有分，女有归。货恶其弃于地也，不必藏于己。力恶其不出于身也，不必为己。是故谋闭而不兴，盗窃乱贼而不作。故外户而不闭。是谓大同。”它提倡选用贤能，诚信和睦，人们不但爱自己的亲人子女，也爱他人的亲人子女，鳏寡残疾者能得到照顾，使人各得其所，物尽其用，人尽其力，就可以达到天下大同。在这种“大同”思想指导下，设计了老人和幼儿有所依靠、鳏寡残疾人员有所养的理想社会方案，这可以说是中国福利指导思想的最早源头。

近代以来，众多思想家和政治家依然十分重视大同思想。例如康有为著《大同书》，将西方平等、独立、人权、自由之说与中国传统的大同思想相结合，提出要消除诸种不平等。康有为还倡导通过一些具体的制度来达到大同理想，诸如公有制、民选制，消灭等级，为老人、妇女、儿童兴办福利事业等，以此建立平等社会。孙中山也是大同思想的阐发者，曾经手抄《礼记》大同章，提倡“天下为公”，大同思想也是三民主义的思想基础。

大同思想是中国福利思想和实践的重要基础，它通过儒家教育和实践活动影响了大批官绅和百姓。大同思想提倡平等，希望民众都能过上幸福生活，人们各得其所，社会中鳏寡孤独等弱势群体能得到给养和关怀。大同思想提倡“讲信修睦”的社会风气，追求和谐融洽的人际关系，人们能互敬互爱，并且“不独亲其亲，不独子其子”，像爱自己的亲人和孩子一样爱别人的亲人和孩子。大同思想促进了历代政府举办福利事业，也有利于民间互助福利事业的开展。但是中国传统的大同思想也有局限性，大同的社会理想是一种很模糊和抽象的存在。封建时期的大同思想大多认为，尧舜时期社会就是一种大同，三代之治是大同最重要的政治理想，这是对原始公社的过于理想化。另外，对于怎样建成大同社会、怎样达到鳏寡孤独有所养的状态，中国传统的大同思想只是提出了道德要求，而没有就怎样建成大同社会提出更科学的制度，没能确立规范的措施。

综上所述，仁爱、民本、大同等理念是中华文化传统中的重要组成部分，深刻影响到历代政府的执政思想与政策，推动了历代政府实施社会福利政策，也促动了民间社会福利力量的兴起，推动了自古以来中国社会福利事业的发展。但是这些理念从人性的本能出发，只是对人提出道德要求和情感导向，而没有形成刚性的法律制度，很难规范古代福利事业的发展。仁爱、民本、大同等思想作为中国传统文化和民族精神的长久积淀，深刻渗透到中华民族的血液中，必将深远地影响中国人的思想和实践，也深刻影响到中国共产党的决策。中国共产党不可避免地受到中国传统文化中仁政、以民为本、德治等思想的影响，关注老弱病残等弱势群体，在社会主义福利事业建设中坚持以民为本、坚持公平正义等，并力图解决弱势群体的生存问题。新中国成立后社会主义民政福利政策和实践正是仁爱、民本、大同等理念驱动的结果。

第四节　我国民政福利建设的历史实践

一、中国古代社会福利实践

中国封建时期各朝各代都设置了相关的社会福利机构，开展了形式多样的社会福利实践活动，也针对老年人、残疾人、孤儿弃婴等特殊对象实施一定的福利措施，提供社会福利服务，并形成了中国传统的救济福利制度。如：针对老人的扶助，建立官方的养老院，南朝开始设立孤独园抚养鳏寡老人，并对有高龄老人的家庭减免一定的劳役。对儿童的扶助，汉唐以后官方资助收养弃儿，历代都建立了育婴堂、慈幼局等。对残疾人的扶助，自周朝起对五类残疾人进行收容给养。对贫困病民的扶助，南朝设置有六疾馆，元朝官方设立了“惠民药局”。

秦汉时期不但确立了“尊老扶幼”的社会道德，并且将优待社会弱势人群的制度列入律令。汉光武帝曾下诏救助鳏寡孤独者，并列入律令。《后汉书》卷一下《光武帝纪下》记载：“辛酉，诏曰：‘往岁水旱蝗虫为灾，谷价腾跃，人用困乏。朕惟百姓无以自赡，恻然愍之。其命郡国有谷者，给禀高年、鳏寡孤独及笃癃，无家属贫不能自存者，如《律》。二千石勉加循抚，无令失职。’”可见，对老年鳏寡孤独者进行救助的规定进入汉律。《后汉书》卷三《章帝纪》中记载：“三年春正月乙酉，诏曰：‘盖君人者，视民如父母，有憯怛之忧，有忠和之教，匍匐之救。其婴儿无父母亲属，及有子不能养食者，禀给如

《律》’”。说明对孤儿及穷困无可养食子女者要进行优待的规定也进入汉律。

魏晋南北朝时期虽然是一个分裂和动乱的时期，但是这一时期的社会福利状况也有所进步，并表现出多样的特色。《三国志》卷一《魏书·武帝纪》记载，曹操曾经下令："其令吏民男女：女年七十已上无夫子，若年十二已下无父母兄弟，及目无所见，手不能作，足不能行，而无妻子父兄产业者，廪食终身。幼者至十二止，贫穷不能自赡者，随口给贷。老耄须待养者，年九十以上，复不事，家一人。"提出了由国家对寡、孤、残废而没有依靠的人给予"廪食终身"的保障，这是社会福利政策的又一进步。南朝曾设立六疾馆、孤独园等专门的福利机构以抚养有疾病的、鳏寡孤独的人，这是中国社会福利史上最早有记载的福利机构的诞生，是中国社会福利史上具有划时代意义的历史性标志。[1]

隋唐时期，官府命令诸州以民间的传统组织——社为单位，劝募当社成员捐助谷物而设置"义仓"，以备水旱之灾时对民众进行赈济。《隋书》卷二四《食货志》对于"义仓"设置曾记述："于是奏令诸州百姓及军人，劝课当社，共立义仓。收获之日，随其所得，劝课出粟及麦，于当社造仓窖储之。即委社司，执帐检校，每年收积，勿使损败。若时或不熟，当社有饥馑者，即以此谷赈给。"一开始，义仓是利用民间"社"的组织储备粮食，在灾荒时赈济百姓，是一种民间互助的形式。唐朝时期，对社会弱势群体进行必要的救助成为公认的行政人员的责任。《旧唐书》卷四四《职官志三》记载："京兆、河南、太原牧及都督、刺史掌清肃邦畿，考核官吏，宣布德化，抚和齐人，劝

〔1〕 王子今、刘悦斌、常宗虎：《中国社会福利史》，武汉大学出版社2013年版，第109页。

课农桑，敦敷五教。每岁一巡属县，观风俗，录囚徒，恤鳏寡，阅丁口，务知百姓之疾苦。”要求地方行政人员必须抚恤鳏寡。唐律中还有对老年人、未成年人以及残疾人犯罪处罚从宽的规定。《唐律疏议》卷四有《老小及疾有犯》条例中规定：“诸年七十以上、十五以下及废疾，犯流罪以下，收赎。”可见，唐律中对七十岁以上、十五岁以下以及残废有疾病之罪犯，在处罚方面明确有相应的予以宽免的规定。唐玄宗时期曾在京城设置福利机构“病坊”供京城内外有疾病之人居住和医治，前蜀冯鉴《续事始·病坊》记载：“开元二十三年，断京城乞儿官，为置病坊，给廪食焉。”

宋朝时期曾设置安济坊、居养院、福天院、漏泽园等福利机构安置贫困民众。宋徽宗曾经设置安济坊收养贫困病人，这是由政府举办的免费医院，医生各有记录，年终考核其劳绩。宋代所设居养院、福天院、漏泽园等机构安置老弱病残、生活无着的人，其经费除由政府支付外，也利用没有后人的死者的财产。《宋史》卷一七八《食货志上六》原注记录：“若丐者育之于居养院；其病也，疗之于安济坊；其死也，葬之于漏泽园，岁以为常。”宋代社会福利活动的一个重要特征就是在疾病流行时，由政府安排医生、提供医药、实行救助。《宋史》卷九《仁宗本纪一》记载：“庚午，诏天下孤独疾病者，致医药存视。”宋徽宗即位，“八月戊戌，诏诸路遇民有疾，委官监医往视疾给药”。[1]

元代也曾设立“惠民药局”，为贫困民众服务。《元史》卷九六《食货志四》中有关于“惠民药局”的条目，记载：“元立惠民药局，官给钞本，月营子钱，以备药物，仍择良医主之，

---

〔1〕《宋史·卷一九·徽宗本纪一》。

以疗贫民，其深得《周官》设‘医师’之美意者与。”

明代在全国各郡县普遍设置福利机构“养济院”，收养贫困人群。据《明政统宗》记载，明太祖洪武元年五月，“颁诏天下郡县置‘养济院’”。《大政纪》记载，明宣宗宣德元年十一月，“谕顺天府尹，加意孤穷，悉收入‘养济院’”。明朝维护传统道德，十分重视优恤老人，对贫民“高年”老人给与物质照顾。明朝政府针对“鳏寡孤独”弱势群体出台了一些特殊政策。例如，洪武五年五月诏曰：“冻馁者里中富室假贷之，孤寡残疾者官养之，毋失所。”要求官府不能让孤寡残疾人失去居所。洪武十九年六月明太祖又在诏令中公布指示：“鳏寡孤独不能自存者，岁给米六石”，〔1〕明确了官府对鳏寡孤独者的具体救助额度。建文元年也曾诏告天下：“鳏寡孤独废疾者官为牧养”，提出由官府收养鳏寡孤独残废人员。〔2〕

清代从建立政权之初就建立了一系列社会福利政策。顺治帝在顺治元年即宣布：“丁银原有定额……老幼废疾，并与豁免。军民年七十以上者，许一丁侍养，免其徭役……鳏寡孤独废疾不能自养者，宜与给养。”〔3〕规定了对不同弱势群体实施不同的救济手段，对老年人、婴幼儿、残废和有疾病而丧失劳动能力的人，免除他们的人口税，所有鳏寡孤独废疾而没有生存能力的人，则由国家供养，并将养济院制度推广到全国各地。清朝的官办救济福利事业发展较好，清代前期的社会福利机构和设施已经较为完善，有综合性的收养机构，如养济院、栖流所，也有针对某一类型弱势群体的收养机构，如育婴堂、恤嫠

〔1〕《明史·卷三·太祖本纪三》。

〔2〕王子今、刘悦斌、常宗虎：《中国社会福利史》，武汉大学出版社2013年版，第196页。

〔3〕《清史稿·卷一·世祖本纪一》。

会等。从主办者看，有官办的，有民办的，还有官民合办的；从机构设置的期限来看，有常年性的，如养济院、育婴堂等，也有短期性的，如粥厂等。

清代的社会福利活动，以官办福利事业为主，民办福利事业有所发展但仍处于辅助地位。由于财力有限、政府效率低下等，社会福利救助范围很小，社会福利水平也很低。清政府鼓励民间力量参与社会福利事业建设，并制定了相关奖赏条例。清政府为鼓励民间义举捐助，对于民间举办善堂、办理慈善业务的人员，清政府会进行官品赏赐。例如，按雍正九年定例，捐助谷物200石者，可赐九品顶戴。在政府鼓励下，清朝民间福利事业发展普遍，除了官办慈善机构外，民间捐助的慈善机构也较多，例如普济堂、育婴堂等都是民间力量发展起来的慈善机构。〔1〕

二、近代中国北洋政府和国民党政府的社会福利实践

近代以来，在西方思想影响下北洋政府和国民党政府在社会福利事业方面有很多新举措，初步建立起近代性质的社会福利体制：既设立了专门的社会福利事务管理机构，也建立了较为完整的社会福利政策法规，一定程度上推动了中国社会救济福利事业的繁荣与发展；并且，社会力量举办的福利事业也有显著的发展，民间慈善团体大量增加。

首先，近代中国政府已设立专门的社会福利事务管理机构。

民国时期，无论是中华民国临时中央政府还是北洋军阀政府、南京国民政府，都曾经设立专门的管理救济福利事务的机构。1912年1月1日，中华民国临时政府成立，中央设内务部，

〔1〕王子今、刘悦斌、常宗虎：《中国社会福利史》，武汉大学出版社2013年版，第247~249页。

省设民政厅，由内务部民治局和卫生局监管社会救济事务，其中民治局负责的就是抚恤、移民及慈善团体的管理等事宜。其后，中国陷入军阀混战时期，北洋军阀政府成立，仍设有内务部。1912 年 8 月北洋政府内务部颁布《内务部管制》，规定内务总长管理赈恤、救济、慈善及卫生等事务，民政司执掌贫民赈恤、罹灾救济、贫民习艺所、盲哑收容所、疯癫收容所、育婴、恤、慈善及移民等事项，[1]由内务部的民政司具体管理社会救济工作。内务部内附设赈务处，当全国各地灾情严重时，由赈务处处理全国赈务，但赈务处属于临时机构，事毕即撤销。地方上也设立了相应行政机构，由省长公署下设的政务厅监管社会救济，县一级的社会救济工作则由内务科负责。北洋政府的社会救济福利管理体制实行中央、省（道）、县三级管理，除了有常设机构，也设有赈务处这样的非常设机构，负责大灾大难的救济管理。可见，北洋政府对救济福利事业还是比较关注的。

1927 年南京国民政府建立，设立行政院为最高行政机关，下设内政部。一直到抗日战争爆发以前，内政部都是国民政府主管社会救济和社会福利的常设机构。另外，国民政府也设立了赈务处和赈灾委员会两个临时救灾救济机构，1930 年 1 月两个机关合并成为赈务委员会，负责因自然灾害所造成的灾民救济以及国内战争所造成的难民救济。抗日战争爆发后，国民政府建立和调整了社会部和其他救济机构，加强了对救济福利事务的管理。1938 年 3 月社会部成立，其属于国民党中央执行委员会的下设机构，1940 年 10 月改隶行政院，社会部成为最高社会行政机关，内政部民政司所掌管的社会福利也划归该部并专

---

[1] 《东方杂志》（第 9 卷）第 3 号。

设社会福利司掌理失业救济、残疾老弱救济、贫民救济、无正当职业者之收容教养、贫病医疗护产之倡导推行、救济经费之规划及审核稽查、救济设施之设置指导监督、慈善团体之指导监督等救济福利事项。地方主管救济福利事务的机构，省为民政厅和建设厅，临时救济事项由省赈济会办理，县级则由县政府的民政科或社会科办理具体事务。中央到地方各级救济福利机构的建立为救济福利工作的展开和实施提供了有效的组织保障。

抗战结束到国民党退出大陆这一时期，国民政府的福利组织发展趋向专业化。1943 年 11 月，44 个国家代表在美国签订了《联合国救济善后公约》，并决定成立“联合国善后救济总署”（简称“联总”）。1945 年 1 月中国成立联总中国分署，直隶行政院，称为“行政院善后救济总署”（简称“行总”），地位与各部平级。行总的职责主要是办理战争的善后救济，行总实行署长负责制，下设 4 厅 4 处，其中赈恤厅和调查处负责救济福利事务。社会部社会福利司继续掌管社会福利事务，并且调整了社会福利司的业务，调整后的社会福利司下设 4 科，第一科负责农工福利及国际劳工事项，第二科掌理国民就业，第三科执掌社会救济，第四科主办儿童福利，由此国民政府建立了专业的社会福利机构，使社会福利与传统社会救济有了界限。由此可见，民国时期国民政府建立了自中央到地方的各级专职福利机构，社会福利机构成为社会保障机构的重要组成部分，并且福利机构开始向系统化、专门化的方向发展。

其次，近代中国政府开始建立较为完整的社会救济福利政策法规。

北洋政府时期对社会弱势群体有所关注，并开始以制度章程的形式将他们纳入政府救济范围。北洋政府公布的《游民习艺所章程》中，将游民作为社会救济对象，“年龄在 8 岁至 16 岁而贫苦无依、性行不良者作为收容对象，但疯癫者不得收入”。该章程规定游民习艺所“直隶于内务部，专司幼年游民之教养及不良少年之感化等事项，以获得有普通知识、谋生技能为宗旨”，章程还规定了收容游民额数、入所年龄、出所年限、教育事务、工艺事项、设备事项和员工分职等内容。

国民政府将救济福利逐步纳入法制化轨道，发布了多个有关社会救济和福利方面的法令，以规范各地社会救济福利事业的发展。1928 年国民政府颁布首部社会救济法规《各地方救济院规则》，将五类人作为救济对象：无力自救之男女，年龄在 60 岁以上，无人抚养者；贫苦及被遗弃，年龄在 6 岁以下的男女婴孩；6 岁以上 15 岁以下贫苦无依之男女；无人抚养的肢体残疾者、盲人和聋哑人等行动不自由者；赤贫者和贫苦无资经营农事或营业，年龄在 15 岁以上并无不良嗜好的男女。还规定：“各省区、各特别市、各县市政府，为教养无自救能力的老、幼、残废人，并保护贫民健康、救济贫民计，于各该省区、省会、特别市政府及县、市政府所在地，应依规定设立救济院，各县、乡、区、邨、镇人口较繁处所，也得酌量情形设立。”〔1〕还规定了救济院分设养老所、孤儿所、残废所、育婴所、施医所等内容。这是南京国民政府颁布的第一部救济法规，着重调节院内救济，虽然在救济面、救济方式等方面还不完整，但以法令的形式将社会救济纳入规范化管理，这是一大进步。国民政府还指导地方制定了一些地方性的规程，如救灾、救济福利等方面的管理章程。1928 年 9 月发布了《浙江省水灾筹赈委员会办事细则》，规定了筹赈会的机构设置、人员构成、工作职责

〔1〕“各地方救济院规则”，载《中华民国法规大全（一）》，商务印书馆 1936 年版。

等。1929 年 12 月浙江省颁布了《浙江省区慈善救济会章程》，规定了慈善救济会的人员组成、机构组织、运行程序等。[1]中央条例的颁布实施和地方规程的制定，促进了民国时期救济福利事业迈入法制化轨道。

抗战时期，国民政府采取了一些适应战时需要的社会救济与福利措施，颁布了一些新的法令。1937 年行政院通过了《非常时期救济难民办法大纲》，成立了"非常时期难民救济委员会"，省及院辖市设立分会，县、市设立支会，专办难民收容、运输、给养、保卫、教护、管理及配置等救济事项。1939 年 10 月发布了《抗战建国时期难童救济教养实施方案》，对战争造成的难童提出救济安置方案。这些法令办法推动了难民救济工作的进行。1940 年国民政府社会部制定了一系列法令，对社会救济与福利对象、设施、方法、经费等作了规定。1941 年颁布了《奖助社会福利事业暂行办法》，规定凡公私主办之社会福利事业成绩优异者，均给予一次或经常性补助金，以资鼓励。社会部还在一些城市设立了直属的社会服务处，开展救济活动。1943 年 2 月，国民政府颁布了《社会救济法》，这是中国有史以来第一次关于社会救济工作全面专门的立法。全法分为 5 章 53 条：第一章为救济范围，第二章为救济设施，第三章为救济方法，第四章为救济经费，第五章为附则。救济范围规定："合于下列各款规定之一，因贫穷无力生活者，得依本法予以救济：一、年在六十岁以上精力衰耗者；二、未满十二岁者；三、妊妇；四、因疾病伤害残疾或其他精神上身体上之障碍，不能从事劳作者；五、因水旱或其他天灾事变，致受重大损害，或因而

[1] 龙国存："国民政府时期浙江政府的灾荒救济——以 1929 年浙江灾荒救济为个案的考察"，载《浙江学刊》2012 年第 4 期。

失业者；六、其他因法令应予救济者。”〔1〕这是一部较为完整、系统的社会救济法，具有划时代的意义，反映了国民政府对老弱病残人员的关怀精神，体现了政府的责任感。

为了规范和鼓励社会、个人举办慈善事业，国民政府出台了一系列规则办法。1928 年内务部颁布了《管理各地方私立慈善团体机关规则》，1929 年内务部颁布了《监督慈善团体法》，规定慈善团体为济贫、救灾、养老、恤孤及其他以救济事业为目的的团体，既不能兼营为私人谋利的事业，也不得利用其事业进行宗教宣传。同时，对慈善团体发起人资格、会员、财务及官署的考核检查等也作了具体规定，较好地规范和促进了近代民间救济福利事业的发展。

最后，在实践上，政府和社会设立了大量社会福利机构，采取了各种福利措施，运用了近代化的手段，近代民间与官方福利事业发展较为迅速。

南京政府成立之初，明令各地成立救济院，内设孤儿所、育婴所，救济有生存困境的儿童。据 1930 年内政部统计，18 个省 566 个县计有孤儿所 58 个，育婴所 118 个。尤其是抗日战争开始后，战争难童大量增加，为此国民政府专门督促增设难童收容机构，对战争难童进行收养。至 1947 年 6 月底，社会部直属儿童保育设施发展到 28 个，省市设立救济设施 48 个，县市机构设立者 1069 个。〔2〕儿童福利机构根据儿童的年龄等特点，采取相应的福利措施，对 6 岁以下婴儿进行收养，对 6 岁以上儿童进行收养和文化技能训练，对流浪儿童进行收容教育，使流

〔1〕“各地方救济院规则”，载《中华民国法规大全（一）》，商务印书馆 1936 年版。

〔2〕蔡勤禹：《国家社会与弱势群体——民国时期的社会救济（1927–1949）》，天津人民出版社 2003 年版，第 178 页。

浪儿童改掉恶习并掌握一技之长。

民国以后，安老恤残设施的设立趋于制度化，收养老人的救济院将残废所、养老所与其他救济设施区分开来，并且对救济院的管理更趋规范和科学，更普遍地设立了救济设施，并以法律形式作出强制性要求：各省市县必须设立，地方乡镇也要斟酌情形设立。养老所不但收养老人，给老人提供基本的住宿、饮食，还让老人适当进行习艺训练，残废所也根据残废者情况施以不同的教育训练。据统计，1944 年全国救济机关院内救济人数为：安老所 26 546 人，残疾教养所 15 461 人。[1]残疾人教育在民国时期有了很大发展，残疾人教育和健全人教育开始分开，残疾人教育被称为特种教育，出现了盲哑学校、残废学校等。国民政府还实施了工赈、修建水利等积极的救济福利措施，运用近代化的媒体平台、通讯手段等传播救济福利信息，促进了救济福利事业趋向近代化的发展。

民国时期政府还积极发动民间力量参与救济福利事业，民间慈善事业也发展迅速，各类民间慈善团体数量猛增，成为社会救济福利事业的重要组成部分，为近代中国救济福利事业的发展也作出了贡献。据 1930 年内政部对江苏、浙江等 18 个省的调查统计，该年共有各类慈善团体 1621 个。这些民间慈善团体大多从事抚恤老弱病残幼、赈济贫民、拯疗贫病军民、埋葬暴骸、救灾、习艺等事务。[2]旅沪全浙救灾会多次协助政府调查灾情，并成立专门的征募物品委员会，在上海募捐钱物以救灾救济。民间慈善组织华洋义赈会多次调查浙江灾情，并公布到

〔1〕 蔡勤禹：《国家社会与弱势群体——民国时期的社会救济（1927-1949）》，天津人民出版社 2003 年版，第 187 页。

〔2〕 多吉才让：《中国最低生活保障制度研究与实践》，人民出版社 2001 年版，第 28 页。

媒介为灾民难民募捐救济。[1]上海仁济善堂历年施米、施衣、施诊给药不断。1931 年统计，当年施米 120 石，施棉衣裤 250 套，施棺 809 具，施暑药 73 670 瓶，施中药 135 512 贴。上海闸北慈善堂于 1912 年发起成立，设妇女寄养所、育婴堂、义冢、施粥厂等，办理妓女从良的习艺事务，收养弃婴孤儿、掩埋、施粥，开办医院，免费施医送药。其每年收养婴儿 200 多人，收留从良妇女 100 余人，月均埋尸 150 具，每届施粥对象达万余人。中国救济妇孺总会从 1912 年 11 月成立，收容被拐骗的妇女儿童，对其给予救济教育，至 1941 年救济妇孺约 12 000 名。[2]民间力量积极参与救济福利事业，形成了与政府的合作与互补，弥补了政府救灾能力的不足，大大改善了救灾效果。

国民政府官方不断推动社会救济福利事业的发展，并取得了一定的实践成果。1933 年《申报年鉴》记载：全国救济机关共有 834 所，其中政府官办 132 所、地方公办 409 所、私人举办 293 所；17 个省常年救济人数共 114 196 人，其中江苏 15 679 人、浙江 2347 人、江西 1869 人、湖北 3356 人、湖南 32 617 人、广东 5967 人、热河 80 人、绥远 3518 人、察哈尔 13 800 人、新疆 1143 人。[3]但总体来看，当时战争频仍，加上国民党政权本身的局限性，如苛政与腐败，国民政府征收高额田赋以及名目繁多的苛捐杂税，国民党内派系林立、政局动荡，1927 年到 1937 年间浙江省政府主席就 6 次更换，导致政府财政大多用于军费，国民党政府政策执行能力有限，社会救济福利水平仍然低下，

---

〔1〕 龙国存："国民政府时期浙江政府的灾荒救济——以 1929 年浙江灾荒救济为个案的考察"，载《浙江学刊》2012 年第 4 期。

〔2〕《上海民政志》编纂委员会编：《上海民政志》，上海社会科学院出版社 2000 年版，第 238~241 页。

〔3〕 王明寰、孟昭华：《中国民政史稿》，黑龙江人民出版社 1986 年版，第 289~291 页。

难以满足民众的实际福利需求。[1]据1947年国民政府社会部所编《社会福利统计》记载，该年总共救济8 525 618人，其中政府救济2 695 842人，慈善机构救济563 153人，宗教团体救济186 623人，[2]得到救济的人口占全国总人口数4亿5千万的1.89%。而在新中国成立前夕，全国仍有10%左右的人口因得不到救济而流离失所。

民国时期无论是民间的慈善团体，还是国民党政府举办的福利机构，它们后来在新中国成立初期均被新中国政府所接收、利用和改造，成为新中国设立福利机构的基础，为新中国成立后社会主义民政福利事业的发展奠定了基础。

三、新民主主义时期中国共产党的革命民政福利建设实践

新民主主义革命时期，革命根据地的中国共产党和政府重视老弱病残人员、难民、失业工人等的救济福利问题。1927年11月，井冈山革命根据地初建之时，《江西省苏维埃临时政纲》就提出了“由政府设立养老院、育婴院、残废院及病院，以养育并医治老弱儿童及残废疾病者”。但由于历史条件的限制，又面临多次战争，共产党政府经费极为紧张，苏区和解放区没能建立专门的、完备的社会福利事业，而是将社会救济和社会福利结合在一起，更多地发动人民群众开展救济福利活动，主要解决当时无依无靠的老弱病残人员的基本生存问题。

首先，中国共产党在根据地政府建立了从中央到地方的民政机构。

新民主主义革命时期由各级民政部门管理救济福利事务，

---

〔1〕袁成毅：《浙江通史·民国卷》（下），浙江人民出版社2005年版，第42页。

〔2〕金双秋：《中国民政史》（下册），湖南大学出版社1989年版，第659~660页。

各根据地建立了从中央到地方的民政机构，不同时期机构不同。第二次国内革命战争时期，中国共产党建立根据地后，苏维埃区域各自设立了民政机构。中共江西省委在其所制定的《苏维埃临时组织法》中规定，省、县、市苏维埃执行委员会之下设立内务委员会，区、乡苏维埃执行委员会之下设立内务委员，掌理民政事务。1931 年 11 月中华苏维埃共和国成立，颁布的《中华苏维埃共和国宪法草案》中规定：在中央执行委员会之下设立内务人民委员会，管理民政事务。1932 年通过的《内务部的暂行组织纲要》规定，内务部在中央政府，隶属于人民委员会，称内务人民委员部，省、县受执行委员会之指导，则称内务部。各级内务部在行政上直接属于上级内务部，同时受同级政府主席团的指导。内务人民委员部下设社会保证管理局，省、县、市、区内务部之下设立社会保证科，管理救济福利事务。抗日战争时期，由于抗日民主政府是在抗日民族统一战线条件下的民主联合政府，所以民政机构的名称也加以改变，与国民党政府相同，一般称民政厅或民政科。1939 年 2 月陕甘宁边区第一届参议会通过的《边区政府组织条例》规定，边区政府设立民政厅管理民政事务，职掌赈灾、抚恤、社会救济、管理土地、警察、选举、户口调查统计、卫生、婚姻登记等多个事项。1942 年陕甘宁边区规定在专员公署设立民政科，县政府下设第一科掌理民政事项。第三次国内革命战争时期，解放区充实了各级民政机构。例如，1945 年 12 月苏皖边区政府下属各行政区专员公署设立了民政处，县政府下设民政科。同时各民政机构在执掌事务方面也有所扩大。1946 年 5 月晋察冀边区修正公布的《张家口市政府组织条例》规定，市政府社会局掌理 13 项民政和社会公益事务。

民政部门并不是根据地政府管理社会福利的专门机构，根据地各级民政部门执掌范围过广，还兼管土地、警察、选举等其他事务。根据地民政系统的设置也过于简单，无法很好地承担管理社会福利事业的任务。根据地政府依然没有建立管理社会福利的专门机构，但是毕竟有了从中央到地方的管理救济福利事务的民政机构。

其次，中国共产党在根据地积极采取各种救济福利方式。

新民主主义时期根据地政府针对难民、无依无靠的老弱病残、失业者等不同情况，积极采取不同的救济福利方式。

第一，对于老弱病残等生活特殊困难者积极实施救济福利。根据地政府在思想上十分重视老弱病残人员的生存安置问题，1931 年中华工农兵苏维埃第一次全国代表大会通过《土地法》，就规定："老弱残废以及孤寡，不能自己劳动，而且没有家属可依靠的人，应由苏维埃政府实行社会救济，或分配土地后另行处理。"〔1〕并采取了各种措施进行安置救济。其一，采用公粮分配方式进行救济。例如，川陕苏区对无生产劳动能力的穷苦人民，主要采用代耕及公粮分配的办法进行救济。川陕省苏维埃政府《公粮条例》规定："公粮的分配，以十分之二作为社会保险（即发给没有生产能力的鳏、寡、孤、独、废疾者吃）。"其二，由政府发放粮食和资金。据陕甘宁边区的统计，1939 年延属、三边、关中三个分区共发放粮食 713 石，现金 2745 元。1943 年只靖边、延长、延川三县即发放粮食 150 石，现金 1142 元。其三，建立收容院所进行安置。1948 年，陕甘宁边区政府决定建立难童教养院，暂收容 300 名无依无靠的儿童。该院只收容 6 岁至 12 岁的儿童，对于 6 岁以下的孤儿难童，边区政府通令各专员及县、市长得就地发动群众收容安置。抗战结束后，

〔1〕 杨剑虹主编：《民政管理发展史》，中国社会出版社 1994 年版，第 484 页。

晋冀鲁豫边区有许多孤儿、传染病患者及贫寒抗属等急待救济。1946年1月，边区政府曾拟定“社会福利事业”计划，即准备收容孤苦儿童20万人，设托儿所26处，收容传染病患者135万人，设卫生医院27处，救济贫寒抗属120万人及重彩号荣誉军人5万人，预计以上四项共需款318亿元。后因全面内战爆发及边区财力有限，未能按计划办理。〔1〕

第二，采取多种措施给难民提供救济福利。由于长时期的战争，根据地一直存在大量难民，例如，抗战结束时晋察冀、山东等7个解放区共有2600万难民、灾民等。根据地政府采取各种措施救济优待难民：其一，根据地政府将没收土豪地主、反革命分子及汉奸的一部分财物分给难民。其二，建立难民收容所，中央及根据地政府从财政收入中拨出部分款项救济难民。例如，1934年7月闽浙赣苏区发行“粉碎敌人五次进攻决战公债”10万元，从中拨出1万元作为“救济避匪的革命群众”之用。1937年11月，陕甘宁特区政府为了解决从外地来延安的移难民的疾苦，决定由边区民政厅专门建立难民收容所。其三，根据地政府实行优待难民政策。1940年春天陕甘宁边区政府作出《优待外来难民和贫民之决定》，明确规定凡移入边区的难民贫民，应享受各种优待和民主权利。1943年陕甘宁边区政府公布《边区优待移民难民垦荒条例》，规定：难民开垦之公荒土地所有权归移难民所有，三年免收公粮；开垦之私荒，三年免纳地租，三年之后依照租佃条例办理，地主不得任意收回土地……对有病而无力医治者，可享受公共医院免费医疗之优待；移难民从事开垦三年后，生活困难无法负担公粮者，政府给以继续裁

---

〔1〕 杨剑虹主编：《民政管理发展史》，中国社会出版社1994年版，第487～488页。

免，除特殊困难者外，不得为逃避负担另行它迁当移难民。〔1〕其四，根据地还开办难民工厂，以工代赈。陕甘宁边区主要办理了难民纺织厂、难民硝皮厂、难民农具厂三个难民工厂。这三个工厂收容了难民、残废人和贫民达数百人，不仅给工人、学徒以应有之物质待遇，而且建立了政治文化生活制度，组织了工会和工人俱乐部。根据地政府通过优待政策安置难民参加农业生产、开办难民工厂安置难民从事手工业生产等形式，安置了大批难民，自1937年至1945年陕甘宁边区各级政府共安置难民、移民63 850户，266 619人。〔2〕

另外，根据地政府对失业工人也给与救济福利。一方面根据地政府拿出一部分财政经费给予临时救济。另一方面由政府提供就业机会，例如由政府设法介绍工作；或由政府投资、众人集股，或借给资金，组织生产合作社；还有的由政府安排暂时干一些零活。

总之，中国自古以来的民政福利实践活动是我国社会主义民政福利建设的重要实践来源，为我国社会主义民政福利事业发展打下了深厚的历史基础。

中国古代积累了丰富的社会福利思想，也确立了传统的救济福利政策，各朝各代设置了各种社会福利机构，采取了诸多福利措施，为老弱病残等困难群体提供了一定的福利服务。这些福利思想与实践活动是中华民族的宝贵遗产，也是新中国成立后中国福利事业发展的重要历史基础。但封建社会生产力水平的落后性与封建社会制度的局限性均制约了福利理念、福利方式及其实施效果。中国古代社会福利政策更多的是提出道德

〔1〕 胡民新、李忠全、阎树声编著:《陕甘宁边区民政工作史》，西北大学出版社1995年版，第200页。

〔2〕 杨剑虹主编:《民政管理发展史》，中国社会出版社1994年版，第484页。

要求，具有临时性，不稳定、不够系统规范，未能以法律的刚性规范社会福利事业的发展，因此其不能稳定长久地得到实施。古代社会福利思想与政策也有其落后性。封建政府和封建社会没有建立平等的福利权利观，对接受福利服务的对象多是一种恩赐态度，由此也导致中国古代救济福利效果并不理想。

近代中国政府设立了“内务部”“内政部”“社会部”“社会福利司”等专门机构来管理社会福利事务，并制定了较为完整的社会救济福利事业政策法规，采取了多种福利措施，对政府的公办福利事务进行管理，也加强了对民间私立慈善机构的监管，并提倡民间力量积极参与慈善事业，希望政府和民间福利事业都能获得快速发展并实现良性互动。由此推动了近代福利事业的正规化和制度化发展，促进了近代中国官办社会福利事业与民办社会福利事业的壮大与繁荣，也加强了国家对社会福利事业的控制。但是相比于民众的福利需求，近代中国政府和社会所举办的社会福利事业无论是数量还是质量上仍然显得十分不足，在战乱频发、灾害频仍的背景下，广大民众仍然生活在水深火热之中。

立足于为人民服务的宗旨，也为了动员广大劳动人民参加中国革命，新民主主义革命时期中国共产党也关注社会福利问题，积极实施了各种福利措施。党在革命根据地建立了各级民政机构管理福利事务，这套民政系统后来也为新中国所继承。通过公粮分配、建立收容院所等为老弱病残、难民等提供福利服务，这些社会福利思想与措施为新中国社会福利事业的开展奠定了重要基础。但是根据地政府并没有建立专门的管理福利事业的机构，也没有确立管理民政福利事业的专门的完善的法规，并且摄于应付战争的背景以及有限的财政能力，只能更多地发动人民群众开展福利活动，也只能保障无依无靠的老弱病残等极端困难群体的最基本生存条件。但党的福利政策及其实践活动在新中国成立后则得到了进一步的完善与发展。

第三章

我国社会主义民政福利管理体系的建设

第一节　党的民政福利指导思想的形成和演变

中国共产党吸取了中国传统文化中福利思想的精髓，以马克思主义理论为指导，继承和发扬了马克思主义福利思想，并将之与新中国成立后的中国具体国情相结合，在中国自古以来社会福利实践基础上，对社会主义福利建设进行了广泛深入的探索，提出了符合中国国情的社会福利思想，使之成为我国社会主义民政福利建设的重要指导思想。

一、人民政府领导下为人民大众服务的总方针

民政福利事业的发展与中国共产党的执政理念密切相关，党的福利指导思想是中国民政福利事业发展的最重要导向。中国共产党的救济福利指导思想的总方针是："我们新民主主义国家的救济福利事业，应该是在人民政府领导之下，以人民自救自助为基础而进行的人民大众的救济福利事业。"〔1〕

首先，中国的救济福利事业的领导者是人民政府，"这个救济福利事业之所以要在人民政府领导下，是因为人民政府是依

〔1〕 董必武："新中国的救济福利事业"，载《人民日报》1950年5月5日。

靠人民，又为人民服务的”。[1]党的福利指导思想明确了人民政府的领导地位，着重强调要坚持将人民政府的领导作为最重要的政治原则，这有力保证了社会福利建设的正确政治方向，也有利于为福利建设创造稳定的社会环境，从而为社会福利事业发展创造最重要的前提。另外，人民政府确实具有强大的号召力、强大的政治组织力和动员力以及高效的执政能力，能够快速地将福利政策实施下去，能够有效率地调动福利资源。“只有它，才能够动员全体人民，组织人民力量，从事救济福利事业，并适当地全面地分配和调度人力、物力、财力而不致浪费、偏重、用不及时或用之不当。同时，也只有它，才能综合各种情况，辨别和揭破敌人的各种阴谋诡计，并负责保卫人民大众的救济福利事业。这是新民主主义国家必须采取的民主的集中制度，救济福利事业亦不能例外。”[2]只有在人民政府的领导下，民政福利建设事业才能获得较大的实效性。

其次，中国的救济福利事业的服务对象是人民大众，“中国的救济福利事业，必以人民大众为对象”。[3]中国共产党把推翻剥削阶级、为广大人民群众争取解放和谋取福利作为重要的政治任务和工作职责，坚持人民的利益高于一切，努力为人民群众争取社会福利利益。党的福利指导思想始终以为人民服务为出发点，立足于民众，一直贯彻了为民服务的民生理念。所有的民众遇到生存困境都可以获得国家提供的福利救助，不管年龄、性别、种族等情况，国家对所有生存有问题的困难人员都有责任提供福利救助。中国政府重视民众的基本生存问题，“不让一个人饿死”的观念深入人心，力图保障每个民众的基本生

〔1〕 董必武：“新中国的救济福利事业”，载《人民日报》1950年5月5日。
〔2〕 董必武：“新中国的救济福利事业”，载《人民日报》1950年5月5日。
〔3〕 董必武：“新中国的救济福利事业”，载《人民日报》1950年5月5日。

存权利，民政福利思想具有全民性特征，这些一定程度上体现出新中国的福利思想与制度的普遍性与平等性，具有很大进步性。

中国政府还提出以人民自救自助为支柱，将人民作为福利发展的主体，充分发挥人民群众的主体作用。“这个救济福利事业之所以要以人民自救自助为基础，是因为人民大众的救济福利事业，必须依靠人民自己，才能得到解决，绝不是依靠人民以外的任何救济，能够解决什么问题。”政府不仅仅通过紧急救济的方式为困难群体提供帮助，也不仅仅只是供养，而是试图通过教育、劳动改造等方式让被收养人员自力更生，并提高他们自身的生存能力，以一种积极的方式解决弱势群体的基本生存问题。相比于只是单纯的“养”“救”等，这种思想具有一定积极性，更有利于被收养对象自身能力的发展，为他们以后的独立生存打下基础；也在一定程度上产生了经济效益，通过收养人员的劳动可以创造一部分收入，减轻了国家的经济负担；还产生了一定的社会效益，使劳动观念更深入人心，有利于培养爱劳动、自力更生等社会风气。例如，对于老年人，让他们参加力所能及的劳动，有利于他们身心健康发展。对于儿童，不但对他们进行抚养，让他们吃饱穿暖，而且还开展各种教育活动，让他们既学知识学文化，又培养劳动意识、政治意识等，这有利于培养他们健全的人格，提升他们的知识文化水平，为他们将来走向社会、独立生存打下良好基础。而对于残疾人，通过让他们进入社会福利企业参加工作，更是通过享受劳动权利，其不但获得了经济收入，而且获得了自尊自信。对流浪人员的改造，也同样实行劳动生产与政治思想教育相结合、改造与安置相结合的方针。收容遣送站组织有劳动能力的被收容人员参加劳动，按照多劳多得、奖勤罚懒的原则进行分配，以其劳动收入冲抵在收容遣送站期间的生活费和遣送费开支。这样的劳动教育和改造改变了他们的游堕习气，培养了他们的自力更生意识，也提高了他们独自谋生的能力。

从新中国成立到“文革”前，期间历经十七年，这十七年间中国的社会环境处于剧烈变革之中，政治局势、政治经济路线等不断变化，加上经济发展速度较快，工业体系逐步形成，社会经济状况也在不断转变中，不同历史阶段党的民政福利指导思想表现出了不同特征。下面以时间为序梳理党的民政福利指导思想的变化，以此更好地把握民政福利事业政策和实践发展的脉络。

二、国民经济恢复时期：稳固政权、发展生产

1949–1953 年的国民经济恢复时期，新中国政权刚刚成立，中国社会要从半殖民地半封建社会转变为新民主主义制度，在这样一个重大历史转折时期，政治体制、经济体制、社会结构、文化意识等都将面临转换，社会福利政策的选择也受此影响。新中国成立之初国民经济处于崩溃边缘，民众生活极为困难，鳏寡残幼等弱势群体更是处于水深火热之中。此时，新中国政府首先要医治战争创伤，解决民众的生存问题，因此急需恢复和发展经济，从而建立统治秩序，巩固新生政权。在这样的背景下，政府着手构建新中国的社会福利事业，中央政府将社会福利与社会主义制度本质相结合，灵活地运用马克思主义理论进行了有益的探索和实践。这一时期的社会福利政策既以马克思主义社会福利思想为基础，又以新民主主义理论为指导，团结外国和民间福利机构组织，并充分发挥了他们在福利建设方面的作用，淡化了社会福利的阶级属性，更突出社会福利在一般社会状态下的基本要求，认可社会福利的社会性，实行“劳

资两利”的政策。

新中国成立前帝国主义、封建主义和官僚资本主义对中国的长期统治，给中国人民带来了深重灾难，大量民众流离失所、食不果腹，众多孤老残幼人员更是处于饥寒交迫之中，社会秩序混乱。新中国成立后，中国共产党认为新中国政权应该为人民服务，只有解决了人民的基本生存问题，新政权才能稳定，反之如果解决不了人民的生存问题，就会威胁到新政权的稳定。新政府的当务之急就是要尽快医治战争创伤，促进国民经济建设的恢复，并尽快肃清帝国主义、封建主义、官僚资本主义在社会救济福利中的影响。因此，这一阶段社会福利建设着眼于新政权的巩固，社会福利政策与政权建设紧密联系在一起。对社会弱势群体进行最基本的收容与救济、保障人民群众的最基本生活需要，从而巩固政权，是这个阶段社会福利政策最先考虑的内容。由此民政部门加紧进行福利事业建设，通过接收改造旧中国遗留下来的社会福利设施和新办一批救济福利事业单位，将社会中食不果腹、居无定所的游民乞丐、老弱病残等社会潜在不安定分子收容起来，保障他们的基本生存。从而一方面肃清了帝国主义在城市福利事业中的残余影响，奠定了新中国社会福利事业的基石，一方面促进了社会的安定和团结，也促进了城市经济文化事业的恢复和发展。

保证民众的基本生存需要是新中国政府首先考虑的问题，因此当时民政部门难免将社会救济与社会福利事业联系在一起。社会福利的任务主要是解决战争时期遗留下来的流亡人员和无依无靠人员的生活安置问题，与社会救济混杂在一起。这一时期在官方文件中一直将“救济”与“福利”两词连接在一起，将社会福利与社会救济结合在一起，统称为“救济福利事业”。对救济和福利事业的管理也均归内务部社会司。另外，新中国政府要保证社会稳定，就既要为弱势群体提供基本生存条件，又要对流浪乞讨人员、妓女等进行改造，但新中国成立之初的经济条件有限，于是福利机构常将福利对象和改造对象混杂在一起收容。一些生产教养院收容范围混乱，收养人员成分复杂，其中既有地主恶霸、敌伪特务、反革命分子、惯匪、小偷，也有失业职工、流入城市的农民、烈军属、精神病人等，还有鳏寡老人、孤残儿童等，由此造成管理混乱，并引发违法乱纪现象。

毛泽东认为，社会福利与经济发展是一种辩证的关系，生产力水平决定着社会福利水平，生产力的发展决定社会福利的发展。只有生产力发展，社会财富增加，社会福利才能发展，如果生产力不发展，社会福利就会缺少物质基础，也就难以发展。而如果社会福利水平落后于生产力水平，那么生产力的发展就会因为缺少社会福利的保障而受到阻碍，从而影响到生产力的发展。毛泽东在 1953 年夏季全国财经工作会议上明确指出："我们的重点必须放在发展生产上，但发展生产和改善人民生活二者必须兼顾。福利不可不谋，不可多谋，不谋不行。"〔1〕毛泽东认为发展生产力是重点，准确把握了社会福利事业发展的关键，确立了社会福利水平与生产力发展水平相一致的原则，从而避免了经济发展与社会福利建设的失衡，为新中国成立初期的社会福利建设指出了正确的发展方向。因此这一时期，社会福利事业建设较新中国成立前有很大进展，但并没有出现过快的问题，仍然符合于当时的社会经济水平。

新中国成立之初，新政权建立在战争的废墟上，恢复和发展生产、解决民众的基本生活问题成为燃眉之急。因此，党和政府的中心任务是"动员一切力量恢复和发展生产"，其他事务

〔1〕《毛泽东选集》（第 5 卷），人民出版社 1977 年版，第 90~97 页。

均以此为基础。社会福利事业的发展也必须以此为准则，调动一切有利于社会福利事业发展的力量参与新中国的福利建设，其中包括调动民间力量和外国资本力量为新中国的福利事业出力，通过发展福利事业稳定民心、稳定社会秩序并恢复生产、促进经济发展。因此，1952 年前新中国政府允许经营较好的民间福利机构、外国教会资助的福利机构继续存在，并与他们合作，对它们进行扶持，鼓励其发展。政府主动引导民间和外国福利机构参与到社会主义福利建设中来，同时加强对它们的领导。这一时期社会福利建设还具有社会化的理念，非国有的福利机构依然允许继续存在发展，政府和社会力量处于良性互动中，社会力量在新中国成立之初的福利事业建设中发挥了重要作用。

三、社会主义改造时期：倾向公有化、倾向城市

1953 年党中央提出过渡时期总路线，中国进入社会主义改造阶段，以公有制为标志的社会主义计划经济体制初步建立，社会制度从新民主主义制度向社会主义制度转换，公有制与计划经济体制被强化，民政福利事业的公有化特征也越来越明显。随着掀起对农业、手工业和资本主义工商业社会主义改造的高潮，旧中国留下来的民间福利机构、国外教会资助的福利机构等也同样成为被改造的对象，外国的福利机构首先被接收，民间的福利机构也要么被解散取缔，要么被接收改造。另外，优先发展重工业、重城市轻农村的发展战略确立，社会福利事业发展也出现城乡二元化倾向。

随着社会主义改造的深入，社会福利制度的社会主义属性、公有制属性越来越明显，非公有化的福利事业受到越来越多的排斥。1953 年前后全国各地民政部门对国民党救济院和地域性的慈善堂、教养院、民间慈善团体举办的和接受外国津贴的福

利机构进行全面接收、调整、改造，它们大部分成为新中国的官办福利机构，只留下极少数私办公助的福利机构。1956年更是掀起了对私有经济的社会主义改造高潮，福利事业机构进一步被卷入其中，尚存的私办公助的福利机构也全部由国家接管、接办，旧的民间公益团体在中国不复存在。社会福利机构全部公有化，资金来源单一，从此中国的社会福利事业走上官有官办、管办合一的道路，并奠定了其后中国社会福利事业完全公有化的格局，导致了中国社会福利制度长期的非社会化性质。

这一时期确立和实施了优先发展重工业的战略，并取得较大成果。在中央集权控制的计划经济体制作用下，经济、社会事业等发展均实行"重城市、轻农村"的战略，同样体现在社会福利事业的发展上。社会福利体系也出现二元化发展，实行城乡二元结构的"残补型"福利制度安排，福利主要提供给城镇居民，而没有相应提供给农村居民。对城市中的无依无靠、无家可归、无生活来源的"三无"孤儿、老年人、残疾人等特殊困难群体，政府通过建立儿童福利院、社会福利院和精神病院等福利机构的方式，为其提供衣食住行医的基本生活和基本福利保障，农民则缺乏福利机构的保障。对城市职工的社会福利，还实行了具有浓厚中国特色的"单位福利"制度安排，而农民没有就业单位，也不能享受单位福利。民政福利、职工福利均面向城镇居民，公共福利中的价格补贴和住房福利也只提供给城市居民。在福利项目支出方面，城镇居民的福利支出（包括价格补贴、民政福利与企业或单位福利）占全国福利支出的95%以上，而占人口总数75%的农村人口只分享到5%的财政性福利份额。[1]说到底这是一种城镇福利制度，城镇居民享受

〔1〕郑功成："中国社会福利发展论纲——从传统福利模式到新型福利制度"，载《社会保障制度》2001年第1期。

到的福利是较全面的，而农村居民能享受到的福利严重不足。国家重视城市社会福利事业的发展，接收和新建的民政福利设施均设置在城镇，民政福利覆盖了城市特殊困难群体，但国家和政府却缺乏对农村福利的投入和组织。这样虽然促进了城市福利建设的快速发展，但也造成了农村与城市之间的不平衡，成为以后城乡之间社会福利制度长期不平等的历史基础。

四、社会主义建设时期：强化计划性、强化政治性

1956 年农业、手工业、资本主义工商业的社会主义改造完成，社会主义制度建立，计划经济体制随之确立。这一时期也是社会主义全面建设时期，经济发展速度较快，工业体系逐步形成，工农业生产产量增加，第一个五年计划规定的各项经济指标提前并超额完成，人民的生活水平有了较大改善。但是 1958 年 5 月党中央提出“鼓足干劲，力争上游，多快好省地建设社会主义”的社会主义建设总路线，“大跃进”和农村人民公社化大运动兴起，政治领域开始开展反右倾斗争，国家经济、文化建设等出现严重挫折。社会福利也受此影响，计划性和政治性进一步加强，社会福利事业发展急于求成，一度发展过猛，民政福利事业建设出现管理混乱等问题。

1956 年社会主义改造完成以后，社会主义经济主体地位确立，片面追求社会主义的“一大二公”，单一的计划经济体制建立。社会福利事业也开始与计划经济体制紧密联系，计划经济成为社会福利政策制定和执行的主要影响因素和重要条件。社会福利的发展越来越多地强调国家的“计划”职能，由国家和政府来新建和管理社会福利设施、由国家和政府调拨社会福利资源等，充分保障国家在社会福利资源调拨方面的独立权力。社会福利领域也实行了政府包办一切的计划经济体制，民政福

利完全由国家和政府来计划实施，这样做一方面在生产力水平较低、福利资源紧张的情况下，有利于国家有效调动资源、维持福利事业的正常发展，从而促进了经济的发展和社会的稳定，为初步解决民生问题打下基础；但另一方面也导致福利事业的发展因缺乏市场的参与而缺乏活力、陷入僵化，不利于福利事业的长远健康发展。要正确认识计划经济的积极性和消极性，正如学者所说："任何留恋计划经济体制的想法都缺乏理论与事实依据，任何试图恢复计划经济体制的做法都违背绝大多数人民的意志。但这绝不意味着我们建国初期选择计划经济体制就错了，几十年来对计划经济的探索就毫无意义了；更不意味着计划经济只有束缚经济活力的弊病而没有改变国家落后面貌的巨大作用，只有凭主观意志办事的失败教训而没有按客观经济规律办事的成功经验。"〔1〕

在不同的政治经济条件下，国家制定和实施的社会福利政策是有所不同的，特定的政治经济环境是中国社会福利政策选择的重要依据，这有利于社会福利适时进行实事求是的变革，但有时错误的政治路线也会影响到社会福利事业的健康发展。

1957 年 10 月八届三中全会上，周恩来作了《关于劳动工资和劳保福利问题的报告》，确立了"在发展生产的基础上逐步开展对职工的劳动保险和福利事业是国家的长远方针，今后必须继续贯彻执行"。〔2〕并提出第二个五年计划期间对劳保福利工作和制度应该着重整顿，"整顿的方针是：简化项目，加强管理，克服浪费；改进不合理的制度，适当降低过高的福利待遇；同

---

〔1〕 朱佳木："如何看待毛泽东对计划经济的探索及其对社会主义市场经济的意义"，载《中共党史研究》2007 年第 2 期。

〔2〕 中共中央文献研究室编：《建国以来重要文献选编》（第 10 卷），中央文献出版社 1994 年版，第 327~332 页。

时提倡少花钱，多办事；提倡依靠群众集体的力量，举办福利事业；提倡用互助互济的办法，解决职工生活中的某些困难问题”。[1]这一方针符合于当时的社会历史条件和社会福利的实际状况。可见，1957 年社会福利指导思想符合于客观社会实际，社会福利事业处在正常发展之中。

但是到了 1958 年 5 月，中国共产党第八次全国代表大会第二次全体会议通过了“鼓足干劲，力争上游，多快好省地建设社会主义”的社会主义建设总路线，社会主义建设指导思想上急于求成。尤其是随着“大跃进”和人民公社化运动的展开，“左”倾思想泛滥，社会福利事业在指导思想上也开始急于求成。例如 1958 年第四次全国民政会议着重讨论了各项民政工作如何贯彻社会主义建设总路线，推动民政工作“大跃进”，会议指出，必须把思想政治工作摆到民政工作的首要地位，大力组织社会保障性的福利生产。由此社会福利事业发展进入快速通道，例如精神病院、儿童福利院迅猛增加，尤其是社会福利企业一度迈入突飞猛进之中。但快速发展中隐含的问题也十分严重，一些社会福利企业中残疾人比例过低，还有一些企业冒充社会福利企业，社会福利事业受到“大跃进”思想的影响过于快速地发展，超越了社会经济的承受能力，从而出现管理混乱、效益低下等问题。

综上所述，党的福利指导思想以马克思主义理论为指导，与中国具体实际相结合，对中国民政福利事业建设进行了有益探索，产生了有中国特色的社会福利指导思想，有较大的进步性。党的福利指导思想的总方针是“我们新民主主义国家的救济福利事业，应该是在人民政府领导之下，以人民自救自助为

---

〔1〕 中共中央文献研究室编：《建国以来重要文献选编》（第 10 卷），中央文献出版社 1994 年版，第 327~332 页。

基础而进行的人民大众的救济福利事业”。[1]党的福利指导思想首先指出福利事业的领导者是人民政府。福利事业的发展必须坚持人民政府的领导，这是福利建设的最大政治原则，保证了民政福利事业建设的正确方向，也有利于政权巩固和社会稳定，并有助于将福利政策实施下去从而提高社会福利水平。党的福利指导思想立足于为人民服务，重视民生，以为人民利益服务、为人民大众谋福利为宗旨，并且大力倡导“不让一个人饿死”的观念，力图保障每个民众的基本生存权利。这种民政福利思想具有全民性特征，一定程度上体现出新中国的福利思想与制度的普遍性与平等性。另外，新中国的救济福利事业的支柱以人民的自救为基础。国家通过教育、劳动改造等方式试图提高收养人员自身的生存能力，以一种积极的方式帮助弱势群体解决基本生存问题，这种思想也具有一定积极性。

但是，由于新中国成立后特定的社会环境，造成了福利思想的局限性。一方面国家处于相对落后的社会经济状况；另一方面，国际局势有所变换，抗美援朝后中国与资本主义国家的关系变得对抗。再加上党对于民政福利建设还缺乏足够的经验，还受政治意识形态的束缚，党的民政福利指导思想也有一定的不足。这导致中国政府没有建立完全平等的福利权利观，在福利对象的认定上具有政治倾向性，在福利投入方面对社会力量有排他性，对城市居民有倾斜性，在福利实施过程中体现强制性。另外，抱着打倒剥削阶级、无产阶级翻身做主人的政治意识，政府将民间的和外国的福利机构全部接收改造为国有化，民政福利的非社会化特征明显，并打上了明显的计划经济烙印。

党的民政福利指导思想既严重受制于一定的社会意识形态，

---

〔1〕 董必武：“新中国的救济福利事业”，载《人民日报》1950年5月5日。

又与政治经济局势的变化密切相关，还与社会经济水平紧密相联，导致其处于不断发展变化中。随着时间的推移，共产党在具体处理福利建设与民间力量、公有制、计划体制、城乡关系、经济发展等关系时，在20世纪50年代后期一度出现政权稳定压倒一切的意识，公有化意识越趋浓烈，计划特征、城乡二元化特征越来越明显等，使社会福利逐步背离了社会化、平等化等本质特征，尤其是“文化大革命”时期社会福利被根本否定。

第二节　社会主义民政福利制度体系建设

一、人民政府和各级民政系统是民政福利事业的领导者和主管者

人民政府是1949–1966年间民政福利事业的领导者。内务部和地方各级民政部门是中国社会福利事业的主要管理机构。中央设内务部，各省和自治区设立民政厅，专署设民政处，直辖市设立民政局，县设民政科，形成了自上而下的民政组织机构。各级民政机构在上级民政部门的领导下主管社会福利工作。同时，各级民政机构又接受同级人民政府的领导。内务部接受中央人民政府的领导，坚决执行党和国家的指示。省级民政部门既要接受内务部的领导又要对省政府负责。同样市级民政部门要接受省级民政部门的领导，也要对市政府负责。区级民政部门既要向市民政部门汇报工作，也要向区级政府部门汇报工作。上级民政部门对下级民政部门更多的是进行思想和业务指导。而在人事权和财权方面，民政部门更多接受同级人民政府的管辖，地方民政部门的工作人员配备、干部的提升等由地方政府负责，而民政福利事业的一部分经费也来自于各级地方财经部门的拨款，这种状况常常导致上级民政部门对下级民政部

门管理权限的弱化。地方民政部门既要接受上级民政部门，又要接受同级政府部门的领导，也容易造成职责不清，出现相互争权或相互推诿现象。

首先，中国政府是中国社会福利事业的领导者和动员者，也是社会福利事业的监督者、协调者。中央人民政府是各项福利政策、行动决策等的制定者和行动的部署者，地方各级政府是社会福利事业的动员者、组织者。1950 年 4 月 26 日，主管民政工作的时任政务院总理董必武在中国人民救济代表会议上的报告中提出："我们新民主主义国家的救济福利事业，应该是在人民政府领导之下"，"这个救济福利事业之所以要在人民政府领导下，是因为人民政府是依靠人民，又为人民服务的。只有它，才能够动员全体人民，组织人民力量，从事救济福利事业，并适当地全面地分配和调度人力、物力、财力而不致浪费、偏重、用不及时或用之不当。同时，也只有它，才能综合各种情况，辨别和揭破敌人的各种阴谋诡计，并负责保卫人民大众的救济福利事业。这是新民主主义国家必须采取的民主的集中制度，救济福利事业亦不能例外"。[1]报告表明，人民政府是为人民服务的，并且也只有人民政府才有能力调动人民的力量并且发挥最优的执政效率，人民政府是民政福利事业最重要的领导者，是民政福利组织系统中的中枢。

其次，各级民政系统是民政福利事业的主管者和组织实施者。民政部门是民政福利事业的主管部门，中央一级主管机关是内务部。救济福利事业均由内务部主管并组织实施。地方上也设立了各级民政组织，省级民政厅直接领导全省（区）的民政工作。直辖市设立民政局，主管所辖区的所有民政事务。县

〔1〕 董必武："新中国的救济福利事业"，载《人民日报》1950 年 5 月 5 日。

设民政科，民政科设立民政科长、副科长和若干民政科员，区、乡政府设民政助理员，他们具体负责基层的民政工作。如上所述，各级民政机构在上级民政部门的领导下主管社会福利工作，同时又接受同级政府的领导。内务部对地方各级民政部门享有领导权。

人民政府和各级民政系统共同领导和管理民政福利事务，中央高度集权，地方条块分割，地方上的政府工作机构之间职责权力交叉，政出多门，容易造成职责不清，导致各个政府部门或相互争权，或相互推诿。例如，地方民政部门既要接受上级民政部门的领导，又要接受同级政府部门的领导，如果上级民政部门与同级政府的意见不一，那么地方民政部门就很难选择。

中央人民政府内务部于1949年11月7日正式成立，谢觉哉为内务部部长，武新宇、陈其瑗为副部长，内务部位列政务院30个部、会、院、署、行的首位。内务部受中央人民政府政务院的领导和中央人民政府政务院政治法律委员会的指导，1954年10月改由国务院领导、国务院政法办公室指导。1960年12月国务院政法办公室撤销后，内务部直接受国务院领导。[1]内务部承担着对社会福利事业的指导和管理任务，具体来说，内务部要制定有关社会福利事业的政策；对社会福利单位开展业务、进行业务指导；依法发布有关社会福利的决议和命令，并实施国家社会福利政策和决议；管理各项民政福利事务；以行政管理活动执行国家有关社会福利的法律和决议；监督和检查政策执行情况等。

内务部成立之初，以救灾和政权建设工作为重点。依据

---

〔1〕 民政部编：《民政部大事记（1949-1986）》，内部发行1988年版，第3页。

《中央人民政府内务部试行组织条例（草案）》的规定，内务部下设办公厅、干部司、民政司、社会司、地政司、优抚司六个单位。其中，社会司主管社会福利、社会救济、游民妓女改造、禁烟禁毒、移民、民工动员等事务。[1]1950年7月15日至8月5日，第一次全国民政会议在北京召开。会议确定了政权建设、优抚、救灾是民政工作的重点，并且将建政工作作为民政工作的中心环节，此时救济福利工作还不是民政部门的主要工作任务。

1953年8月，由于全国普选准备工作的开展，人口调查登记、优抚和农村救灾等任务繁重，内务部调整了机构和各司的任务，内务部机构调整为：办公厅、民政司、救济司、优抚局、户政司、地政司和社会司等7个单位，增设了救济司和户政司。社会救济福利业务分工也作了部分调整：原社会司所管的社会福利和社会救济工作中的农村部分以及移民工作划归救济司；社会司增加民工动员工作，还要主管城市社会救济工作；残废儿童教养工作交由中国人民救济总会管理。[2]这是第一次设立救济司，并且将农村救济工作和城市救济工作划分开来，分别由救济司和社会司管理，可见，相比之前救济工作越来越受到中央政府的重视。但救济司和社会司除了管理救济工作，还要管理移民、民工动员等工作，还不是专门管理救济福利事务的机构。

1954年11月至1955年1月，第三次全国民政会议在北京召开。内务部本来把实施《地方各级人民代表大会和地方各级人民委员会组织法》作为1955年的基本任务，主要进行加强政权建设的工作。但是国务院副总理陈毅到会作了重要报告，否

---

〔1〕 民政部编：《民政部大事记（1949-1986）》，内部发行1988年版，第3页。
〔2〕 民政部编：《民政部大事记（1949-1986）》，内部发行1988年版，第59页。

定了内务部向会议提出的《1954年民政工作总结和1955年工作任务的报告》，严厉批评了内务部领导“把民政部门认为是领导政权建设工作的部门，把政权建设工作作为民政部门工作的重点，这是一种方针上的错误”。[1]陈毅同志指出，民政部门的工作，应该以优抚、复员、救灾、社会救济为工作重点。据陈毅副总理的报告精神，内务部重新制定了1955年民政工作计划，此后不再将政权建设工作作为工作重点，而将优抚、复员、救灾、社会救济作为内务部主要业务。为了适应这一转变、适应新的业务，本着精简精神，1955年6月国务院同意内务部所进行的机构调整，机构调整为：办公厅、财务干训司、优抚局、农村救济司、城市救济司、民政司、户政司。与原来相比，增设了财务干训司；撤销地政司，其业务归入民政司；社会司改名为城市救济司；救济司改名为农村救济司。救济福利事务成为内务部的专门业务，由城市救济司和农村救济司分别管理城市和农村的救济福利事务，城市救济司和农村救济司也成为专门的管理社会救济福利事务的机构。

在1955年前“社会福利”并没有成为一个专门的概念，政府也没有设立专门的社会福利机构，有关社会福利方面的工作基本由社会司主管。这一时期社会福利与社会救济结合在一起，统称为“救济福利事业”。中国社会救济福利事业还没有形成稳定的制度，也没有固定的工作对象，主要任务是为当时的政治稳定和国家安全服务，主要工作是改造和救济散兵游勇、改造和救济流氓群体、改造和救济娼妓、禁烟禁毒、疏散遣送与救济流民贫民以及改造旧中国的慈善团体等。直到1955年第三次全国民政工作会议以后，原来内务部的业务出现较大调整，内

[1] 民政部编：《民政部大事记（1949-1986）》，内部发行1988年版，第88页。

务部不再把地方政权建设作为主要业务，而转变为主要负责优抚安置、救灾救济、社会福利、婚姻登记、行政区划及政府机关人事管理等工作。于是在政府部门第一次出现了专门的社会福利业务，并相应设立了城市救济司和农村救济司这两个专门的福利管理机构，这是社会福利管理的一个进步。

1958 年社会福利工作一度成为民政部门的主要工作任务。1958 年 11 月 1 日内务部召开十省一市民政厅、局长座谈会，讨论人民公社化后民政工作的新情况、新问题。会议提出了“民政部门的主要任务是搞福利，要为全体人民的福利发展，为了给共产主义的实现创造条件”。〔1〕1958 年 12 月 31 日中共内务部党组向中央写了《关于民政部门的机构设置问题的请示报告》，报告中提出“民政部门既不能撤，也不要同其他部门合并。名称若要改的话，可以改为社会福利部”。〔2〕这一时段民政部门是比较重视民政福利工作的，在民政部门的众多工作任务中试图将社会福利工作变为首要任务，但是这种情况并没有得到持续落实。

根据国务院关于工作体制和财政体制决定的精神，1958 年 8 月内务部将农村救济司改为农村救济福利司，将城市救济司改为城市社会福利司。内务部的机构也调整为办公厅、优抚局、农村救济福利司、城市社会福利司、民政司等 5 个单位。“农村救济司”调整为“农村救济福利司”，“城市救济司”调整为“城市社会福利司”，这是内务部机构名称中第一次出现“福利”二字，自此中国设立了业务明确、针对福利事业的“福利司”。农村救济福利司和城市社会福利司成为专门的社会福利管理机构，这是中国社会福利事业发展进程上一个重大的进步。

---

〔1〕 民政部编:《民政部大事记（1949-1986）》，内部发行 1988 年版，第 146~147 页。

〔2〕 民政部编:《民政部大事记（1949-1986）》，内部发行 1988 年版，第 148 页。

从1959年到1968年期间，中国社会福利事业一直由城市社会福利指导司和农村救济福利司专门主管。

由于“文化大革命”的冲击，1968年12月内务部撤销，中国社会福利事业的发展失去了最重要的组织保障。地方福利事业仍由地方民政部门主管。内务部撤销后，除在京设机关留守处外，其余同志于1969年3月下放到五七干校劳动。内务部虽然撤销了，但其主管的业务并没有消失。1972年3月，国务院召集财政部、公安部、卫生部、国家计委等部门商议，将原内务部所主管的业务转给这些部门并进行分工。公安部接手原内务部的行政区划、收容遣送等工作；财政部接手原内务部的救灾、救济、优抚、拥军优属等工作；卫生部接手原内务部的盲人、聋哑人、麻风病人、精神病人的安置、教育和管理工作。这样原内务部的社会福利事务转交给了公安部、财政部、卫生部，进行分割管理。

综上所述，虽然国家行政机构一直在变革之中，民政机构及其职能也在不断变化中，但社会福利业务一直是共产党执政的重要内容之一，并相应设有政府机构管理，而民政系统一直是政府直接负责承担的福利事务（包括社会福利设施、社会福利工厂、收容遣送工作等）的指导者和管理者。并且随着内务部将一些政治和行政管理功能，如政权建设的工作移交出去，救济福利事业逐步成为民政部门最重要的工作任务之一，民政部门对社会福利事业的管理越来越专门化。

中国政府虽然设置各级民政系统作为民政福利事业主管者，但是同时要看到，民政部门除了管辖社会福利事务以外，一直以来还承担着其他工作，如优抚安置、行政区划、基层政权建设、婚姻登记管理、殡葬管理等。长期以来民政部门先后将基层政权建设、优抚工作作为最主要的工作任务，社会福利工作并不是民政部门的主要工作，民政部门更不是管理社会福利的专门机构。这也说明，民政福利事业没有受到足够重视，由此社会福利发展必定缺乏动力和政府投入，民政福利事业发展势必受限。而且民政系统对社会福利事业的管理体系并不健全，民政部门的管理范围太广，管理效率难以提高，民政部门对社会福利事业的管理难免有局限性。

新中国成立后还相继成立了多个民间社会福利团体，也成为民政福利事业的重要执行者，在社会福利事业建设中也发挥了重要作用。曾主管民政工作的政务院副总理董必武对于社会福利事务的管理提出过："政府的领导，并不是包办，必须通过人民团体去具体实行"。[1]由此指出，社会福利事务由政府的民政部门主管，但社会团体才是新中国社会福利事业的重要执行者，例如中国人民救济总会、盲人福利会、聋哑人福利会等社会团体的作用明显。

1950 年 4 月 29 日，中国的群众性救济组织——中国人民救济总会在北京宣布成立，其前身是 1945 年成立的中国解放区救济总会。中国人民救济总会是"在中央人民政府领导下的群众性的救济组织"，其任务是"团结并领导全国从事救济福利事业的团体和个人，协助政府组织群众进行生产节约、劳动互助，以推进人民大众的救济福利事业，并担负国际工作"。中国人民救济总会接受中央人民政府的领导，是协助人民政府办理救济福利事业的群众组织，在全国各大城市设有救济分会，救济总会与各地分会是新中国成立初期救济福利事业的重要执行者。内务部部长谢觉哉在指出有关民政部门和救济分会工作范围的问题时提出："救济分会是指导或直接办理救济福利业务机关，

〔1〕 董必武："新中国的救济福利事业"，载《人民日报》1950 年 5 月 5 日。

民政部门主要是管政策，而不是你办这件，我办那件。”[1]再次表明，民政部门对救济福利事业是进行政策指导，而救济分会则是直接办理救济福利的业务机关。首先，新中国成立初期救济总会和各地分会协助政府进行了灾民、难民的临时收容、紧急救济工作，建立了大批教养机关，以收容游民和无家可归、无依无靠、无生活来源的孤老残幼人员，并协助办理了其他救济性质的社会福利事业，如产院、诊所、托儿所、保育员训练班、平民宿舍、劳动人民服务站、义仓等。其次，救济总会和各地分会与各地人民政府一起领导改造了旧中国留下来的救济福利团体，在新中国成立初期把旧的救济福利团体组织起来。另外，救济总会和各地分会还负责国际国内救济福利款物的募捐工作，并进行分配。中国人民救济总会规定：“救济福利款物由政府补助及在人民中募集，并使两者结合起来。同时，亦得接受国际友人的真正友好援助。国内救济福利团体，接受国外救济福利款物，事先须取得本会批准，并在本会通盘计划下分配使用之。”[2]

1955年11月国务院总理办公室发出《关于调整中国人民救济总会的组织和工作关系的通知》，通知传达指示：中国人民救济总会和中国红十字会合署办公；中国人民救济总会所管的国内救济工作并入内务部管理，所管的国际救济工作划归中国红十字会负责办理；各地救济分会在当地民政部门领导下办理国内救济工作，并与民政部门合署办公。[3]由此，1956年7月起中国人民救济总会同中国红十字会合署办公，有关社会救济福利方面的工作划归内务部负责办理。

---

〔1〕 纪纲：“关于城市救济福利工作的报告”，载《内务部通讯》1952年第2期。

〔2〕 “中国人民救济总会章程”，载《人民日报》1950年5月5日。

〔3〕 民政部编：《民政部大事记（1949-1986）》，内部发行1988年版，第102页。

1953年3月中国第一个残疾人福利组织——中国盲人福利会成立，一开始接受中国人民救济总会的领导。1956年2月中国聋哑人福利会成立。1956年5月30日盲人福利会和聋哑人福利会划归内务部领导。1956年6月内务部向政法委员会主任罗瑞卿和国务院周恩来总理报送《关于请示建立盲人和聋哑人地方组织的报告》。报告说，全国约有盲人160万，聋哑人100万。因为没有相应的地方组织机构，所以无力开展全国性的工作。后内务部请求国务院批准成立盲人聋哑人地方组织。7月12日，国务院复函内务部，批准先在北京、天津、上海3个直辖市成立盲人福利会分会和聋哑人福利会分会，待取得经验后，于1957年再在其他确有需要的较大城市逐步设立。〔1〕由此，盲人福利会和聋哑人福利会先在北京、天津、上海设立了分会，继而在全国各地设立分会。例如，上海聋哑人福利会上海分会、盲人福利会上海分会、上海市盲人聋哑人协会就在这一期间陆续成立。1957年4月27日，上海成立中国聋哑人福利会上海分会，主要从事调查研究聋哑人的生产、生活、学习状况，协助有关部门安置聋哑人就业和举办各种聋哑人的生产合作社、生产合作小组，推动和组织聋哑人的文化艺术和体育活动等工作。1959年，该会吸收会员516人，并以聋哑人较多的单位为基础建立会员小组27个。1958年4月24日，中国盲人福利会上海分会成立，其宗旨是：密切联系全市盲人，进行政治思想和文化教育，引导盲人参加社会主义建设事业；促进各有关部门有计划、有步骤地开展盲人福利事业。1959年，分会吸收会员551人，成立会员小组16个。1961年1月，中国盲人福利会上海分会与中国聋哑人福利会上海分会合并，组成上海市盲人聋

〔1〕 民政部编：《民政部大事记（1949-1986）》，内部发行1988年版，第228页。

哑人协会。“文化大革命”期间，市、区盲人聋哑人协会于1968年4月被迫撤销，停止一切活动。[1]

盲人福利会和聋哑人福利会接受内务部的领导，协助政府部门开展有关盲人和聋哑人的福利事业。1960年中国盲人福利会与中国聋哑人福利会合并成为中国盲人聋哑人协会。中国盲人聋哑人协会协助政府部门开展盲人聋哑人福利事业，另外也自行组织开展一些盲人聋哑人的文化、体育等福利事业。

不同于新中国成立前的独立于政府的民间组织，中国人民救济总会、盲人福利会、聋哑人福利会等组织是接受中国政府领导的民间组织，它们主要是协助政府开展福利工作，是一种半官方组织。在中国社会福利事业的开展中，它们既发挥了一定作用，又有一定局限性，很难像完全独立的民间社会组织那样自主地开展工作，它们既缺乏工作经验和历史积累，又完全服从于政府的干预，缺乏灵活性。总之，中国对社会福利事业进行管理的组织主体是以民政系统为主的中国政府，政府统包统揽所有民政福利工作，建立了自上而下的统一管理模式，掌控了国家所有福利资源，采用各种民政福利措施，完成了民政福利工作。

二、管办合一的民政福利行政管理体制的变迁

新中国成立后，在完成生产资料私有制社会主义改造的同时，公有制的绝对统治地位得以确立，以公有制为基础的计划经济体制初步建立并不断强化，同时在民政福利事业领域也随之建立了高度集中的管办合一的行政管理体制。民政福利行政管理是为了保证民政福利政策制度的健康、稳定运行，由民政

---

〔1〕《上海民政志》编纂委员会编：《上海民政志》，上海社会科学院出版社2000年版，第266~267页。

福利行政机构依法对民政福利事务进行的监督和管理活动。中国的民政福利行政管理体制内容包括：负责监管民政福利事务的行政机构、行政机构职权的划分及其运行等制度的总称。

1949-1966 年间，民政福利事务的行政机构、职权及其运行方式等在不同时期有所变化，其变迁过程大致有三个阶段。

第一阶段，1949-1953 年的新中国成立初期是民政福利行政管理体制的始建时期，形成了由民政部门主管民政福利事务的局面，实际上奠定了中国社会救济和社会福利行政体制的基本格局。而在民政部门内部，依据《中央人民政府内务部试行组织条例（草案）》的规定，由内务部下属的社会司主管社会福利、社会救济、游民妓女改造、禁烟禁毒等事务。一直到 1953 年 8 月，无论是城市民政福利事务还是农村社会救济事务，均由社会司主管。但社会司还不是管理民政福利事业的专门机构，其既管民政福利事务，又管诸如游民改造、禁烟禁毒等事务。〔1〕

新中国成立之初的民政福利事业一方面由民政部门出资兴办，另一方面也由民政部门进行主管，即既由民政部门举办，又由民政部门管理，形成了“管办合一”的制度并延续至改革开放之后，这是新中国成立后社会福利行政体制的一个最重要的特点。管办合一的制度虽然有利于政府整合调动资源，促进了政府更快、更高效地解决迫在眉睫的社会问题，也有利于肃清帝国主义、封建主义和官僚资本主义的影响。但是，管办合一的集权管理体制容易造成部门内职责不清、监管不力，不利于社会福利事业的健康长远发展。

这一时期，民政部门既管社会救济，又管社会福利，社会

〔1〕 岳宗福：“新中国 60 年社会保障行政管理体制的变迁”，载《安徽史学》2009 年第 5 期。

救济与社会福利行政体制合一，这是新中国成立初期民政福利管理的另一个重要特点。民政部门成为统管社会救济和社会福利的综合行政机构。

另外，城市和农村的社会救济和社会福利均由内务部社会司统一管理，城乡没有分开管理，这是新中国成立初期民政福利行政管理体制的又一特征。即使是1953年8月增设了救济司，救济司接管了社会司所移交的社会福利和社会救济工作中的农村部分，社会司继续主管城市的社会救济和社会福利工作，但不论是管城市的社会司，还是管农村的救济司，它们都仍是既管社会救济，又管社会福利。结合在一起的社会救济福利事业还没有形成稳定的制度，也没有固定的工作对象，主要任务是为当时的政治稳定和国家安全服务，收养和改造社会困难群体和不安定群体；主要工作是改造和救济散兵游勇，改造和救济流氓群体，改造和救济娼妓，禁烟禁毒，疏散遣送与救济流民贫民以及改造旧中国的慈善团体等。

第二阶段，1954到1956年是民政福利行政管理体制的初步调整时期。这一时期社会救济和社会福利的行政管理机构调整较多，行政体制变更频繁，但变革的方向是将城市和农村的社会福利和救济事业进一步分开来管理，朝着城乡二元化方向前进。1953年8月内务部增设了救济司，救济司接管了社会司所移交的社会福利和社会救济工作中的农村部分，从此内务部开始尝试对城乡的救济福利事业分开管理。1955年6月内务部进行机构调整，社会司改名为城市救济司，主管城市社会救济，救济司改名为农村救济司，主管农村社会救济和灾害救济。分别明确管理城市和农村救济福利事务的机构名称为“城市救济司”和“农村救济司”，其分别成为管理城市和农村的社会救济福利事务机构，再一次强调将城市救济事业与农村救济事业分开来管理，这是一个进步。对城乡社会福利事业的分开管理，有利于提高管理效率，但也造成了民政福利事业发展重城市、轻农村的二元化格局的形成。

这一时期，救济福利事务与教养改造事务经过调整，也逐步区分开来。1956 年内务部在《关于改善城市残老儿童教养院工作》的通知中，决定将老人和儿童从生产教养机构中划分出来，老人和儿童不再与需改造的收容对象混在一起，而是单设残老院和儿童教养院，并明确其性质属于社会福利机构。各地对生产教养院进行整顿和调整，新建了一批新的养老院、儿童福利院，以收养老人和儿童，由此救济福利事业和教养改造事业开始区分开来，这是民政福利管理体制的一大进步。

第三阶段，1956 年到 1966 年是民政福利行政管理体制的深化调整时期。20 世纪 50 年代后期随着社会主义改造高潮的到来和“大跃进”的掀起，由民政部门对民政福利事业进行管办合一的体制在计划经济体制下不断被强化。1956 年尚存的私办公助的福利机构全部由国家接办，民办福利事业、外国教会资助的福利事业均被停办或被接收改造为公办的，至此民间公益团体在中国不复存在，这加剧了民政福利事业的非社会化发展。

这一时期政府对社会福利事业与救济事业的行政管理也区分开来。1958 年前“社会福利”在中国并不是一个专门的概念，中国政府也没有设立专门的社会福利管理机构，社会福利和社会救济结合在一起统称为“救济福利事业”。而在 1958 年 8 月根据国务院关于工作体制和财政体制决定的精神，内务部将农村救济司改为农村救济福利司，将城市救济司改为城市社会福利司。内务部机构名称第一次出现了“福利”二字，自此中国设立了业务明确针对福利事业的“福利司”。由此，中国的社会福利事业与社会救济事业真正分离开来，社会福利事业开始具备了独立的体系，有了独立的发展。农村救济福利司和城市社会福利司成为专门的分别管理农村、城市的社会福利管理机构。从1959年一直到1968年期间，中国社会福利事业分别由城市社会福利指导司和农村救济福利司主管。

这一时期社会福利事业与教养改造事业也进一步分离开来。1959年在全国残老儿童教养及精神病人收容疗养工作湖北现场会议上，明确残老儿童教养、精神病人收容疗养工作是社会福利性质。针对这些人群，必须妥善安排生活，开展政治文化教育，组织生产劳动，进行医疗护理，按照不同收养对象，调整福利机构，实行分类教养，更好地贯彻社会福利政策和体现社会福利性质。又进一步规定各福利事业单位的名称不要再提“教养”二字，以使其名称符合救济福利工作性质；并将全国残老院改称为“社会福利院”或“养老院”，其稳定的收养对象主要是“三无”老人。由此，救济福利事业与教养改造事务进一步分离，这是民政福利管理体制的一个进步。

中国民政福利行政管理体制的最大特点就是民政部门的管办合一，既由民政部门出资举办，又由民政部门监督管理。这种管办合一的模式可以促进工作效率的提高，尤其是在面临大型自然灾害等紧急情况时，政府可以快速高效调集国家的一切人力、物力和财力投入到福利事业中，而且国家的福利政策措施可以很快得到落实。但是这种管办合一的模式也因政府权力过于集中，容易导致决策失误，职责不清，造成管理效率低下。而监管不严还容易导致违规现象、腐败现象的出现，这也是新中国成立后社会福利行政体制的一个重要弊端。

新中国成立后民政福利行政管理体制在变迁过程中也有所进步，例如城市社会福利事业和农村社会福利事业从新中国成立之初混合在一起到分开管理，设置农村救济司和城市救济司；

救济福利事业和教养改造事业从混杂一起到区分管理，分别设置农村救济福利司和城市社会福利司，有了专门的“福利司”；社会福利事业与救济事业从不予区分到分离开来管理，单独设置社会福利院、养老院、儿童福利院等。城乡社会福利事业、福利事业和教养改造事业、福利事业和救济事业分开管理，并相应设置独立的管理机构，社会福利事业开始具备独立的体系、有了独立的发展，这种调整有利于提高管理效率，并促进民政福利事业的规范化发展。

三、主导民政福利事业的政策体系

新中国成立后到改革开放前这段时间，中国并没有建立专门的、系统的社会福利法律与制度来规范福利事业的发展。社会福利事业的运转主要靠民政部门颁布的政策、方针、决议、意见等。

1954 年中国颁布实施了第一部《宪法》，制定了有关社会福利方面的基本法律法规，对公民的福利权利进行基本保证。《宪法》规定：“中华人民共和国劳动者在年老、疾病或者丧失劳动能力的时候，有获得物质帮助的权利。国家举办社会保险、社会救济和群众卫生事业，并且逐步扩大这些设施，以保证劳动者享受这种权利。”条文规定了年老病残等弱势群体有得到物质帮助的权利。《宪法》还规定“中华人民共和国公民有劳动的权利。国家通过国民经济有计划的发展，逐步扩大劳动就业，改善劳动条件和工资待遇，以保证公民享受这种权利。”这一条则规定所有公民包括残疾人也有劳动的权利。“中华人民共和国公民有受教育的权利。国家设立并且逐步扩大各种学校和其他文化教育机关，以保证公民享受这种权利。”这一条规定保障了所有公民包括孤儿、弃婴等都有接受教育的权利。虽然《宪法》

对公民获取福利权利作了基本保障，但是对于如何落实这些权利一直没有制定相应的具体法律制度，关于社会福利方面的专门的法规一直缺位。

1949-1966年中国并没有制定有关社会福利的法律制度，而主要靠民政部门通过一些会议发布的关于发展民政福利事业的决议、报告、意见、公告等主导民政福利事业的运行，比较典型的有1950年、1953年、1954年、1958年、1959年、1960年内务部召开的六次全国民政会议，还有内务部牵头召开的全国城市救济工作会议、全国民政厅局长会议等。这些会议形成的文件就成为新中国成立后社会主义民政福利建设的指导政策。

1950年7月至8月第一次全国民政会议召开。会议确定了政权建设、优抚、救灾是民政工作的重点，并且强调了民政部门的重要性。会议确定将建政工作作为民政工作的中心环节，也将救灾作为民政工作的三个重点之一。这次会议明确了救济福利工作为民政工作的重点，推动了整个民政系统、各级党政机关、社会各界对救济福利工作的关注与重视。会议还拟定了《革命烈士家属、革命军人家属优抚暂行条例》《革命残废军人优待抚恤暂行条例》《革命军人牺牲病故褒恤暂行条例》《革命工作人员伤亡褒恤暂行条例》和《民兵民工伤亡抚恤暂行条例》5个优抚条例，这些条例主要涉及对革命军人、革命烈士及其家属的优抚工作的相关规定，统一了评残的条件、标准和残废等级的划分等，在全国范围内统一了残废抚恤的制度和抚恤标准，统一了各种优待抚恤证件。虽然只是针对残疾军人建立的制度，不是关于社会福利的专门法规制度，但这些规定为新中国发展残疾人福利事业确立了最基本的制度依据。[1]

---

〔1〕 民政部编：《民政部大事记（1949-1986）》，内部发行1988年版，第16页。

1951年5月内务部召开了全国城市救济福利工作会议，内务部副部长陈其瑗作了《关于城市救济福利工作报告》。其后《关于城市救济福利工作报告》经政务院政治法律委员会批准，作为今后对城市救济福利工作的原则指示发布。报告提出了城市救济福利工作目前的方针和任务是：巩固和扩大救济福利界的统一战线，团结一切愿为新中国人民救济福利事业服务的个人和团体；积极协助失业工人和失业知识分子就业；加强对于游民和烟民分子的改造工作，培养其劳动习惯和生产技能；组织贫苦市民生产自救，对丧失劳动能力的孤老残疾及有特殊困难的贫民予以必要的救济；在必要和可能的条件下，适当地举办和改进有利于人民的社会福利事业；健全对公立和私立救济福利机构的管理和领导；加强救济福利工作人员的政治教育和业务教育等。[1]《关于城市救济福利工作报告》对改造旧有的福利设施、巩固和扩大救济福利界的统一战线、救济孤老残疾人员、举办和改进社会福利事业、健全对公立私立救济福利机构的管理和领导等作了明确规定。报告指明了新中国成立初期救济福利工作的主要任务，使各级政府部门掌握了救济福利工作的发展方向。报告规定对民间福利组织和团体要采取团结的方针并健全党的领导，而不是马上取缔或接收民间福利团体，这为各个地方如何对待处理民间福利团体与机构指明了政策。报告也提出要适当发展社会福利事业，指导各地适度地新建社会福利机构、增加收养人数，推动了社会福利事业的向前发展。报告还指出要通过生产自救、紧急救济等方式救助贫民、失业人员等，这是中国救济福利事业发展的重要方针，提出中国的救济福利不仅仅要靠政府，更要靠人民群众自己，要采取劳动、

〔1〕 民政部编：《民政部大事记（1949-1986）》，内部发行1988年版，第33~34页。

发展生产、自力更生等方式进行自救。《关于城市救济福利工作报告》是这一时期民政福利事业发展的基本指导方针。

1953年10月至11月第二次全国民政会议召开，会议通过了《第二次全国民政会议决议》。决议指出，民政部门的工作必须进一步地为贯彻国家在过渡时期的总路线服务，为发展生产和社会主义改造服务；并规定民政部门的主管业务为政权建设、优抚、救济、地政、户政、国籍、行政区划、民工动员、婚姻登记、社会团体登记等，并对各项民政工作的方针政策都作了一系列重要规定。决议提出对孤老残幼、贫民、游民等，要按照是否有劳动能力分别进行救济和改造，对有劳动力的要促使其劳动自立。决议指出："关于城市救济工作，对无依无靠、无法维持生活的残老孤幼和贫民以及游民等，应根据必要和可能按其有无劳动力分别予以教养、救济或劳动改造，对一切有劳动能力的人，应设法使其在城市或去农村参加劳动，使其能自食其力。必须纠正那些想把城市所有贫民、游民等一下子包下来，都施以救济的错误观点。"决议还指出："继续整顿生产教养院，生产教养院应收养无依无靠、无法维持生活的残老孤幼，不应不分对象地乱收，对已收容者应进行审查清理。"〔1〕决议针对当时福利事业单位对救济福利对象与改造对象不加区分、收养人员混乱等情形要求审查，并提出了整顿方针，要求按照是否有无劳动力进行分类处理。各地按照决议规定，对救济福利机构进行调整合并，通过遣送安置、帮助就业、领养转交有关部门处理和其他方式，对应该处理的人员如有劳动力的人员、有家依靠的人员等进行了处理，对应该收养的孤老残幼人员进行了收养，基本上克服了乱收、错收现象。

---

〔1〕 崔乃夫：《当代中国的民政》（下），当代中国出版社1994年版，第210页。

1953 年 11 月内务部和中国人民救济总会联合召开城市救济工作会议，会议主要贯彻第二次全国民政会议精神，要求继续整顿生产教养工作。会议确定了生产教养工作的性质、任务、教养院收容的范围等，确定生产教养机构是对残老、孤儿的救济福利机构，又是对部分游民的劳动改造机构，这次会议仍然允许改造对象和收养对象混杂在一起。会议明确生产教养工作的主要任务是：对城市（县城镇）无依无靠、无家可归、无法维持生活的老弱、残废、孤儿、弃婴等收容安置和教养；对职业乞丐、公开妓女等予以收容改造。这次会议依然强调社会福利机构收养的是“三无”，也就是无家可归、无依无靠、无劳动能力的人，而不能把有家可归的、有依靠的、有劳动能力的人员收养进来。对有劳动能力的乞丐、妓女等，不是简单地收养，而要进行收容，进行教育和改造。各地落实会议精神，继续深入整顿生产教养事业、调整合并生产教养机构。

1958 年 5 月至 6 月，内务部召开第四次全国民政会议。会议着重讨论了各项民政工作如何贯彻社会主义建设总路线，推动民政工作全面“大跃进”的问题。内务部王子宜副部长作了题为《贯彻党的社会主义建设总路线推动民政工作全面大跃进》的总结报告，提出民政工作在五个方面起到了重要作用。其中第二和第三方面就是与福利事业工作密切相关的：“第二，通过优抚和救济福利工作，对鼓舞广大人民的政治积极性和生产积极性起了很大的作用；第三，生产救灾、移民垦荒和组织社会福利生产起了直接促进生产发展的作用。”这次会议传达了要推动民政工作全面“大跃进”的精神，主张要大力发展社会福利事业。在这种对民政福利事业发展过于激进的思想指导下，各地民政工作高歌猛进，救济福利工作迅猛发展，福利机构的数量大增，社会福利生产发展迅速，但民政福利事业和社会福利生产由于过快发展出现了管理混乱等问题。

1959 年 7 月，第五次全国民政会议召开。会议对 1959 年下半年的民政工作作了具体安排，提出着重抓七项工作，其中前三项都是有关社会福利工作的：一是切实做好救灾工作；二是进一步做好优抚和复员安置工作；三是发展社会福利生产，办好社会福利事业。这一次会议保持了对福利事业发展过于激进的指导精神，要求继续推进救灾工作和发展社会福利事业，根据会议工作安排，各地民政部门依然快速发展社会福利生产。

1960 年 3 月 7 日至 19 日，第六次全国民政会议召开。会议指出了民政工作的主要任务，要进一步加强优待抚恤和复员安置工作；切实做好救灾和社会救济工作；积极研究和参加城市街道组织居民生产和集体福利事业的工作；承办政府机关人事工作；办好选举工作。会议对社会福利事业和社会福利生产的发展提出整顿的要求，传达了稳步发展的精神，指导各地放缓社会福利生产、社会福利事业机构的发展速度，并进行相应整顿。会议再次强调要切实做好救灾、社会救济、集体福利事业工作，对各地救灾工作和集体福利事业工作的开展具有重要指导意义。

多年来，中国民政福利运转主要依赖于民政部门颁布的相关政策。以上这些会议集中对民政福利事业的组织机构、方针、任务、内容等发布了相关政策决议，这些政策决议是计划经济时期社会主义民政福利事业具体运行的最重要制度依据，在一定程度上指导和规范了中国民政福利事业的建设，指导了民政福利事业运行的大方向，例如对于要不要办民政福利事业、民政福利事业是要大举进行还是要整顿等方向性的问题，提出了指导性意见。但是中国民政福利事业一直没能形成刚性的、系统的制度，难以保证民政福利事业建设的规范和有效运行。随着局势的转变和每一次会议的召开，这些政策不断地变化，具有临时性、临事性，也不专业、不系统。中国一直没有制定专门的关于社会福利、民政福利的强制性法规和系统性制度，如没有专门的社会福利法，更没有关于老年人福利、儿童福利、残疾人福利等相应法规。临时性的部门政策管理权限、管理界限、管理程序等不清晰，也容易造成管理上的模糊性和实施过程中的不到位。并且各地的规定并不一致，例如不同地区之间收养的标准、程度等颇有差距。中国政府对于民政福利事务的管理，仅仅依靠政府的临时文件、临时通知等进行操作，只能勉强初步建立社会福利的基本秩序，管理难以规范和持续。

由民政部制定的政策来主导民政福利事业发展，管理难以规范，尤其是在执行过程中。因缺乏刚性约束，福利工作的运行有赖于执行工作人员的主观性，工作人员如果既有极强的工作能力，又有强烈的责任心，就会认真执行；但如果工作人员认识水平低、工作态度敷衍，那就难以执行到位，造成民政福利事业的发展缺乏规范和持续动力。并且民政部门制定的有关福利的政策也常常与其他社会政策混杂在一起、管理界限不清，如福利与救济、福利与劳动保护等问题混合在一起。当面对灾民难民、流浪人员、老弱病残人员等困难群体需要政府提供帮助时，到底哪些工作是福利的范畴与边界，应该由哪个部门进行管理，应该提供什么样的帮助，哪些工作又是救济和劳动保障范畴的范畴与边界，这些问题都没有相应制度进行规范，只能靠政府的常规工作经验进行判断和操作。

总体来看，虽然民政福利在实际工作中取得了一定成效，但是由于没有建立系统的、严格的制度和程序规范，缺乏完善的法律制度来操作民政福利的正常运作，容易导致民政福利工作中，执行不到位、出现违规现象。这也是新中国成立后直至今天民政福利事业发展受限的重要原因。

1949–1966年间的不同历史阶段，社会福利政策也在不断的变化过程中，新中国成立初是允许民间力量和外国资本参与社会福利事业的。到20世纪50年代中后期则完全将民间力量和外国资本从社会福利领域排斥出去，将所有的民间福利机构全部变为国有化的，并强化计划经济体制特征，形成了高度集中的政府办、政府管的福利计划经济体制。17年的政策变化也正说明了，社会主义建设包括民政福利事业建设的道路是曲折的，一直在探索的过程中。社会福利事业在探索中积累了丰富的经验，又有一些深刻的教训，这些探索中的经验和教训对当前的社会福利制度改革可以提供有益的借鉴。

四、政府逐步成为民政福利资金的唯一来源

新中国成立初期民政福利建设的资金既有一部分来自于政府，又有一部分来自于外国资金、民间力量和福利机构自身的收入。但是随着20世纪50年代中后期政府对所有外国资助的、民间力量举办的福利机构的全部接管和收归国有，民政福利事业建设的资金就全部来源于政府了。民政福利体系中的社会福利事业单位如社会福利院、儿童福利院、精神病人福利院等由政府出资举办，由中央和地方财政共同拨款开办，由各级民政部门直接举办、直属管理。社会福利事业机构所需经费、物资等纳入国家或地方财政预算；而社会福利企业的经费来源，则由福利企业自行筹资举办，但实行企业生产收益减免税收的政策。收容遣送工作通过收容遣送站开展工作，经费也主要来源于政府财政拨款。

在1952年前，社会福利机构的资金一部分来自于地方财政拨款补助，还有一部分来自于民间社会捐助，不足部分由福利

单位生产收入解决。1952 年至 1955 年，福利机构的经费则大部分来自于政府财政了，少部分来自于福利机构的生产性收入。1952 年以后，很多地方按福利机构所收容人员的数量来计算，国家按人头每人每年补贴 140 万元（折新人民币 140 元），差额部分由地方财政解决。也就是地方政府补贴一部分，另外福利单位的生产性收入也补贴一部分。1956 年前国家对生产教养机构的定位为既是对残老孤儿的救济福利机构，同时也是对部分游民的劳动改造机构，因此生产教养院的经费一般以政府财政供给为主，以组织院民参加适当劳动的收入为辅。这些经费开支除了教养人员的伙食费、被服费、学习费外，还有妇女卫生费、烤火费、医疗费、病号伙食补助费、埋葬费等。[1]

1956 年后包括生产教养院在内的福利机构全部转变为社会福利性质的事业单位，全部由国家拨款。1956 年内务部在《关于改善城市残老儿童教养院工作的通知》中，明确规定生产教养院是社会福利机构。[2]生产教养院的经费由国家补贴一部分改为全额供给。1956 年国家经费支出大幅提高，例如，黑龙江省 1955 年国家对全省养老院的经费支出为 17.3 万元。1956 年在收容人员增加幅度不大的情况下，国家经费支出增幅较大，增加到 88.8 万元。具体来看，从 1955 年到 1956 年黑龙江省养老院收容人员增加了 18.7%，国家经费支出则增加了 413.29%。其后几年经费则相对稳定下来，一般每年支出七八十万元。

1956 年后社会福利机构的生产收入不再抵冲经费支出，按预算外资金管理。各地方福利机构通常将生产收入用于改善集体福利和购置必要的生产设备。福利单位的生产收益，也并不

〔1〕 黑龙江省地方志编纂委员会:《黑龙江省志·民政志》，黑龙江人民出版社 1993 年版，第 306 页。

〔2〕 崔乃夫:《当代中国的民政》（下），当代中国出版社 1994 年版，第 228 页。

是全部上缴单位，部分收益也可以为个人所有。例如，1956 年，江苏省对残老教养机构进行整顿，调整劳动生产组织，纠正劳动强度大、规定上缴生活利润的错误做法。生产收益，一般以 70%为个人所得，30%作为集体福利。〔1〕

新中国成立后国家财政处于困难状态，但国家依然每年拨出一定的民政事业费，用于救济福利事业建设。从 1952 年到 1966 年期间的拨款额度来看，一年所拨给的民政事业费占财政支出最低为 0.81%，最高为 4.33%，平均每年为 2.09%。具体情况见表 3-1（民政事业费包括民政部门用于各项社会保障开支等费用，如抚恤支出、离退休费、社会福利救济费、救灾支出及其他民政事业费等）。到 2013 年全国社会服务事业费支出占国家财政支出比重为 3.1%，〔2〕2015 年全国社会服务事业费支出占国家财政支出比重为 3.3%。〔3〕20 世纪 50、60 年代的民政事业费支出占比与当前相比虽有差距，但差距不大。社会福利救济费的支出额度从 1952 年的 0.66 亿元，到 1966 年增长到 3.19 亿元，在财政支出中的占比从 1952 年的 0.38%到 1966 年增长为 0.59%，社会福利救济费用的总量和在财政支出中的占比一直在增长过程中。当然，与世界发达国家相比，1960 年社会保障支出占 GDP 的比重美国为 10.3%，英国为 13.9%，法国为 13.4%，日本为 4.86%，中国对社会福利投入的总量和在财政支出中的占比还是偏低的。

---

〔1〕 江苏省地方志编纂委员会：《江苏省志 · 民政志》，方志出版社 2002 年版，第 604 页。

〔2〕 民政部："2013 年社会服务发展统计公报［2016-08-19］"，载 http://www.mca.gov.cn/article/zwgk/mzyw/201406/20140600654488.shtml.

〔3〕 民政部："2015 年社会服务发展统计公报［2016-08-19］"，载 http://www.mca.gov.cn/article/zwgk/mzyw/201607/20160700001136.shtml.

表 3-1　民政福利经费基本情况简表[1]

年份	国家财政拨款民政事业费（亿元）	占财政支出（%）	社会福利救济费（亿元）	占财政支出（%）
1952	2.95	1.71	0.66	0.38
1953	3.62	1.65	0.77	0.35
1954	6.04	2.47	1.08	0.44
1955	4.94	1.88	1.25	0.48
1956	5.67	1.9	1.61	0.54
1957	5.29	1.79	1.36	0.46
1958	3.33	0.83	1.15	0.29
1959	4.41	0.81	1.17	0.22
1960	7.94	1.23	2.15	0.33
1961	10.09	2.83	2.44	0.69
1962	8.14	2.76	2.39	0.81
1963	10.15	3.06	2.8	0.84
1964	17.04	4.33	2.87	0.73
1965	10.94	2.38	2.92	0.63
1966	9.21	1.71	3.19	0.59

1956 年前中国的民政福利工作的经费还是一部分来自于社会捐助，一部分来自于福利机构的自身生产收入，一部分来自于政府投入。可见 1956 年前，在社会福利事业领域中国政府对于民间社会力量依然采取一种包容存在、团结合作的态度，发

[1] 国家统计局：《中国统计年鉴》，中国统计出版社 2001 年版，第 25 页。

挥了社会力量在民政福利工作中的筹款作用。但 1956 年之后的计划经济时期，中国的民政福利工作经费变为国家全额拨款，完全排斥了社会力量的资金投入，从此经费来源唯一化。经费压力全部转移到政府，导致政府财政压力大，更何况五六十年代的中国经济水平低下、国防经费开支大、政府资金有限，因此必定出现经费不足的问题。在这种情况下，全部依赖于国家经费，势必导致民政福利事业服务的人数受限、服务的质量受限，民政福利的低水平运行就此出现。而且所有民政福利工作既由政府出资，又由政府举办，还由民政部门管理监督，容易造成效率低下和腐败。

五、政府统揽民政福利事务的计划管理模式

从民政福利制度体系来看，民政福利的组织主体是人民政府，实行政府管办合一的行政管理体制，一直没有建立刚性的制度体系来规范民政福利事业的发展，民政福利的资金从新中国成立初由政府、民间、福利机构生产性收入等共同出资，到 20 世纪 50 年代后期转变为政府成为唯一的资金来源，对民政福利事业的管理权力完全集中到政府，完全由政府对民政福利大包大揽。这种由政府统揽一切民政福利事务的计划管理模式，是新中国成立后社会主义民政福利管理的最重要内容，也是建立在中国具体国情基础上的有中国特色的管理体系。

新中国成立初期，由于是在多年战争的废墟上建立的社会主义新政权，各种社会问题严重，大量民众的生存问题难以保障，社会秩序急需稳定，加上社会经济水平落后，社会福利资源极为有限，这种由政府统揽一切民政福利事务的计划管理模式符合当时的国情，并取得了较大的福利救助成效。因为中国政府确立了强大政治控制力，在强大的社会整合能力、社会动

员能力等基础上，可以快速高效地将社会福利政策落实，从而提高社会救助福利的实际效果。

新中国成立后，快速巩固政权、稳定社会秩序是党和政府最急切的政治任务，中国政府建立了自上而下的科层制组织结构，确立了强大的政治控制力。因为“制度化是组织和程序获得价值和稳定性的过程”。[1]这种科层制的制度使党和政府树立了权威，国家权力不断扩大，“以单一的、世俗的、全国的政治权威来取代传统的、宗教的、家庭的、种族的等等五花八门的政治权威。”[2]中国科层制的社会制度中政治机构级别越高，权力越大，下级必须服从上级，地方服从中央，只要中央一声令下，自下而上的所有政治机构都要投入到救助福利事业中。新中国成立后，国家抓紧新建基层政权，使国家权力深入到地方基层。国家建立了各级党组织、政权组织、群众组织等，将社会成员组织化。国家还建立了集中的财税制度，实现了财权的统一，从而实现了国家与社会的高度一体化，进一步提高了政府的政治控制力。党在革命战争年代，例如抗日战争、土改运动中就积累了丰富的社会动员经验。政府在新中国成立后的社会福利建设中也常常采用社会动员的方式，充分发挥社会动员的作用，还将民政福利建设工作中的一些环节与群众运动结合在一起，通过社会动员调动民众认可和接受民政福利工作。而且出于为人民服务的宗旨，新中国成立后中国共产党极为重视灾难民、流浪人员、老弱病残人员等的生存问题，希望尽快建立救济福利体系来完成福利救助任务。党和政府竭力领导和参

〔1〕［美］亨廷顿：《变革社会中的政治秩序》，王冠华等译，三联书店 1988 年版，第 12 页。

〔2〕［美］亨廷顿：《变革社会中的政治秩序》，王冠华等译，三联书店 1988 年版，第 32 页。

与民政福利建设，积极采取了多种福利措施，也为民政福利事业取得较好成效提供了动力。

随着高度集中计划经济体制的建立，政府依靠强大的政治控制力，进行高度统一的管理，政府包办福利，统揽一切福利资源，集中所有资源投入到福利事业中，这种集中管理模式在较长一段时间内起到了积极作用。中国政府在强调为什么要将救济福利事业置于人民政府领导下时，也清楚地表明不但因为人民政府是为人民服务的，还因为只有人民政府才能动员人民力量和调度所有人力、财力、物力，“这个救济福利事业之所以要在人民政府领导下，是因为人民政府是依靠人民，又为人民服务的。只有它，才能够动员全体人民，组织人民力量，从事救济福利事业……这是新民主主义国家必须采取的民主的集中制度，救济福利事业亦不能例外”。[1]尤其是在新中国成立后的20世纪50、60年代，经济水平较低，政府强大的政治动员力和组织力可以集中有限的资源来完成福利建设。例如，新中国刚刚成立后的1950年面对几百万灾民、难民、散兵游勇、无业人员等滞留城市，中央要求尽快完成收容遣送工作。这项工作由民政部主管，在中央的要求下，其他行政部门、社会团体等也积极配合民政部门的工作。公安部门将流浪乞讨人员中有违法越轨行为的进行收容，还依法为遣送回原籍但户口已注销的流浪乞讨人员办理落户手续。卫生部门则负责收治收容遣送站送去的患有严重传染病或生命垂危的流浪乞讨人员，还积极配合民政部门搞好收容遣送站内的防疫工作。铁道交通部门则为遣送工作提供交通方面的便利条件，提供优惠车票，车船上的乘警还协助在途中看管流浪人员，让坐车船的流浪人员到目的地

〔1〕 董必武：“新中国的救济福利事业”，载《人民日报》1950年5月5日。

才下车，防止流浪人员自行返回城镇。计划、商业、粮食、煤炭等部门为收容遣送人员提供生活必需品。正是有了中央的指示，其他部门对收容遣送工作进行了大力支持和配合，新中国刚成立后的1950年一年内就收容遣送了几百万灾难民、散兵游勇、失业人员等，收容遣送工作取得了较大的成效。同样，20世纪50、60年代发展的社会福利企业，只要中央鼓励举办，地方各级政府就马上热烈响应，发展速度也就非常快。1958年5月26日至6月18日，第四次全国民政会议在北京召开。会议提出贯彻社会主义建设总路线，推动民政工作全面“大跃进”。6月30日《人民日报》第1版撰文《民政工作也要以生产为中心》，文章指出：多快好省地发展生产是党的社会主义建设总路线的核心，也是各级党委经常的中心任务。在中央的倡导下，各个地方马上落实，出现了一股大办福利生产的高潮，1958年的5-7月的3个月时间，全国福利生产单位增加了14倍，参加人员增加7倍，1958年9月社会福利生产单位达到81 266个。[1]可见，无论是收容遣送工作，还是社会福利企业的发展、社会福利事业的开展，政府依靠强大的权威和强大的政治调控力能够快速地调动一切资源、高效地实施福利措施。

由人民政府统揽一切社会福利事务，在20世纪50、60年代有利于体现社会公平，保持社会稳定。一方面，中国共产党是代表人民利益的，为人民服务的宗旨决定了党和政府在实施福利政策时能够首先考虑人民的利益。另一方面，刚推翻旧社会、立志建立新社会的党和政府，保持了政治上的清明，行政执行力强。所以在指明为什么要由人民政府领导救济福利事业时，提出“这个救济福利事业之所以要在人民政府领导下，是因为

〔1〕 常宗虎：“聆听历史的教诲——近50年来中国社会福利史的三点启示”，载《民政论坛》2001年第4期。

人民政府是依靠人民，又为人民服务的……并适当地全面地分配和调度人力、物力、财力而不致浪费、偏重、用不及时或用之不当。同时，也只有它，才能综合各种情况，辨别和揭破敌人的各种阴谋诡计，并负责保卫人民大众的救济福利事业”。[1]在实施社会福利政策、调动和分配社会福利资源时，政府基本能做到公平。

当然，在民政福利建设中党和政府的权力过于集中，也有弊端。所有的社会福利事务都由政府管，而福利事务十分繁杂，大到对几百万流浪在城镇的灾难民和流民怎么处理、几千万残疾人员的就业怎么安排，小到地方上要不要建精神病院、建多少数量的精神病院，这些问题在每个地区的情况都不同，在不同的时间段也都有所变化。中央对地方情况、对不断变化的情况并不一定准确、具体了解，大大小小的问题都只由中央政府作决策，容易出现决策失误。正如邓小平所说：“我们的各级领导机关，都管了很多不该管、管不好、管不了的事，这些事只要有一定的规章，放在下面，放在企业、事业、社会单位，让他们真正按民主集中制自行处理，本来可以很好办，但是统统拿到党政领导机关，拿到中央部门来，就很难办，谁也没有这样的神通，能够办这么繁重而生疏的事情，这可以说是我们所特有的官僚主义的一个总病根。”[2]中央政府难以那么迅速、具体地掌握地方情况，从而出现决策上的失误。例如，20世纪50、60年代社会福利生产经历了两次“大办”高潮和两次“交厂”低潮的起伏。当社会福利企业发展迅速，出现“大办”高潮，中央就会要求所有地方进行整顿，一律让民政部门将社会福利企业交出去。但是实际上各个地方民政福利企业举办的情

〔1〕 董必武：“新中国的救济福利事业”，载《人民日报》1950年5月5日。
〔2〕 邓小平：《邓小平文选》（第2卷），人民出版社1994年版，第328页。

况是不一样的，有的地方确实发展很快，有的地方发展速度并不快，但也被要求整顿和“交厂”，这种中央一刀切的政策并不适合于每个地区的情况。由于权力过于集中，也容易造成政府领导脱离群众、滥用职权，甚至出现违规行为，形成不正之风。

随着经济领域计划经济体制的建立，行政管理体制按照计划经济体制建立起来。民政福利建设领域实行了政府出资、政府举办、政府监管的管办合一的计划管理模式，这种管理模式中央高度集权，地方条块分割，政府工作机构之间职责权力交叉，政出多门，容易造成权力不明、职责不清，从而导致各个政府部门或相互争权，或相互推诿。例如，各级民政机构在上级民政部门的领导下主管社会福利工作，同时，各级民政机构又接受同级人民政府的领导。也就是，地方民政部门既要接受上级民政部门的领导，又要接受同级政府部门的领导，人民政府和各级民政系统共同领导和管理民政福利事务。如果上级民政部门与同级政府的意见不一，那么地方民政部门就很难作出选择，难以执行政策。

第三节　政府对社会福利机构的整合

社会福利机构是中国社会福利事业的重要支柱，是执行福利政策、发展社会福利事业、实施福利活动的最重要载体。新中国成立后政府为数量庞大的孤老残幼等弱势群体提供福利保障，主要就是以生产教养院、养老院、婴幼院、福利院等社会福利机构作为依托。而新中国成立初期提供收容、救济等服务的社会福利机构，一部分是由政府新设立的，各地政府在全国各大中城市新建立了一批救济福利事业单位，如残老教养院、儿童教养院、精神病人疗养院等福利设施。另一部分是对新中国成立前的旧福利机构和公益团体进行整顿改造而来的，尤其是在新中国成立之初，新政权刚刚建立，又面临民不聊生、孤老残幼饥寒交迫的紧急状况，尽快帮助民众解决基本生存问题，从而巩固政权稳定是当务之急。于是政府选择与民间福利团体团结合作，允许外国资助的、民间力量资助的福利单位继续存在，利用和改造旧社会留下来的福利设施共同为民政事务服务。而到20世纪50年代中后期，随着对私有制的社会主义改造的完成以及公有制的绝对统治地位的确立，政府全部接收了旧的福利设施，如国民党官办的福利机构、外国教会等举办的福利机构、国内民间的福利机构等。正是在改造和接收旧的福利机构的基础上，快速地建立了新中国成立后社会福利事业的基石。

一、政府新建社会福利机构

第一，新建临时收容所、避寒所，以临时收容灾民、难民。如上海解放初期，"征租会馆会所房屋12处，房屋约500间。同时在荆州路10余亩的空地上自盖大棚屋"，[1]建立了收容灾难民的收容所。1949年年底天气寒冷，遣送工作暂停，政府就在上海市区建立了44个避寒所，暂时安置难民。1950年收容遣送灾难民回乡的工作重新开始，上海市区44个避寒所被改组成13个灾民收容所和一个遣送站。1950年10月中国人民救济总会上海分会成立，收容所、遣送站由市救济分会负责。[2]

第二，新建生产教养院和教养安置基地，如安置农场、工厂等，对妓女、游民、乞丐和无家可归、无依无靠、无生活来

〔1〕"上海市生救会半年工作概要"，载《上海市政公报》第4、5期。

〔2〕《上海民政志》编纂委员会编：《上海民政志》，上海社会科学院出版社2000年版，第289页。

源的孤寡老人等进行收容和改造。如 1949 年年底北京市利用韩家潭胡同和百顺胡同原妓院的房子新建成北京市妇女生产教养院及下设的 8 个所。1951 年上海市设立上海市第三、第四劳动生产教养所、新人习艺场，收容安置游民，并对游民进行劳动改造。全国各地还新建了多个生产基地以使收容的游民、乞丐、妓女等通过从事劳动而获得改造。如 1950 年上海市民政局成立苏北垦区农场，将江苏省盐城分区东台县（今东台市，下同）所属以四岔河为中心的 20 万亩荒地划出，作为移送上海游民改造的场所。1955 年上海市民政局着手组织游民治淮大队，9 月上海劳动治淮大队成立，先后向治淮大队的治淮工地移送 9300 多名游民。[1]1956 年上海市民政局在安徽省南部广德、郎溪两县境内建立皖南白茅岭农场，1956 年 4-6 月接纳上海劳动教养所、生产教养院、治淮大队以及残老、儿童救济机构送来的游民、残老和儿童 5946 人。1956-1958 年初，上海送往皖南白茅岭农场移地教养和长期安置的游民有 9508 人。1958 年 3 月后，白茅岭农场移交给上海市公安局劳改局。[2]

第三，新建大批残老教养院（包括生产教养院）、儿童教养院、精神病人疗养院等福利设施，收容无依无靠的老人、孤儿弃婴、残疾人、精神病人等。据统计，从 1949 年到 1955 年间民政部门在全国各地城镇成立了大批养老院，收养安置了数十万无家可归、无依无靠、无生活来源的孤寡老人。据 1949 年至 1954 年统计，全国 666 个残老、儿童福利机构中，收养在院抚育教养的婴幼儿童就达到 2. 596 万人。[3]

---

〔1〕《上海民政志》编纂委员会编:《上海民政志》，上海社会科学院出版社 2000 年版，第 299 页。

〔2〕《上海民政志》编纂委员会编:《上海民政志》，上海社会科学院出版社 2000 年版，第 299 页。

〔3〕崔乃夫:《当代中国的民政》（下），当代中国出版社 1994 年版，第 233 页。

尤其是1956年社会主义改造完成后，中国进入大规模建设社会主义时期，社会福利事业建设也以更快的速度发展。1956年内务部决定将老人和儿童从生产教养机构中划分出来，单设残老院和儿童教养院，并明确其性质属于社会福利机构。据统计，全国1956年收养安置的老人有5.3万多人。1958年、1959年、1960年分别召开的第四、五、六次全国民政会议均主张大力发展社会福利事业。第四次全国民政会议提出“多快好省地开展社会福利事业”，会议还推广了兴办残疾人习艺所、精神病人疗养院、退休人员公寓、贫民疗养院等福利事业的经验。此后各地从市到县都兴办了许多孤老残幼的社会福利事业单位。第五次全国民政会议提出“发展社会福利生产，办好社会福利事业”。据统计，1958年全国有社会福利事业单位379个，收养74 954人，其中老残院236个，收养老残人员5.4841万人；婴幼儿童福利院57个，收养婴幼儿童1.2128万人；精神病人福利院86个，收养精神病人7965人。〔1〕各地民政部门共举办94所游民改造农场，到1957年共收容改造游民20余万人。〔2〕1959年全国残老儿童教养及精神病人收容疗养工作湖北现场会议召开，并提出：“各省、自治区、直辖市民政部门应根据当地实际情况和可能条件，以精神病人较多的县、市或专区为单位或几个县联合建立新的或扩充原有的精神病人疗养院，协同卫生部门把这项任务担当起来”，“在市、专区所在地或较大的县重点设立儿童福利院，分片负责附近地区的收容工作”。〔3〕根据湖北现场会议确定的方针和任务，社会福利业务开展迅速，取得了

---

〔1〕 崔乃夫：《当代中国的民政》（下），当代中国出版社1994年版，第211页。

〔2〕 民政部编：《民政部大事记（1949-1986）》，内部发行1988年版，第107页。

〔3〕 崔乃夫：《当代中国的民政》（下），当代中国出版社1994年版，第210~211页。

一系列的成绩，随后召开的第六次全国民政会议进一步强调："要办好已有的社会福利事业，并且应该根据需要和可能适当地发展。"〔1〕

1959-1962年间的三年困难时期，社会上的孤儿和弃婴增加。据统计，1962年全国有儿童福利院772个，收养无依靠、无家可归的婴幼儿童6.5182万人，是四十年来儿童福利院数量最多的一年，也是收养婴幼儿、孤儿和流浪儿童最多的一年。〔2〕1963年召开的全国民政厅局长会议，针对当时社会上孤儿、流浪儿童较多的情况，又规定："省、专区和大中城市民政部门应该办好儿童教养院，作为收容教育流浪儿童的场所"。〔3〕其后儿童福利院数量持续增加。

1950年到1957年期间，政府部门在大中城市只设置少量的精神病人收容所，主要是收容城市中流落街头的"三无"精神病人。1958年全国第一次精神卫生工作会议召开，民政部在1959年湖北省沙市区召开的现场会议上指出：民政部门的精神病院对那些病情严重、本人家属无力照管的而没有条件进医院治疗的病人，也可以收容。根据会议精神，各地民政部门兴办了大批精神病院，精神病院数量大大增加。据统计，1958年民政部门举办的精神病院有86所，收养精神病人7985人；1963年精神病院增加到202所，收养精神病人1.7138万人；到1964年有199所精神病院，收养精神病人1.6528万人。〔4〕

总之，20世纪50年代后期到60年代前期，各地民政部门新建和扩建了大批养老院、儿童福利院、残疾儿童福利院、精

〔1〕 崔乃夫：《当代中国的民政》（下），当代中国出版社1994年版，第211页。
〔2〕 崔乃夫：《当代中国的民政》（下），当代中国出版社1994年版，第233页。
〔3〕 崔乃夫：《当代中国的民政》（下），当代中国出版社1994年版，第211页。
〔4〕 崔乃夫：《当代中国的民政》（下），当代中国出版社1994年版，第211页。

神病人疗养院等，社会福利事业得到了迅速发展。到 1964 年底全国有城市社会福利事业单位 1054 个，收养人员达 13.9994 万人。1964 年与 1958 年相比较，社会福利事业单位增加 219%，收养人员增加 99%，[1]其中精神病人疗养院和儿童福利院的增幅尤其较大。各类福利单位的发展情况具体见表 3-2。

表 3-2　1959–1964 年全国城市社会福利事业单位情况表[2]

年份			1958	1959	1960	1961	1962	1963	1964
总计		单位数	379	619	1083	1320	1708	1660	1054
		人数	74 954	105 099	134 772	126 864	136 385	124 321	139 994
老人院	社会福利院	单位数			279	287	489	489	
		人数							
	养老院	单位数			167	314	240	237	
		人数							
	残老院	单位数	236		87				733
		老残人员人数	54 841						7.9 万
		残疾青壮年人数			5772		14 429	11 099	
	合计	单位数		379	533	698			
		老人人数		64 454	55 099	56 270	40 647	43 510	

〔1〕 崔乃夫：《当代中国的民政》（下），当代中国出版社 1994 年版，第 211 页。

〔2〕 民政部计划财务司：《民政统计历史资料汇编》，载崔乃夫：《当代中国的民政》（下），当代中国出版社 1994 年版，第 211 页。

续表

年份			1958	1959	1960	1961	1962	1963	1964
儿童院	少年儿童（儿童福利院）	单位数				366	642	553	
		人数			30 209	38 474	51 110	49 552	
	婴幼儿（幼婴院）	单位数				51	43	32	
		人数			24 717	15 135	9052	7019	
	顽劣儿童（儿童教养院）	儿童教养院数量					87	147	
		人数			3068				
	残疾儿童	单位数							
		人数			531	2358	5720	6413	
	合计	单位数	57	101	331	417			572
		人数	1.2128	27 964	58 525	55 967			44 788
精神病院	精神病人	单位数	86	139	219	205	207	202	199
		人数	7965	12 681	15 376	14 627	15 427	16 847	16 528

二、政府接管、整合和改造旧的福利单位

鸦片战争后尤其是民国以来，随着西风东渐和社会政治经济的发展，又由于时局动荡、战乱频仍、灾害频生，大量民众基本生存出现困难，但近代政府的组织能力、财政能力等有限，导致救济不力，从而造就了民间福利事业的快速发展的局面。民间福利团体设立了数量众多的旧福利机构，他们在救济福利

事业中扮演了重要角色，成为近代救济福利事业中的重要提供者。以下就来探讨新中国成立后，中国政府对这些旧的福利机构进行的从团结合作到接收改造的处理过程。

1. 全景分析——对旧社会福利机构的接收、改造历程

近代以来中国国内出现了诸多福利机构，从举办者来看这些机构可分为三类：一类是国民党政府举办的，也就是官办的，如救济院；一类是国内民间慈善团体、宗教道会门、地方士绅、商界人士等举办的民办福利机构，例如地域性的慈善堂、教养院等；另一类是接受外国津贴的慈善机构，主要是外国教会和外国商人绅士创建的，如育婴堂、孤儿院、教会医院、教会学校等，这一类在旧中国的福利机构中占的比重较大。以北京的儿童慈善机构为例，根据1950年4月的统计情况，北京市共有20个旧儿童慈善机构，其中国民党公办的1个，民间私立的4个，中国宗教道会门办的5个，外国教会办的10个。外国教会所办儿童慈善机构占比达50%，占的比例是最大的。详情见表3–3。

表3–3　1949年后北京儿童慈善机构调查统计表〔1〕

名别	孤儿院				
实施类型	共计	外国教会办	中国宗教道会门办	私立	市立
数目	20	10	5	4	1
收容人数	2599	1208	106	896	389
管理人员	380	142	65	162	11

1949年新中国成立，其后中国进入重建新政权、新社会的

〔1〕北京市地方志编纂委员会：《北京志·政务卷·民政志》，北京出版社2003年版，第299页。

历程。随着国民党政权的倒台，旧的官办福利机构失去经济和政治支撑，人民政府首先接收和接管了国民党政府举办的福利机构。但是在1949-1966年这十七年间，政府与其他两类旧福利机构（包括国内民办福利机构与外国资助福利机构）的关系经历了颇为曲折的一段历程。一开始，新政府并没有马上改造民办福利机构和外国福利机构，而是采取团结合作的方式，政府与旧的福利机构和公益团体还处于一种良性互动状态中，旧的福利机构依然为新中国成立初的救济福利事业发挥重要作用。后来随着抗美援朝、社会主义改造等新局势的出现，公有化的趋势越来越明显，国家政权权力越来越强势，政府对旧福利机构的态度开始变化，逐步地将它们全部改造为公有性质的机构。可以说，中国政府在不同时期采取了不同的政策措施，以下具体地分析不同时期中国政府与旧福利机构的关系及其政策。

第一阶段，1949年10月-1950年12月，与民间、外国福利机构进行团结合作。

新中国刚成立之时，中国政府允许外国津贴的、民间力量资助的福利机构在遵守中国政府法令条件下继续存在、独立发展，并对它们采取团结合作的方针。1950年国务院副总理董必武指出："新民主主义国家的救济福利事业，在人民政府领导之下，应该吸收个人和团体参加。一切从事真正救济福利工作的个人和团体，只要他们赞成我们共同规定的方针，愿意在人民政府领导之下工作，我们就有责任和义务同他们合作，并吸收他们参加各级救济代表会议和救济组织。"〔1〕这时政府对外国津贴的、民间的福利机构仍采取合作的方针，并鼓励他们参与到新中国救济福利事业中来。1950年8月19日中国共产党在《中

〔1〕 董必武："新中国的救济福利事业"，载《人民日报》1950年5月5日。

共中央关于天主教、基督教问题的指示》中指出："两个宗教在我国都办有教堂、学校、医院及其他文化事业及救济事业机关，都受外国津贴，都有大量外国教士占据领导地位。"同时规定，"关于教会学校、医院及救济机关：这些机关，在遵守共同纲领及政府法令条件之下，应视为私营事业，政府本公私兼顾原则，一视同仁。"[1]外国宗教势力所办理的救济福利事业机关被作为私营事业在新中国暂时得到了"一视同仁"的发展待遇，政府本着公私兼顾的原则，与它们在救济福利方面进行团结合作。

以江苏省为例来看，苏南区就有救济慈善单位120个，其中国民党政府办的8所，国内民间和外国私立的112所，收容约1万人，占有土地30多万亩，房屋3600余间。[2]解放初期，苏南凡属国民党政府所办的救济机构，由当地人民政府接管；私立的由原主持人设法维持；各种社会福利慈善团体，概属当地政府领导，均依照规定申请备案。对于福利机构，根据其基础好坏、生产条件、业务性质等不同，在政府的领导和协助下，让它们继续存在和发展：具有全部或大部生产条件的，在政府协助下继续办理，逐步走向自给；凡以房租、地租为基金的，应更好地发展其福利事业，不得借故停办或转移基金；依靠募捐为经费来源的，必须拟具劝募计划报当地政府核准后施行，并于每月月终造具决算送核。江苏省政府对于旧福利机构的政策，对国民党政府所办的机构进行马上接管，而对民间私立的机构则允许其继续存在和发展，并根据不同情况由政府分别进行协助，鼓励私立福利机构的发展，并由政府予以物质援助。

---

〔1〕 中共中央文献研究室编：《建国以来重要文献选编》（第1册），中央文献出版社1992年版，第41页。

〔2〕 江苏省地方志编纂委员会：《江苏省志·民政志》，方志出版社2002年版，第595页。

第二阶段，1950年12月-1956年，对民间、外国福利机构进行取缔、接收、整顿。

随着冷战局势的加剧，尤其是1950年10月中国出兵参加抗美援朝战争，美国政府宣布冻结中国在美国的财产，再加上有些慈善团体和机关甚至以慈善作为幌子进行间谍活动，中国政府很快对此作出回应。1950年12月政务院通过《关于处理接受美国津贴的文化教育、救济机关及宗教团体的方针的决定》，规定"接受美国津贴之文化教育医疗机关，应分别情况或由政府予以接办改为国家事业，或由私人团体继续经营改为中国人民完全自办之事业……接受美国津贴的救济机关，应由中国人民救济总会全部予以接办。"[1]1951年4月26日全国处理接受美国津贴救济机关会议在京召开，会议通过了联合宣言和《关于处理接受美国津贴的救济社团及救济机关实施办法》，商定接受美国津贴的全国救济社团分别由救济总会及其各地分会协助改组或予以接办。其后外国的、民间的慈善团体开始被大量接收、整顿、改组、取缔，一部分旧的福利机构被取缔、解散，剩下的大多被新政府接管接办、合并重组，失去其独立性；也有一小部分福利机构仍然保持了其私有性，但接受新政府的领导，成为私办公助性质的福利机构。

1951年5月内务部召开全国城市救济福利工作会议，会议主要讨论了团结改造旧有的救济福利团体，以扩大救济福利事业的反帝爱国统一战线问题，会议文件《关于城市救济福利工作报告》经过政务院政治法律委员会批准，并随文附发中国人民救济总会伍云甫秘书长在会议上所作《关于旧有社会救济福利团体的团结改造问题》的报告。两个报告对改造旧有的福利

〔1〕 郭沫若："中央人民政府政务院关于处理接受美国津贴的文化教育、救济机关及宗教团体的方针的决定"，载《人民日报》1950年12月30日。

设施、健全对公立私立救济福利机关的管理和领导等工作进行了明确的规定，以这两个报告为指导，中国政府开始对旧的社会福利机构进行深入改造。首先，1951 年到 1953 年政府对接受外国津贴的福利机构进行处理，一部分经营困难的机构被取缔、解散、停办，一部分办得较好的机构被政府接管、接收，到 1953 年左右外国在华的福利机构基本被处理完毕。另外，政府花了较长的一段时间对国内民间私办的福利机构进行处理，主要采取了整顿、调整、接收、停办等方式，对一部分民间福利机构改造、合并后加以利用，还有一部分民间福利机构则被停办。

1953 年 11 月，内务部和中国人民救济总会联合召开了城市救济工作会议，会议报告全国共有生产教养院 920 所，收容改造妓女、乞丐、小偷、游民共 446 000 人，城市中受到救济的近 150 万人，96 个城市里组织起来进行生产自救的达 22 万多人；改造了旧的“慈善”机关 419 处，调整旧救济福利团体 1600 多处；〔1〕到 1953 年年底，451 个海外慈善组织转给了中国政府。〔2〕

1951 年浙江省对接受外国津贴及外资经营的救济慈善机构进行登记，全省有接受外国津贴的救济慈善机构 28 所，其中接受美国津贴的 18 所，接受其他国家津贴的 10 所，工作人员 239 人，收容人员 3502 人，年收受外国津贴折人民币 83 953 万元。1952 年浙江省对接受外国津贴的救济慈善机构进行处理，由市县政府接办了 11 所、政府补助 7 所、自办 6 所、停办 4 所。〔3〕浙江省对原有民办救济福利慈善机构和接收外资津贴的救济福

〔1〕 民政部编：《民政部大事记（1949-1986）》，内部发行 1988 年版，第 32~35、第 68 页。

〔2〕 郑功成：《中国社会保障制度变迁与评估》，中国人民大学出版社 2002 年版，第 327 页。

〔3〕 浙江省民政志编纂委员会编：《浙江省民政志》，中国社会出版社 1994 年版，第 219 页。

利慈善机构进行清理整顿，将其先后停办或并入当地的社会福利机构。

1951年江苏省开始接办接受外国津贴的救济机关和社团，接受外国津贴及外资经营之救济机关的具体工作，由苏南、苏北行署民政处及苏北救济分会负责。1951年底，苏南、苏北两区登记、处理接受外国津贴的救济机关8所（见表3-4）。其中，由政府接办接受美国津贴的4所；暂不接管，协助整理，鼓励自办的4所。1952年，根据中央指示，对所有接受外国津贴的救济机关全部由政府接办，苏南、苏北两区按实际需要、不同收容对象等情况，对旧的福利机构实行调整合并，分别改造为民政部门或救济分会主管的城镇社会救济福利事业机构。至1953年底，江苏省接管或接办了国民党政府和帝国主义的救济机构和慈善团体72个（其中帝国主义办的15个），经过整顿，调整合并为41个生产教养单位。[1]江苏省对私立福利单位，一部分进行接收，还有一部分进行整顿，并改造为公有性质的单位。

第三阶段，1956年至1966年，所有私办公助的福利机构全部由国家接办。

1956年掀起对私有经济的社会主义改造高潮，福利事业机构也被卷入其中，各地尚存的私办公助的福利机构全部由国家接办。无论是民办的还是外国津贴的福利设施要么停办，要么由国家接收变成国有的，旧的福利机构和公益团体在中国不复存在，民间福利事业由此终止。并且，计划经济时期中国国内一直没有出现民间福利机构，民间福利事业没有再出现。例如，浙江省“对原有民办救济福利慈善机构和接收外资津贴的救济

〔1〕江苏省地方志编纂委员会：《江苏省志·民政志》，方志出版社2002年版，第596页。

福利慈善机构经过清理整顿先后停办或并入当地的社会福利机构”。[1]上海市“至1955年底，全市私办公助性质的社会福利机构共有11个。1956年1月，人民政府接办11个教养机构”。[2]

综上所述，民政部门通过对国民党救济院和地域性的慈善堂、教养院以及接受外国津贴的救济机构进行接收、调整、改造，使之成为中国官办福利机构，从而在全国建立起了庞大的救济福利事业体系。据统计，截至1953年底，全国共有城市社会救济福利事业单位920个，先后收容孤老、孤儿、精神病人及其他人员37.4万人。正如董必武在《新中国救济福利事业》报告中所说：“经过这番整理，中国人民的社会救济福利事业才能脚踏实地地向着完全符合于人民大众的利益前进。”[3]

2. 个案考察——上海对旧社会福利机构的接收与改造

上海慈善事业发展历史悠久，加上开埠较早，近代以来建立的福利设施数量多、性质复杂。解放后，人民政府对于上海市原有的各类福利设施采取了团结合作以及接收、整顿、改造等多种方式，从而建立了新的福利设施系统。其处理经验曾经得到中央政府的肯定，被视为“在多数城市都是比较适宜的”。以下就以上海为例更详实地探讨新中国成立后旧福利机构的变迁、重建与发展。

上海市作为近代开埠较早的大城市，各类公益慈善团体很多，1949年底全市有慈善团体117个。慈善团体所办理的各类福利机构也较多，解放前夕上海有各类婴幼儿童和残老收养机

---

〔1〕 浙江省民政志编纂委员会编：《浙江省民政志》，中国社会出版社1994年版，第219~220页。

〔2〕《上海民政志》编纂委员会编：《上海民政志》，上海社会科学院出版社2000年版，第160页。

〔3〕 董必武：“新中国的救济福利事业”，载《人民日报》1950年5月5日。

构41个，残老孤幼等各类收容人员6500多人。其中公办的只有1个，国内民办的和外国津贴的有40个。1个公办的，即国民党上海市政府社会局建立的上海救济院，下设儿童教养所和残废教养所各1所：上海救济院儿童教养所和上海救济院残废教养所，分别收容6~16岁的流浪迷途儿童、小偷、扒手及孤贫儿童与生活无依靠的残废人员。另外，40个国内民办和外国津贴的社会福利机构中有儿童教养机构31个，其中较大的有上海孤儿院、土山湾孤儿院、一心教养院、上海少年村等。还有4家婴幼儿收养机构，即圣母院育婴堂、仁济育婴堂、仁善育婴堂、新普育堂（同时收容残老、贫病人员）。另有残老收容机构5个，分别为安老院、上海残废院、上海残废养老院、上海慈善团养济院、苏北孤老院，收容教养贫苦孤儿、弃婴、贫苦无依的老弱病残人员。这些机构多数由宗教团体创办，经济上依赖于外国教会津贴。[1]

对于国民党政府所属的民政系统、福利事业机构，新中国成立后由新政府全面接收。1949年5月27日上海解放，中国人民解放军上海市军事管制委员会、政务接管委员会民政接收处和福利接管组全面接管了国民党的旧民政系统、旧社会局第九科、第五科、社会福利团体。8月24日成立上海市人民政府民政局（后改为上海市民政局）。上海解放后国民党公办的上海救济院由上海市人民政府接管并实施清理整顿。上海救济院儿童教养所被上海市人民政府接管并改名为上海市儿童生产教养所，1950年3月该所1261名儿童外迁至江苏省东台县四岔河农场，1952年结束业务。上海救济院残废教养所经上海市人民政府接管、清理、整顿，更名为上海市残废生产教养所，1950年4月

〔1〕《上海民政志》编纂委员会编：《上海民政志》，上海社会科学院出版社2000年版，第161~168页。

与上海市儿童生产教养所、市妇女生存教养所、市劳动生产教养所合并，大部分收养对象也被迁往江苏省东台县四岔河农场劳动。[1]

对于上海民间慈善团体、外国教会等举办的福利机构，人民政府所进行的接管、整顿和改造则经历了较长的一段时间，大体可分为三个阶段，不同阶段其接收、改造的政策方针有所变化。

第一阶段，从上海解放到1951年6月。这一阶段人民政府与外国教会、慈善团体所办理的福利机构实施团结合作的方针。

人民政府将各慈善团体团结起来，领导他们共同办理救济福利事业，同时各慈善组织又保持独立性，各自分散经营。“凡对人民有好处的，要鼓励其发展，使其主动地、积极地、毫无保留地贡献一切的人力、物力、财力，为人民大众服务；同时，要加强领导，以求达到救济福利事业工作方针的统一，工作计划和范围以及人力、物力、财力的有机配合和宣传与行动的一致。为鼓励有积极作用之旧有救济福利团体的发展而又不放弃对它们的领导”，[2]新政府既鼓励慈善团体的独立发展，又加强对他们的领导。

1950年10月中国人民救济总会上海市救济分会成立，上海市政府主要通过上海市救济分会展开对慈善团体的团结与合作工作。救济分会除吸收一些慈善界人士参加工作外，又组织了协商性质的各种专门委员会，如妇婴工作委员会、儿童工作委员会、一般救济团体工作委员会、疏散难民回乡生产救济委员会、生产救济委员会等成立，这些专门委员会分别领导、规划

---

〔1〕《上海民政志》编纂委员会编：《上海民政志》，上海社会科学院出版社2000年版，第3、161页。

〔2〕《关于调查本市慈善团体（国际性慈善救济机关）情况的报告》，北京市档案馆196–2–189。

上海市的妇女儿童、灾民、难民等的救济工作。委员会的委员是聘请的，多数是各重要慈善团体的负责人，救济分会通过这些专门委员会联系和领导各慈善团体，对于各种救济福利事务共同协商、分工合作。沪东理教普元堂施材会接受上海市政府和救济分会的领导，举办各种慈善救济事业。1950 年 1 月 13 日接“上海市冬令救济委员会委托本堂代煮难民施粥”，于 4 月 7 日结束。[1]4 月 20 日受上海市生产救灾委员会继续委托，办理难民施粥工作。德本善堂将自身储备的大米、棉衣等物资交给上海市救济分会，1950 年“交冬令救济会大米 70 石，棉衣 350 套，大小旧衣服 460 件；并担负政府办理难民收容所妇产分娩费用”。[2]

上海解放初期，除少数公益慈善团体自行结束外，多数团体继续开展业务。上海市人民政府曾经采取减免税项、减免房捐等办法，对慈善团体给予扶持，[3]对于慈善团体所举办的福利机构，政府大多也继续扶持。例如 1950 年下半年，上海市人民政府委派中国救济总会上海市分会对 31 个儿童教养机构进行整顿和改造。这次整顿和改造根据各机构经营状况，分类进行处理，大多数经营状况好的机构得到了政府的支持。例如，办得有成绩且有发展前途的中国慈幼院、龙华儿童保育院等单位，由政府帮助其建立董事会，建立和健全工作制度，并在经济上给予一定的支持。只有对于那些办得极差、又无改造条件的机构如江湾贫儿工读院，才终止业务。[4]

---

〔1〕《救济福利团体调查表》，上海市档案馆：B168-1-796-1。

〔2〕《救济福利团体调查表》，上海市档案馆：B168-1-796-1。

〔3〕《上海民政志》编纂委员会编：《上海民政志》，上海社会科学院出版社 2000 年版，第 237 页。

〔4〕《上海民政志》编纂委员会编：《上海民政志》，上海社会科学院出版社 2000 年版，第 162 页。

上海所采取的团结合作方式，被视为“在多数城市都是比较适宜的”慈善事业改造模式，曾在全国推广。

第二阶段，1951年6月到1955年12月。人民政府对外国津贴的福利机构、民间资助的福利机构先后进行接收、整顿，将大部分旧福利机构改造为公办性质，但也保留了少量私办公助的福利机构。

根据1950年12月政务院通过的《关于处理接受美国津贴的文化教育机关及宗教团体的方针的决定》以及1951年4月内务部和中国救济总会通过的《关于处理接受美国津贴的救济社团及救济机关的实施办法》，上海开始对接受外国津贴的福利机构进行处理。1951年6月由上海救济分会着手处理接受外国津贴的16个儿童教养机构，根据其业务状况分别采取解散、接管、移交、合并等处理方式：灾童教养院、上海慈幼教养院由于业务状况不好被接收，结束业务；基督教抚育孤儿院、基督教儿童教养院、伯特利第一孤儿院、伯特利第二孤儿院被接管后移交教育部门；爱育堂、上海儿童保育院、基督教布道会儿童乐园、上海怀柔院、若瑟教养院、善牧教养院、土山湾孤儿院、伯大尼孤儿院等被合并到一心教养院。1951年6月上海救济分会对外国教会津贴或管理的婴幼儿收容机构也进行整顿改组。仁善育婴堂于1951年6月终止业务。1951年8月上海救济分会对圣母院育婴堂进行改组。1952年4月上海市救济分会派工作组进驻新普育堂对其进行整顿。

1952年9月起，民政部门着手全面整顿处理所有的旧公益慈善团体，外国津贴的、国内民间资助的都被列入整顿范围。一部分名存实亡，已完全失去其作用或假冒伪善的团体被取缔，还有一部分业务性质相同又零星分散的被合并，大部分被清理解散。儿童福利机构大部分被合并改组，1953年，一心教养院并入上海少年村；1953 年 6 月，上海少年村改制成为上海市救济分会所属，改名为上海市救济分会第一儿童教养院；1953 年人民政府对宗教慈善团体所创办的 5 所残老福利机构进行接管，其中，上海残废养老院、上海慈善团养济院、苏北孤老院被接管后于 1953 年终止业务；安老院于 1953 年 12 月由人民政府接管后改名为上海市残老院；上海市残废院在 1953 年由人民政府接管后与其他几个团体联办残老院，更名为上海市第四残老院。

另外，在接管了宗教慈善团体所办的旧福利机构后，政府又利用这些宗教慈善团体留下的房产等，与宗教慈善团体联合办了一些福利机构。1953 年底，上海市民政局动员湖北同乡会、山东会馆等 28 个同乡会馆与上海市残废院等 3 个收容教养机构和 1 个善团善堂，利用其房产联合办了 6 个公办养老机构即第一残老院、第二残老院、第三残老院、第四残老院、第五残老院、第六残老院。

经过一系列合并、改组，上海大部分慈善团体所办理的救济福利机构均被改造为公办性质的，但少数机构如圣母院育婴堂、新普育堂等保留了私办性质。至 1955 年底，上海市私办公助性质的社会福利机构共有 11 个。[1]

第三阶段，1956 年 1 月到 1966 年，政府对私办公助的社会福利机构进一步改造，全部改造为公有性质，并全部由上海市人民政府接办。

1956 年 1 月，上海市民政局正式接办了原与宗教慈善团体等联合建立的残老收养机构。1956 年随着对私有经济的改造进入尾声，私办的救济福利机构也被要求改造，上海市人民政府接办了圣母院育婴堂、新普育堂等 11 个私办公助性质的福利单

---

〔1〕《上海民政志》编纂委员会编：《上海民政志》，上海社会科学院出版社 2000 年版，第 160 页。

位，自此上海的公益慈善团体全部消失。1956 年 1 月上海市人民政府正式接管圣母院育婴堂和新普育堂，分别更名为上海市第二育儿院和市育儿院。1956 年 1 月上海市救济分会第一儿童教养院改制为市民政局所属第一儿童教养院；1956 年末，在第一儿童教养院院址，成立上海市第二儿童教养院；1957 年下半年，两院合并成立上海市儿童教养院，院址迁往漕宝路一号桥。

纵观上海市对旧社会福利设施的改造过程，新中国成立伊始采取的是允许存在、团结合作的方针；1951 年 6 月至 1955 年 6 月期间，则将大部分旧福利机构改造为公办性质，但也保留了少量私办公助的福利机构；1956 年以后对私办的福利机构则全部由政府接收，并全部改造为公有性质。这样的政策变化是由当时特定的政治环境和社会条件所决定的。新中国刚成立的 1949~1951 年间，新政权刚建立，旧社会遗留下来的游民、难民等问题严重，物价飞涨，大量工人失业，民众生活困苦，因此恢复经济、稳定社会秩序是新政府首先要考虑的问题。这时需要团结社会各方面的力量来促进生产发展和稳固政权。于是新政府在很大程度上延续了新中国成立前各个地区的旧福利政策，对旧有的福利团体进行团结合作，引导他们在新政府的领导下积极参加社会福利事业的建设，吸收他们参加各级救济代表会议和救济组织，“充分吸收救济福利团体中的进步分子，团结中间分子，教育争取个别有群众基础的落后分子参加工作”。这时国家与社会处于良好的互动过程中，团结了一大批人，有利于新中国社会福利事业的发展。1951 年 6 月至 1955 年 6 月期间，社会秩序趋于稳定，新政权稳固性增强。1950 年由于中国出兵朝鲜，中美关系恶化，于是新政府加紧了对旧有社会福利设施的整顿改造。加上 1953 年社会主义改造潮流兴起，旧有的福利设施大部分被接收改造为国有的，尤其是 1956 年随着社会主义改造的结束，公有制经济的主体地位确立，计划经济烙印越来越强化，旧有的社会福利设施遂全部被改造为国有的。社会福利领域的民间社会力量消失殆尽，国家与社会的良性互动被国家的全面占领代替。

综上所述，一方面，新中国政府在全国大中城市创办了一大批新的救济福利事业单位；另一方面，随着国际、国内形势的变化，公有制和计划经济不断被强化，中国政府取缔了所有的私营福利机构，建立了完全国有化的福利事业，确立了中央集权的官方管理模式，从而奠定了中国社会福利事业的基石。这样做有利于政府将有限的福利资源进行统筹分配，集中全国的人力物力办福利，从而高效率地发挥福利的实效；也增强了国家作为政治中心在民众中的影响力，提高了国家的动员能力。但是，将原本可以由社会分担一部分的福利责任全部转移到政府，导致政府压力过大。这种“大政府、小社会”的民政福利模式一直影响到今天中国社会福利事业的发展。这种非社会化的福利模式消除了民间力量在福利领域的独特功能，导致福利资金全部来源于政府，经费有限，严重限制了福利服务对象的扩大、服务水平的提高，束缚了福利事业的长远发展。

回顾民政福利事业的发展历程，其实新中国刚成立时，国家政权与民间福利组织一度建立了较为和谐的良性互动。新中国建立初期，由于解放战争刚刚结束，经济凋敝，社会问题严重，社会秩序不稳，许多民众生活陷入困苦之中。所以，稳定社会秩序、巩固政权、恢复和发展国民经济是党和政府的首要之务。共产党认为此时不应搞“四面出击”，而要发挥各方面力量的作用。1949-1950 年间政府对慈善团体和福利组织采取团结为主、改造为辅的方针，团结各福利团体为国民经济发展服务。而民间慈善组织也给予积极回应，积极参与政府领导的社会福利事业。

随着国际国内形势的变化，这种良性互动局面被逐步打破。从国内形势看，通过发展生产、救济困难群体并进行社会治理，社会秩序逐渐安定，国民经济逐渐恢复，政权巩固的压力有所减小。从国际形势看，随着抗美援朝战争的爆发，中国与资本主义国家的对抗越来越激烈。抗美援朝战争发生后，中国政府开始改变对外国福利机构的看法，批评外国慈善团体是“对我国进行文化侵略的工具”,〔1〕是“统治阶级欺骗麻痹人民的装饰品”,〔2〕并首先改变了对外国势力资助的在华福利组织的政策，将外国教会等资助主办的福利组织改造和接收为公办的。1956年随着社会主义改造的完成，私有制被消灭，社会主义公有制和计划经济体制不断被强化，社会福利政策被打上了公有制和计划经济体制的烙印。私有制被视为剥削的根源，社会福利政策必须也建立在公有制基础上。因此在20世纪50年代后期，国家将近代以来就存在的国家与社会、政府与民间并行的社会福利格局打破，取缔民间福利团体，解散、改造和接收民间福利机构，最后将所有的民办机构全部接收为公办的，彻底排斥了社会福利民间力量，由此在社会福利领域确立了中央集权、国家主导的管理模式，政府在全国范围内建立了自上而下的计划管理模式，由国家统一调配所有社会福利资源，国家主导社会福利的模式形成。从此，国家成为唯一的福利提供者，垄断所有社会福利资源，民政部门对社会福利“直属、直办、直管”，政府几乎包办了社会福利的全部经济和服务供给责任，福利事业的资金来源也完全依赖政府拨款。

---

〔1〕 中共中央文献研究室编：《建国以来重要文献选编》（第1册），中央文献出版社1992年版，第408页。

〔2〕 董必武：“新中国的救济福利事业”，载《人民日报》1950年5月5日。

中央集权、国家主导的福利模式有利于快速有效地调动整个国家的资源用于福利发展，只要中央一声令下，国家整个政治系统都能投入到福利事业中，国家有关社会福利的政策方针也能很快落实下去。国家实现了政治上的完全统一，建立了强有力的政府和政府执政能力。政府通过强制性的行政运作模式将民政福利目标、政策和措施下到基层和福利对象，由于树立了下级服从上级、局部服从全局的政治权威，得到了基层单位和福利对象的认可和支持，即使是强制性的改造也得到了实施。政府还通过社会动员、政治运动等模式，将社会福利的理念、政策等传导给民众，并内化为他们的道德规范和行为准则。由国家进行社会福利的统一规划、统一调配，可以使有限的社会经济资源进行统筹分配，可以集中全国的人力、物力、财力来办福利，最大限度地发挥社会福利的绩效。另外，由政府主导社会福利，使政府在社会福利领域有更多、更充分的表现，有利于密切党和人民群众的关系，国家和政府能由此赢得党和人民的信赖和支持，提升人民对党的执政认同。

但是，这种完全由政府主导社会福利的模式对社会力量完全排斥，导致社会力量与政府相补充的作用无法发挥出来。民间团体、民间福利机构在社会领域能够发挥一些独特作用，是政府无法做到的，特别是他们多年来对基层社会的把控、对社会福利工作积累的专业知识和经验等，例如，清末以来民间的一些专门从事募捐活动的机构和协调机制。民间组织所具有的适合于基层社会的具体服务功能，可以在微观上弥补政府社会福利工作的不足，实现社会福利工作的人性化、科学化，但民间力量的这些独特功能都随着被取缔和接收而烟消云散。而且本来这些基于地缘、血缘的民间力量是国家和民众之间的中间力量、缓冲地带，可以弥补政府福利政策和实践方面的不足之处，政府在社会福利救助方面若有不及时、不到位现象，但民间力量就可以及时补充上去。民间力量被取缔后，国家和政府的社会福利救助政策在执行到基层的过程中就失去了回旋余地。

政府主导社会福利的模式，使政府大包大揽，将本可以由社会力量承担的一部分责任也转移到政府身上，政府必将不堪重负，从而阻滞社会福利事业的持续发展，限制社会福利水平的提高。首先，政府的资金压力将大大加重。社会福利是一种消耗性事业，需要源源不断地投入资金才能保证社会福利机构的正常运行。没有资金的投入，社会福利就成了无源之水、无本之木。但是新中国政府财政压力非常大，要加大对重工业的投入比例，又要应付战争，国防投资占比高，政府能够投入到社会福利事业方面的资金十分有限。因此，社会福利事业的资金来源完全依靠政府，势必导致资金不足，从而拘囿社会福利的实施效果和发展壮大。社会福利的对象范围只能缩小，本该所有老弱病残都可以享受的福利权利，缩小到只有无依无靠、无家可归、无生活来源的“三无”人员，本该城乡居民都享受的福利权利缩小到只有城市居民才可能享受到。社会福利的水平一直徘徊在低位，只能保证福利对象的最基本生活。其次，取缔所有民间社会福利团体和福利机构，政府成为社会福利事业建设的唯一主体，促成了“大政府、小社会”的形成，这不利于中国公民社会的发育和成长，也使得民众形成了“有问题找政府”、要救济的思维习惯，造成了社会成员对政府的过度依赖。

第四章

我国社会主义民政福利建设实践的开展

从民政福利服务内容来看，1949-1966年间我国民政福利事业可以分为三种形式：社会福利事业、社会福利企业、收容遣送。这三种形式的民政福利服务的对象、内容、方式方法等有所不同，以下就广泛深入地考察三种方式的具体实践情况，从这三个方面来研究新中国成立后社会主义民政福利事业实践的具体开展。

第一节　社会福利事业的广泛开展

从民政福利对象的年龄、身体状况等来看，社会福利事业可分为老年人福利事业、儿童福利事业、残疾人福利事业。其中残疾人福利事业又可分为精神病人福利事业、一般残疾人福利事业。

一、老年人福利事业

从收养对象看，养老机构收养的对象基本都是无家可归、无依无靠、无生活来源的“三无”孤寡老人。1963年上海市民政局制定《收容残老政策范围和审批方法的规定》，规定收容的范围是：“市区常住户口中无依无靠、丧失劳动能力、生活不能自理或基本不能自理；退休老弱残职工中属于本市常住户口、无依无靠、生活不能自理、原单位已经撤销无法安置的；本市市区居民中无依无靠、流浪乞讨成性的残老；倒流人口中无依无靠、已丧失劳动能力、生活不能自理、确无外迁条件的；劳动教养对象中的残老人员和无家可归的无业游荡人员。”[1]上海市收养的就是“三无”残老人员。1957年浙江省民政厅颁发了《浙江省残老儿童教养院工作暂行细则》，细则规定残老院、儿童教养院收容对象是城市中无依无靠、无法维持生活的老人、残废者；无人抚养的孤儿、弃婴与不满13周岁有偷窃乞讨行为家庭无法管教的流浪儿童，和其他经县、市民政部门批准必须收容教养的人。[2]浙江省收养的也基本是“三无”残老人员。可见，当时各地福利机构所收养人员范围，特别强调是本人无单位安置的、无家庭依靠的、丧失劳动能力、无法独立维持生活的“三无”人员。

收养的审批程序，一般先由基层民政机构登记审查，再报到市、省一级民政局批准后，由养老机构负责具体收养。1963年上海市民政局制定的《收容残老政策范围和审批方法的规定》中规定的审批程序就是：由区民政科登记审查，报市民政局批准，残老教养院负责收容。[3]

（一）收养对象、管理措施的发展变化

不同的历史阶段社会福利机构的孤老收养对象、收养的管理措施还有所区别。

第一阶段，1949–1955年期间，孤寡老人与其他人员混合收容。

---

〔1〕《上海民政志》编纂委员会编：《上海民政志》，上海社会科学院出版社2000年版，第173页。

〔2〕浙江省民政志编纂委员会编：《浙江省民政志》，中国社会出版社1994年版，第220页。

〔3〕《上海民政志》编纂委员会编：《上海民政志》，上海社会科学院出版社2000年版，第173页。

生产教养院是这一时期最主要的收养孤寡老人的单位。新中国成立之初民政部门一方面对旧社会慈善团体和救济机构进行整顿，改造调整为生产教养单位。另外也新成立了大批生产教养院和养老院，收养安置了数十万无家可归、无依无靠、无生活来源的“三无”老人。例如，至1953年底江苏省接管或接办了国民党政府和帝国主义的救济机构和慈善团体72个，这些机构团体被调整合并为41个生产教养单位。[1]1956年浙江省设有生产教养院17所、残老教养院1所、儿童教养院3所、精神病人教养院4所。[2]

生产教养院既是孤老的救济性福利机构，同时又是部分收容人员的劳动改造机构。生产教养院的经费由国家补贴一部分，地方财政解决一部分，生产教养院的生产收入补贴一部分。1953年11月，内务部和中国人民救济总会联合召开城市救济工作会议，会议确定了生产教养工作的方针、性质和任务及教养院收容的范围，确定生产教养机构是对残老、孤儿的救济福利机构，又是对部分游民的劳动改造机构。确定生产教养机构的主要任务是既要对城市（县城镇）无依无靠、无家可归、无法维持生活的老弱、残废、孤儿、弃婴等特殊困难群体进行收容安置和教养，又要对职业乞丐、公开妓女等予以收容改造。因此，新中国成立之初的生产教养院既收养老弱残废、孤儿弃婴等，又收容改造妓女、游民、乞丐等，还收容地主恶霸、反革命分子、惯匪、小偷、精神病人等，收容范围混乱，收容人员复杂。也就是说这一时期孤寡老人与妓女、游民、乞丐、地主

---

〔1〕浙江省民政志编纂委员会:《浙江省志·民政志》，方志出版社1994年版，第598页。

〔2〕浙江省民政志编纂委员会编:《浙江省民政志》，中国社会出版社1994年版，第220页。

恶霸等改造对象混合收容在一起。

第二阶段，1956-1965 年期间，孤寡老人与其他人员分类收养。

1956 年后政府对生产教养机构的性质、任务等定位开始转变。1956 年内务部在《关于改善城市残老儿童教养院工作的通知》中，决定将老人从生产教养机构中划分出来，单设残老院，并明确其性质属于社会福利机构，而不是教养机构。于是经费也改由国家全额供给，这一年国家民政事业经费支出迅猛增长。

1959 年在湖北召开的现场会议上，又进一步规定各福利事业单位的名称不再提“教养”二字，生产教养院改称为社会福利院或养老院，使其名称符合救济福利工作的性质，这时的养老机构成为单纯的福利机构。老人与其他诸如小偷、妓女、游民等需要改造的人员分开收养，有利于福利机构的管理，并能有效避免改造人员的违法违纪行为与过重劳动对老人造成的伤害，有利于老人的健康发展。

各个地方民政机关随之对本地的生产教养机构进行改革，贯彻分类教养的方针。例如，1956 年 7 月江苏省民政厅召开城市社会残老孤幼收容教养工作会议，讨论贯彻分类教养的方针，研究制定了《关于城镇社会残老孤幼收容教养工作方案》，省人民委员会于 8 月 23 日转发各专署和市、县人民委员会研究执行。全省有生产教养工作的 43 个市、县认真贯彻工作方案，整顿和调整生产教养机关。凡是游民与残老孤幼混处一院的都分开设立机构，分散在生产教养院的游民，集中到游民改造单位改造安置；分散在 34 个县的 423 名孤儿，集中到扬州、徐州、苏州三市专设的儿童教养院；综合性的教养单位中的残老、残疾儿童、婴幼儿，也实行分居、分食、分院（班）教养。同时，统一院名称谓，收容残老的统称安老院，收容孤儿的统称儿童教养院，收容弃婴的统称婴幼院。对不同收容对象，实施分类教养的办法。对残老以养为主；对青壮年残疾人员，根据残疾情况施以文化技术教育，培养生产技能；对孤儿和流浪儿童以教育为主；对婴幼儿以保育为主。通过整顿和调整，加强了生产事业单位管教工作，改善了医疗卫生状况，提高了生活标准。〔1〕1959年后江苏省贯彻全国残老儿童教养、精神病人收容疗养单位工作湖北现场会议精神，将收容教养单位继续进行整顿，对分散在安老院内的青壮年残废、盲聋哑人安排到社会福利生产单位参加生产，使其逐步具备自食其力的能力，为其创造安家条件；将学龄儿童转到儿童教养院，对超过学龄的安排生产，并进行扫盲教育；对麻风病人，与当地卫生部门联系安排进麻风病村，生活困难的由民政部门给予补助。全省新建精神病人疗养院6所，集中收容分散各院的精神病人。1959年全省经过整顿，共有各类福利事业单位59所，其中安老院39所，婴儿院9所，儿童教养院3所，精神病人疗养院8所。经过处理，年终实有各类收容人员12 104人。1949－1959年，江苏全省社会福利事业单位共收容各类人员71 880人，开支各种经费1805万元。〔2〕

这一时期福利事业单位的收容范围人员虽然在不同阶段也有所区别，但其中较稳定的收养对象主要是“三无”老人。

（二）收养工作方针

民政部门对城镇孤老进行收养的工作方针是：“以养老为主，通过适当劳动、思想教育和文娱活动，使老人身心健康，

〔1〕浙江省民政志编纂委员会：《浙江省志·民政志》，方志出版社1994年版，第598~599页。

〔2〕浙江省民政志编纂委员会：《浙江省志·民政志》，方志出版社1994年版，第599页。

心情舒畅，幸福地度过晚年。”也就是说对待孤寡老人，一要“养”，即通过政府福利养老机构收养老人，保证他们的基本生存；二要“劳动”，即组织孤老参加适当劳动；三要“教育”，即对孤老进行思想政治教育、文化教育等；四要“文娱活动”，即组织孤老适当参加文娱活动。如1957年浙江省民政厅颁发的《浙江省残老儿童教养院工作暂行细则》规定，年老体弱和残废者以养为主，能从事轻微劳动的，可组织适当的轻微劳动，并对他们进行政治思想教育，不断提高他们的社会主义觉悟。

养老机构的服务管理是收养方针的具体化，与此相适应，养老机构对孤老的服务管理贯彻了“养”“劳动”“教育”“文娱活动”等收养方针。1962年国家颁布规定：“养老院的管理工作应该着重抓好生活，抓好思想。在生活上要着重抓五个方面：（1）办好老人食堂；（2）照顾好老人的日常生活；（3）搞好卫生，保障健康；（4）适当开展文娱活动；（5）组织老人参加轻微的生产劳动。”[1]规定中的第1~3项要求都是“养”方面的要求，明确了养老院的服务必须照顾好老人的生活。规定的第4、5项分别是文娱活动和生产劳动方面的要求，要求福利院要适当组织老人参加文娱活动和生产劳动。

第一，“养”，就是由福利单位对孤老进行收养。

由民政部门将孤老安置于安老所、残老所、生产教养院、福利院等福利机构，并进行长期收养，使孤寡老人获得基本生存，能免于挨饿受冻，并且有时候还能改善一下生活。

新中国成立初期，各地政府接收和新建了大批生产教养机构。黑龙江省政府不但接收改造了旧有慈善团体的救助机构收养残老，还新建了更多的生产教养院收容残老。1951年松江省

---

〔1〕 崔乃夫：《当代中国的民政》（下），当代中国出版社1994年版，第229页。

（1954 年后已并入黑龙江省）共有生产教养院 6 处、收容所 10 处，收容残老、游民 849 人，孤儿 421 人。为了解决社会上 1500 名残老和孤儿的收容问题，除保留原有的 5 处生产教养院、5 处收容所外，黑龙江省又于 1952 年增设 19 处生产教养院，共收容残老 2195 人，收容孤儿 418 人。到 1952 年底，经过整顿合并，改为 17 处生产教养院、1 处儿童教养院，拨出修建费人民币 84 763 万元（折新人民币 8.47 万元），修建房舍 335 间。到 1952 年底，松江、黑龙江两省共有生产教养院 23 处、收容所 23 处，共收容残老孤儿 4371 人。〔1〕

政府建立了大量生产教养机构，众多残、老人员被社会福利机构收养。1952 年浙江省社会福利院、残老福利院、儿童福利院"收养人员 6491 人，其中残老 2792 人、儿童 1103 人、婴儿 791 人、其他青壮残 1850 人"。〔2〕有的地方收容残老工作做得比较到位，甚至使县、镇基层级别的孤老也得到了收容安置。如黑龙江省 1952 年"在全省范围内进行有计划的全面收容，把收容工作从大中城市深入到县镇，使流散的残老、孤儿得到了安置，结束了流浪乞讨的生活。由于领导重视，准备工作充分，改变了认为生产教养院就是旧社会'花子房'的看法"。〔3〕

收养机构对"三无"孤寡老人的收养数量有多少？占当时中国所有老人的总量、占"三无"老人的比例又有多少？下面对社会福利机构收养老人的数量和占比进行分析。

据统计，到 1953 年底，全国共有城市社会救济福利事业单位 920 个，先后收容残老、孤儿、精神病人及其他人员 37.4 万

〔1〕 黑龙江省地方志编纂委员会：《黑龙江省志 · 民政志》，黑龙江人民出版社 1993 年版，第 306 页。

〔2〕 浙江省民政厅：《浙江省民政志》，中国社会出版社 1994 年版，第 219 页。

〔3〕 黑龙江省地方志编纂委员会：《黑龙江省志 · 民政志》，黑龙江人民出版社 1993 年版，第 306 页。

人。[1]1959年中国有残老院379个，收养安置老人近6.5万人，到1964年全国社会福利院和养老院发展到733个，收养老人近7.9万人。[2]1950年联合国人口司估算，中国60岁及以上人口共计4241.8万人，名列世界第一。在老年人群体中无家可归、无依无靠、无经济来源的孤寡老人，根据新中国成立初期这个群体占老年人口4%的比例估算，大约有170万。[3]即使是以1950年的基数进行计算，1950年60岁以上老人的总量为4241.8万，"三无"孤寡老人大约为170万，1959年收养老人6.5万人，收养比例仅占60岁以上老人总量的0.15%，占"三无"孤寡老人总量的3.8%；1964年收养老人7.9万人，收养比例占60岁以上老人总量的0.19%，占"三无"孤寡老人总量的4.6%。福利机构所收养老人占60岁以上老人总量低至0.15%至0.19%，占"三无"老人的比例也低至百分之三点几，能被收容的只是极少数无家可归、无依无靠、无经济来源的"三无"孤寡老人。可见这一时期能被收容的孤寡老人依然是比例极少的一部分，大部分的孤寡老人依然享受不到救济福利的权利，更不要说另外四千多万有家可归的、有依靠的老人，他们更不可能从社会福利事业中获得任何福利。

孤寡老人被收容后，他们的生活水平又怎样呢？下面以黑龙江省、江苏省、杭州市为例对收养的孤寡老人的具体生活水平进行分析。

黑龙江省生产教养院院民的生活供给标准按职工工薪分计算，每人每月60分（政府供给40分，教养院生产解决20分），

---

〔1〕 崔乃夫：《当代中国的民政》（下），当代中国出版社1994年版，第208页。

〔2〕 崔乃夫：《当代中国的民政》（下），当代中国出版社1994年版，第228页。

〔3〕 蔡勤禹：《国家、社会与社会弱势群体——民国时期的社会救济（1927–1949）》，天津人民出版社2003年版，第68页。

每分约合人民币 1875 元（折新人民币 0.187 元）。院民 1952 年全年生活费用约为新人民币 135 元，而 1952 年中国城镇居民年消费水平为 148 元，农村居民年消费水平为 62 元，全国居民消费水平为每年 76 元。[1]可见黑龙江省生产教养院院民的生活水平略低于城镇居民生活水平，高于农村居民。

江苏省残老教养院 1956 年提高生活标准，每人每年供给 120 元，伙食费由原来每人每月 5 元左右，按当地物价指数提高到 6.5 元。对照全国城镇居民的消费水平来看，1952 年年平均消费水平为 148 元，合平均每月 12.33 元，1957 年年平均消费水平是 205 元，合平均每月 17.08 元。可见江苏省残老教养院 1956 年的生活标准 120 元远低于 1957 年全国城镇居民消费水平 205 元。

杭州市社会福利院的老人，1949 年的生活供给标准为每人每月 4 元 5 角，并发给衣服、蚊帐、凉席等日用品。1957 年生活费调整为每月 7 元 7 角，全年为 92.4 元。[2]1957 年中国城镇居民年消费水平为 205 元。[3]杭州市社会福利院老人的消费水平比全国城镇居民消费低了很多，只有全国城镇居民消费水平的 45%，连一半都不到。1961 年增至 10 元 5 角，全年为 126 元，仍然低于全国城镇居民 1962 年的消费水平 226 元。可见杭州市福利院老人的生活水平是偏低的。

综上所述，各地福利机构的生活伙食水平基本不高于当地一般城市居民的生活水平，甚至严重低于一般城市居民生活水平。当然从时间发展上看，随着社会的发展，社会福利机构的生活水平相比于以前有所提高。

---

〔1〕 国家统计局：《中国统计年鉴》，中国统计出版社 1985 年版，第 552 页。

〔2〕 杭州市民政局：《杭州市民政志》，内部发行 1993 年版，第 218 页。

〔3〕 国家统计局：《中国统计年鉴》，中国统计出版社 1985 年版，第 552 页。

一些福利院还设立医务室，负责日常医疗卫生工作，对收养的孤老提供医疗保健服务，但也只有基本的医疗服务，还只在少数福利机构。如江苏省养老院设立门诊室，或与当地医院挂钩，建立医疗保障制度。[1]杭州市社会福利院贯彻以“预防为主”的方针。院部设医务室（科），配有医师和医务人员7名。从20世纪50年代开始设有病房，若有老人患病，则有医生及时给与治疗，送医送药到床头；对重病人则送入病房，有专人护理。[2]

第二，“劳动”，就是由福利单位组织老人参与轻微劳动生产。

新中国成立初期各地福利单位组织孤寡老人参加一些轻微的手工业生产和副业生产，如园艺编织、养鸡、养猪等生产。北京市救济分会“对老人以养为主，体力矫健的组织他们糊纸盒、编包等轻微生产”。[3]杭州市社会福利院对收养老人在“以养为主”的同时，对有劳动能力的老人安排适当的劳动，20世纪50年代有做天竺筷、摇麻绳、打土萁、种菜、养鸡、养兔、养猪等劳动，到20世纪60年代初改为老人为杭州福利工厂加工整理旧塑料。[4]常州市组织有一定劳动能力的敬老对象参加有益于身心健康的轻微劳动，组织有劳动能力的养老对象从事力所能及的劳动，组织有劳动能力的教养对象参加生产劳动，促使其自食其力。

一些教养机构对收养对象参加劳动还采取相应的奖惩制度。北京市救济分会劳动教育所采取了劳动奖励和不劳动要惩罚的

---

〔1〕江苏省地方志编纂委员会：《江苏省志·民政志》，方志出版社2002年版，第604页。

〔2〕杭州市民政局：《杭州市民政志》，内部发行1993年版，第218页。

〔3〕“整顿生产教养工作总结报告”，北京市档案馆：14–2–47。

〔4〕杭州市民政局：《杭州市民政志》，内部发行1993年版，第219页。

制度，“将参加学习缝纫、制鞋的收容人员的最高奖金由 5 万元提高到 7 万元，将参加糊火柴盒、纳鞋底的收容人员的奖金，由占所得总数的 40%提高到 70%，以鼓励收容人员的劳动积极性。这样实行之后，过去长期不参加劳动的已有 20 多人参加了纳鞋底等劳动”。[1]对参加劳动的提高奖金，而对不愿意参加劳动的收容人员，则降低生活供给，这样的奖罚制度有效地调动了收容人员的劳动积极性。

由于坚持劳动生产与政治思想教育相结合的方针，绝大多数收容人员经过相当时期的劳动实践之后，逐步由轻视劳动、厌恶劳动，到习惯劳动、喜爱劳动。并且适当的劳动生产，也可以促进老人的身体健康、丰富老人的生活，还可以为福利单位创造劳动收入、补给财政不足。但是在实施过程中也出现了老人与游民、乞丐等一起接受劳动改造，或是生产教养院为了增加经济收入，而使老人承担过重劳动负担的情况，这损害了老人的身心健康。

第三，“教”——福利单位对城镇“三无”孤寡老人进行教育。

各个福利单位普遍根据孤老的具体情况进行适当的思想教育、文化教育等，如进行识字教育、时事政策学习。石家庄市根据“他们用在劳动上时间不太多，大部分晒日光时间很多”的情况，“有闲时间即和他们闲谈，进行政治教育及安慰其精神，但在每星期时事与政治报告时，他们都参加，他们最喜欢的是报纸上的事情，最关心国家大事，有时他们主动地要求给他们讲报”，[2]这种“教”丰富了老人们的生活，也提高了他

---

〔1〕“市救济分会劳动教育所部分收容人员经常捣乱”，北京市档案馆：14—2—88。

〔2〕石家庄市民政志编纂委员会编：《石家庄市民政志》（公元前 1200 年-公元 1991 年），中国社会出版社 1993 年版，第 367 页。

们的素质。江苏省养老福利机构对老人的思想教育工作灵活多样，读报、讲故事、看画报、组织参观游览等，使他们耳闻目睹社会主义建设中的新鲜事物。〔1〕

第四，“文娱活动”——福利单位组织老人参加文娱活动。

福利单位还组织收养人员参加一些文化娱乐活动。1958年黑龙江省养老院老人寝室普遍安装了有线广播，部分院设置了游艺室和简易图书室。老人生活幸福，心情愉快，积极排练文艺节目和书写诗歌，颂扬中国共产党和社会主义制度。一年中各院共写出诗歌400首。〔2〕江苏省养老机构也适当开展文娱活动，组织下棋、说唱、演戏，丰富精神生活。〔3〕杭州市残老教养院建立了老人俱乐部，组织了职工业余剧团，自编、自导、自演；另有图书、报纸、象棋供老人自娱，每月还组织看电影、说书、演戏等。〔4〕

除了通过养老福利机构对“三无”老人进行收养外，民政部门也曾尝试采取其他灵活措施来扶助鳏寡残老。例如对于有住房，但生活苦难的孤寡残疾城市老人，鼓励他们居住在家里，而予以单纯施救，如四川省永川县（今永川区，下同）“对城镇中的三无对象，除送福利院收养外，对有住房无依靠无收入的给予救济”。〔5〕1949年到1952年，石家庄市“对城市中残老病弱又无任何依靠之贫苦市民，采取了实物补助办法，使其维持

〔1〕 江苏省地方志编纂委员会：《江苏省志·民政志》，方志出版社2002年版，第605页。

〔2〕 黑龙江省地方志编纂委员会：《黑龙江省志·民政志》，黑龙江人民出版社1993年版，第310页。

〔3〕 江苏省地方志编纂委员会：《江苏省志·民政志》，方志出版社2002年版，第605页。

〔4〕 杭州市民政局：《杭州市民政志》，内部发行1993年版，第219页。

〔5〕 永川县民政志编修办公室：《永川县民政志（1950－1988）》，内部发行1991年版，第93页。

最低生活水平，1949 年全年共补助了 510 户 1200 人，用粮 22 477斤”。对居家生活困难的城市残老的救助，既有长期救助又有临时救助，如 1952 年 12 月，石家庄市以 150 套棉衣、15 条棉被、救济粮 44 745 斤，救济了长期户 96 户 177 人，临时户 826 户 2547 人。〔1〕各城市在对失业工人和城市贫民发放救济金时，都以残老为重点。

新中国成立初期养老福利机构在收养老人的实践中还存在着一些管理漏洞，养老福利事业在发展过程中也曾出现诸多问题。针对老人福利机构出现的问题，20 世纪 50 年代中后期民政部门领导开展了相关整顿工作，养老福利事业单位的管理水平有所改善，但有的问题一直遗留下来。

第一，对被收养人员的审批过于宽松。

新中国成立初期，有关救助、福利等方面的法律法规基本处于空白状态，民政部门对福利事业单位的管理不严密，对于进入福利单位的老弱人员审批不严，造成收容范围混乱，被收容人员数量激增。一些管理人员认为只要是穷人，不管他们有没有劳动能力、有没有家可归，因为他们原来受剥削、受压迫，他们想进福利院就应该让他们进福利院，一切贫民游民都可以过来，认为这是新中国让穷人翻身做主人的体现，是社会主义优越性的体现。于是一些有家的被收容进来，一些有劳动能力的人员也被收容了，甚至是一些家庭经济条件很好的人也混了进来。

很多养老福利机构的审批条件太过宽松，使得有的人为了逃避劳动、逃避运动或其他目的等而乘机住进养老福利院。如，“沈某某原系新华印刷厂工人，现银行有存款 200 万，北京天津

〔1〕 石家庄市民政志编纂委员会编：《石家庄市民政志》（公元前 1200 年－公元 1991 年），中国社会出版社 1993 年版，第 304～306 页。

有亲戚朋友可以帮助，但借口咳血病找不到工作不肯走。刘某某系河北武清县（今武清区，下同）人，家有土地和房屋，都租给别人，自己却在劳动教养所不走……”[1]

针对收容范围混乱、对收容人员审查不严等问题，1953年10月第二次全国民政会议曾要求整顿，并发出决议指出：“关于城市救济工作，对无依无靠、无法维持生活的残老孤幼和贫民以及游民等，应根据必要的和可能按其有无劳动力分别予以教养、救济或劳动改造，对一切有劳动能力的人，应设法使其在城市或去农村参加劳动，使其自食其力。必须纠正那些想把城市所有贫民、游民等一下子包下来，都施以救济的错误观点。”决议还指出：“继续整顿生产教养院，生产教养院应收养无依无靠、无法维持生活的残老孤幼，不应不分对象地乱收，对已收容者应进行审查管理。”[2]各地民政部门认真落实第二次全国民政会议精神和第三次全国城市救济工作会议所规定的方针，对生产教养事业进行整顿，通过遣送安置、帮助就业、领养转交有关部门处理和其他方式，对应该处理的大部分人员进行处理。对有家可归的、有亲属投靠的要求亲属领回，对有劳动能力的帮助其就业。

各福利单位逐步严格执行对进入福利单位人员的审查，订立了审查处理办法，收容审查不严、收容范围混乱的现象有所好转。北京市的教养单位建立了收容人员的卡片登记制度，对各个单位被收容人员进行了统一的审查和清理，并采用了各种方式慎重负责地进行安置。经过一段时间的严格审查，被收容

---

〔1〕“市救济分会劳动教育所部分收容人员经常捣乱”，北京市档案馆：14-2-88。

〔2〕崔乃夫：《当代中国的民政》（下），当代中国出版社199年版，第208~210页。

人员的数量和构成逐渐得到有效控制。据北京市救济分会1954年统计，“经过一年多的审查处理工作，及对收容标准的正确掌握，现在我会所教养单位的被收容人员共有2497名，较1953年减少了1/3。”〔1〕1954年，江苏省根据生产教养工作的方针、性质和任务，普遍整顿了生产教养单位，对收容人员进行审查，使不符合收容条件的一般城市贫民、失业人员、灾难民、旧军官、旧职员以及改造好的游民共7258人出院，其中帮助就业942人。收容人员较多的市，按不同对象，分别设立残老教养院、生产教养院、妇女教养院、儿童教养院、婴幼院；对收容人员太少的，合并了11个单位。〔2〕1956年，江苏省民政厅对残老教养院进行整顿。对有家或有亲属可接收的，征得其亲属同意后，由其亲属领回，生活困难的给予社会救济。〔3〕1961年江苏省民政厅再次对福利事业单位进行全面整顿，彻底清除不符合条件的收容人员。据50个单位统计，对不符合收容条件的对象，在思想教育成熟和安置落实的基础上处理出院2587人，占收容人员总数的23.5%。〔4〕

第二，部分养老福利机构供给水平过高。

新中国成立初期一些福利机构的供给水平过高，甚至比一般民众的生活水平更高，造成一部分人的懒惰和依赖心理，一些不符合条件的人员主动要求进入福利养老机构，甚至有的收

〔1〕“北京市救济分会1953年1月至1954年3月处理收容人员统计表”，北京市档案馆：14-2-47。

〔2〕江苏省地方志编纂委员会：《江苏省志·民政志》，方志出版社2002年版，第598页。

〔3〕江苏省地方志编纂委员会：《江苏省志·民政志》，方志出版社2002年版，第604页。

〔4〕江苏省地方志编纂委员会：《江苏省志·民政志》，方志出版社2002年版，第601页。

容人员被遣送回家后又很快跑回来，导致养老机构一度人满为患。例如，北京市救济分会所属各福利单位，“大半原来是接受外资的救济机构，接管前，收容人在帝国主义分子的压迫下，生活很苦。接管后，为了积极抢救儿童及避免老人遭受帝国主义的残害，逐渐恢复他们的健康，伙食供给一般较好，伙食标准过高。1952 年规定儿童每人每月 80 斤米，老人 60 斤。后虽稍降，但仍较其他各收容单位较高。”尤其是 1952 年以后，随着国民经济的恢复和好转，并且“三反”“五反”运动清除了福利单位内部的贪污现象，伙食标准更高了。“老人儿童每天都能吃到一顿或一顿以上细粮，每月吃四五次肉，青壮年吃的多，每月也能吃十顿细粮。西部疗养所的病人伙食供给每人每月六万五千元，另外还补助五万元，每月全吃细粮，还能吃两顿鸡，两次糖包子，但仍有节余。”这些收容机构的生活待遇比普通民众还要高，这就导致有的本来不符合收容条件的人，也主动要求被收容，并且来了就不走。有的农民认为收容机构的生活比农村好得多，说：“乡下哪有这里吃得好！”“这里有吃有穿，说什么也不回去。”〔1〕

针对收容机构伙食标准过高的问题，有的进行政策调整，有的进行整顿，一方面加强对收容人员的审批，防止不符合条件的人员混进收容机构，一方面降低生活标准。北京市救济分会就提出先由劳动教育所青壮年着手试行，要适当地降低收容人员的伙食标准，使收容人员的生活水平与贫困户的生活水平齐平。

第三，一般孤寡老人与其他收容者混合收容。

新中国成立初期为了稳定社会秩序，社会改造也在紧锣密鼓地进行，许多流浪者、乞丐、小偷等需要改造者被大量收容，

〔1〕“北京市救济分会所属收容机构降低伙食标准初步计划”，北京市档案馆：14-2-88。

还有一些旧官员、旧人员等依然游离于新的政治环境之外，也成为被收容的群体。例如，据1952年统计，“北京市救济分会劳动教育所共收容334人，计有游民、乞丐、小偷163人，伪军警34人，反革命家属、刑事犯家属3人。其中35人是因偷窃教育后送往宁夏移民生产又跑回来的，有10人是收容后逃跑，逃跑后又被收容的，最多前后跑了8次”。[1]新中国成立初期有大量的孤寡老人需要收容，加上大批被改造者需要收容，但全国的收容机构规模不足，收容量有限，那些需要改造的游民、小偷等其他收容对象往往与孤寡老人混杂收容在一起，没有进行区分，造成收容机构内部人员成分十分复杂。孤寡老人作为社会福利对象与改造对象混杂在一起，管理混乱，并且容易引起违法乱纪现象，还容易造成老人与其他改造对象连带一起接受过重劳动改造的问题，孤寡老人在福利机构的生活质量受到不良影响。

这种混杂收容的情况在1956年后得到整顿，政府实施了分类教养。1956年开始内务部在《关于改善城市残老儿童教养院工作的通知》中，决定将老人和儿童从生产教养机构划分出来，单设残老院和儿童教养院，并明确其性质属于社会福利机构，开始将老人、儿童与其他改造对象分开收容，并进行分类教养。

第四，孤寡老人从事过于繁重的劳动生产。

由于游民、乞丐等被改造者需要通过劳动生产进行改造，而新中国成立之初许多鳏寡孤老又与游民、乞丐等共同收容在生产教养院，常常与游民、乞丐等一起进行生产劳动。一些福利单位经费紧张，为了补足经费而过于强调生产自救，偏重于经营生产，一些残疾人、孤寡老人也被迫从事着十分繁重的劳

[1] “市救济分会劳动教育所部分收容人员经常捣乱”，北京市档案馆：14-2-88。

动生产。如上海市残废教养所主要收养生活无着、孤苦无依的老弱病残者，1950 年 4 月与市儿童生产教养所、市妇女生产教养所、市劳动生产教养所合并，并在 1950 年不分老幼、不管健康与否等情况，把大部分收养对象迁往江苏省东台县（现大丰县）四岔河农场劳动，农场劳动任务繁重，对老人的身体健康造成了伤害。

针对老弱病残人员劳动负担过重等乱象，1955 年内务部和中国人民救济总会颁发《生产教养机关工作暂行规定》，提出对老弱残废的教养，应强调照顾其本人健康情况和身体条件，年老体衰的以养老为主，能从事轻微劳动的组织参加力所能及的劳动生产。根据这一规定，各地方对教养院进行整顿，在院老人劳动负担过重的情况有所改变，对孤寡老人开始实行以养为主的教养方式。例如，1956 年江苏省对残老教养院进行整顿，对在院人员以养为主，提高生活标准，每人每年供给 120 元，伙食费由原来每人每月 5 元左右，按当地物价指数提高到 6.5 元，纠正劳动强度过大的做法。[1] 1959 年内务部在湖北召开的全国残老儿童教养院、精神病人疗养院会议再次确定“以养为主”的方针，各地养老院进一步落实方针，减轻老人的劳动负担，提高老人的生活水平。

第五，福利单位的工作人员态度粗暴。

有的福利单位的工作人员工作态度不端正，认为从事收容工作没有前途，对所收容人员的认识也存在误区，没有持一种平等的态度对待收容对象，从而工作作风简单粗暴，对收容人员进行殴打、谩骂甚至虐待。如北京市西郊疗养所，该所干部违法乱纪现象十分严重，被收容人员中的队长和班长也常殴打

---

〔1〕 江苏省地方志编纂委员会:《江苏省志 · 民政志》，方志出版社 2002 年版，第 604 页。

其他收容人员，医生也漠视病人的健康而出现玩忽职守的现象。1953 年 2 月，北京市民政局组织检查组对原生产教养院所属生产教养单位进行了普遍深入的检查，发现了很多问题：首先，很多收容机构的干部对工作不安心，认为教养工作不光荣没有前途；其次，干部的政策观点模糊，对教养工作存在单纯的"仁政"观点，只着重改善被收容人的物质生活等表面工作，而忽略了劳动教育的重要性；第三，由于干部政策观点模糊，对业务钻研不够，缺少办法，因而对被收容人的调皮捣乱、不服管教的现象，只采取简单粗暴的方法去制止，所以发生了很多违法乱纪的事件。[1]

各地福利机构在 20 世纪 50 年代后期和 60 年代加强了对福利单位的干部员工的管理，加强了干部工作纪律建设，严肃处理管教人员的违法乱纪行为，干部工作作风有所好转。1961 年 6 月，江苏省民政厅对全省 81 个社会福利事业单位进行了比较全面的整顿。首先，整顿组织，加强领导，打击了管教人员的违法乱纪行为。据 38 个单位统计，共处理了 229 人，占总人数的 16.29%，充实了一批政治历史清楚，具有一定政治思想水平的干部。其次，教育干部，提高思想和政治决策水平，改进工作作风。还建立和健全各项规章制度，加强管理工作。[2]许多福利单位在整顿工作、纠正错误的过程中，处理了相关失职人员，总结了经验，废除了原有的旧制度，实行了新的管理制度。北京市生产教养单位废除了收容机构中的队长、副队长制度，撤换了重大失职干部，并建立了民主管理制度。定期召开全体收容人员会议，听取群众反映，让被收容人员自己选举产生生

〔1〕"整顿生产教养工作总结报告"，北京市档案馆：14-2-47。

〔2〕江苏省地方志编纂委员会：《江苏省志·民政志》，方志出版社 2002 年版，第 601 页。

活、学习小组长，代替了过去的队长、班长，明确了组长的职权范围。这样密切了管教干部与被收容人员之间的联系，也削减了队长、班长欺压被收容人员的现象。北京第一养老院在1954年6月3日至23日进行了改选收容人员生活学习组长的工作。〔1〕

第六，按出身区别对待收容对象。

虽然党和政府在思想上和政策上都强调要平等对待所有民众，任何有生存困境的人员都可以获得福利救助，包括国民党的党政军人员。但在实际实施过程中，有的地方还按照收容对象的出身不同，在生活标准等方面进行区别对待。江苏省就规定，凡是劳动人民出身，男年满65周岁，女年满60周岁，均可作为养老对象；或因丧失劳动能力和其他特殊原因，年龄不够，亦可作为养老对象，将其集中起来建立敬老院。对于非劳动人民出身，或不务正业，不符合养老条件而又无依无靠的残老，与养老对象分开，另行组建残老教养院，人数少的在院内单独编队（组），以加强管理教育，改变游惰习气，消除对抗情绪。规定敬老院老人的生活标准可略高于当地群众的生活水平，而教养院残老的生活标准不得高于当地一般群众的生活水平。〔2〕常州市对所收养的老人就实行分类教养管理，分为敬老、养老、教养三个类型：敬老对象是劳动人民出身的工人、农民、小商小贩等，在政治上、经济上受压迫；养老对象基本上是劳动人民出身，但对社会无甚贡献或身份不清者；教养对象主要是不务正业、道德品质低劣、对社会有一定危害的人。1959年后常州市的伙食供给标准为敬老对象每月8元，养老对象7元，教

〔1〕“救济分会两周工作汇报”，北京市档案馆：14-2-48。

〔2〕江苏省地方志编纂委员会：《江苏省志·民政志》，方志出版社2002年版，第605页。

养对象 6.5 元。[1]劳动人民出身的敬老对象和养老对象其伙食水平要高于非劳动人民出身的教养对象。

针对按出身对教养对象进行区别对待的现象，有的福利机构也曾采取措施进行整顿，区别对待的现象有所转变。1961 年，江苏省民政厅在整顿社会福利事业单位时规定，对残老人员过去已经按政治情况实行分类管理的，原来划分情况不变；没有分类的，不要再分，可在领导掌握上有所区别。由于这些老人基本上都丧失劳动能力，目前生活标准不高，教养对象在生产活动和生活待遇上应与养老对象一样，不再区别对待。[2]这个规定说明，江苏省开始对按政治出身分类管理的方式进行整顿，要求对政治出身不好的老人也要同等对待。

综上所述，新中国成立后党和政府关注孤寡老人的生存问题，老年人福利事业有所发展，福利工作成效明显，但也存在收养覆盖范围小、福利水平低等不足。

第一，民政部门在接管改造了旧政府、旧社会慈善团体、外国资金及其他社会力量举办的福利机构的基础上，还在大中城市创办了一批老年人福利机构，如养老院、生产教养院等。1959 年全国已有残老院 379 个，收养安置近 6.5 万老人；1964 年全国社会福利养老院发展到 733 个，收养老人近 7.9 万人。[3]这些养老机构为收养老人、发展老年人福利事业奠定了物质基础。

第二，社会养老福利机构只收养了城市中一小部分无依无靠、无家可归、无生活来源的“三无”孤寡老人，收养范围较窄。这些机构为老人提供了衣、食、住、医等基本生存保障。

---

〔1〕 江苏省常州市民政局:《常州市民政志》，内部编印 1991 年版，第 159 页。

〔2〕 江苏省地方志编纂委员会:《江苏省志 · 民政志》，方志出版社 2002 年版，第 605 页。

〔3〕 崔乃夫:《当代中国的民政》（下），当代中国出版社 1994 年版，第 228 页。

老人以养老为主，同时参加适当的劳动，接受一定的思想教育，适当地参加文化娱乐活动，养老机构满足了老人最基本的生活需要，相比于新中国成立前福利机构老人的生活状况有较大改善。总体来说，社会福利院、养老院的设施条件一般，老人的生活水平还不高，一般不高于城镇居民生活水平、甚至严重低于城镇居民生活水平。老年人的康复治疗等工作还没有广泛开展，老人的教育、文化娱乐等活动也不普遍、不规范。养老福利单位在工作实践中还存在审批过于宽松、有的机构供养水平过高、老人劳动过于繁重、工作人员态度粗暴等问题，但经过整顿后有所好转。

第三，在不同的历史时期，老年人的社会福利事业有不同的内容和特点。新中国成立初期生产教养院既收养老弱残废、孤儿弃婴等，又收容改造妓女、游民、乞丐、惯匪、小偷、精神病人等，收容范围混乱，收容人员复杂。1956 年后生产教养机构的性质、任务等定位开始转变。1956 年内务部在《关于改善城市残老儿童教养院工作的通知》中，决定将老人从生产教养机构中划分出来，单设残老院，并明确其性质属于社会福利机构，而不是教养机构。1959 年在湖北召开的现场会议上，又进一步规定各福利事业单位的名称不再提“教养”二字，生产教养院改称为社会福利院或养老院，使其名称符合救济福利工作的性质，这时的养老机构成为单纯的福利机构。老人与其他诸如小偷、妓女、游民等需要改造的人员分开收养，从此，老年人与其他人员分类教养，老年人福利事业有了独立的发展，管理也更为完善。

第四，在福利制度建设方面，虽然 1954 年《宪法》规定了“中华人民共和国公民在年老、残疾或者丧失劳动能力的情况下，有从国家和社会获得物质帮助的权利”，也有由民政部社会福利司主管老年人福利事务的规定，但如何落实老年人的基本权利，还没有系统的法规，没制定有关老年人福利的专门法规，也没有建立专门管理老年人福利的政府机构。老年人社会福利制度建设仍需进一步完善和加强。

二、儿童福利事业

新中国成立初期中国政府首先通过对旧社会的儿童福利机构进行接管、改造、整顿、重组等方式，初步建立起新中国的儿童救济福利组织体系。20 世纪 50 年代后期中国政府逐步在大中城市又新建了一批儿童福利院和社会福利院，儿童福利单位和收养儿童的数量均迅速增加，儿童福利事业有了进一步的发展。据统计，1962 年全国有儿童福利院 772 个，收养无依靠、无家可归的婴幼儿童 6.5182 万人。〔1〕从 1956 年到 1966 年的社会主义建设时期，儿童福利事业管理水平有较大提高，大量无依无靠的婴幼儿和儿童健康成长，先后有 10 万名儿童长大成人、走上国家建设岗位，4 万多名婴儿被领养，重新得到家庭温暖。〔2〕

（一）收养对象的发展变化

儿童福利院收养对象一般是流落街头的无家可归、无依无靠、生活不能自理的弃婴孤儿；有家可归的残疾儿童和顽劣儿童一般遣送回家，要求由其家庭养教；年龄较大、有自理能力的孤儿则帮助其安置工作。在不同的历史阶段，所收养儿童的成长背景、数量等有所不同，以下就来分析 1949-1966 年间儿童福利院收养对象的变化情况。

1949-1955 年期间。儿童福利院的收养对象主要是旧社会留

---

〔1〕 崔乃夫：《当代中国的民政》（下），当代中国出版社 1994 年版，第 233 页。
〔2〕 崔乃夫：《当代中国的民政》（下），当代中国出版社 1994 年版，第 212 页。

下来的大量弃婴孤儿和流浪儿童，据1949年至1954年统计，全国666个残老、儿童福利机构中，收养在院、抚育教养的婴幼儿童达到2.596万人。[1]这一时期民政部门通过接收和改造旧社会的救济机构以及新设立的生产教养机构收养安置弃婴孤儿，但是在这些机构中往往是残疾儿童、弃婴、孤儿、孤老、精神病人、游民、反革命分子和其他人员不分，笼统地收养在一起，造成管理混乱。一些不良分子的不良风气给弃婴孤儿带来了消极影响，生产教养机构对弃婴孤儿不加区分地进行劳动改造也容易造成对年幼儿童的伤害。

1956-1959年期间。在1956年社会主义改造完成后，中国进入大规模建设社会主义时期，经济有所发展，社会相对稳定，社会上的弃婴、孤儿、流浪儿童数量一度减少，社会福利事业发展较快，对儿童福利事业单位的管理逐渐完善。1956年内务部在《关于改造城市残老儿童教养院工作的通知》中，决定将儿童从生产教养机构中划分出来，单设儿童教养院，并明确其性质为社会福利机构。例如，解放初上海市儿童福利院收养对象主要是弃婴和孤儿，后来也收容部分成年残疾人员。1956年3月，上海市按照内务部关于“凡是游民、残老、儿童混合在一起的教养机构，应该分开设立”的精神，确定该院收养对象限于弃婴、孤儿和案犯子女。从1949年到1958年上海市儿童福利院共收养婴幼儿童21 334人，其中弃婴10 282人，孤儿和案犯子女11 052人。[2]

1959-1962年三年困难时期。孤儿、弃婴、流浪儿童大规模增加。据统计，1962年，全国儿童福利院收养无依靠、无家可

[1] 崔乃夫：《当代中国的民政》（下），当代中国出版社1994年版，第233页。

[2] 《上海民政志》编纂委员会编：《上海民政志》，上海社会科学院出版社2000年版，第164页。

归的婴幼儿童 6.5182 万人，是四十年以来儿童福利院数目最多，收养婴幼儿、孤儿和流浪儿童最多的一年。各地的收容量都大幅增加。例如，北京市幼婴院是承办全市弃婴孤儿接纳养育事务的福利机构，1960 年上半年收容社会弃婴 50 名，比 1957 年同期增加一倍。〔1〕黑龙江省儿童福利院在 1958 年收容孤儿 529 人，1960 年为 730 人，1961 年猛增到 1127 人，1962 年增加到 1216 人。〔2〕上海市儿童福利院在 1958 年共收容婴幼儿 1770 人入院，其中弃婴占 98%。1959 年收婴量猛增到 3525 人，较上年度增加一倍。1960 年 1-3 月，共有弃婴 5277 人收容入院，平均每月收容 1759 人，最多的一天收容 109 人。1960 年一年中，先后共有 8796 名婴幼儿收养入院，年收容量创历史最高纪录。对此，中共上海市委指示，一定要把婴幼儿“养好、管好、不出问题”。据此，上海市卫生部门抽调 164 名医护人员解决育儿院医务力量不足问题；市劳动部门组织 331 名临时工，充实保育员队伍；商业部门及时调运物资，解决供应问题。〔3〕针对日益增多的孤儿弃婴，各地民政部门加强了对收养儿童的审查。1963 年 8 月，上海市就实行更加严格的收养规范，制定了更加详细的细则，规定收养的对象是：遗弃在市区无法找到其父母亲的婴幼儿童；父母双亡，无亲友可靠的 12 岁以下的孤儿；区县常住户口中 12 岁以下无亲友可靠的案犯子女。〔4〕

〔1〕 北京市地方志编纂委员会:《北京志·政务卷·民政志》，北京出版社 2003 年版，第 302 页。

〔2〕 黑龙江省地方志编纂委员会:《黑龙江省志·民政志》，黑龙江人民出版社 1993 年版，第 319~329 页。

〔3〕《上海民政志》编纂委员会编:《上海民政志》，上海社会科学院出版社 2000 年版，第 164 页。

〔4〕《上海民政志》编纂委员会编:《上海民政志》，上海社会科学院出版社 2000 年版，第 164 页。

1963-1966年期间。1963年后儿童福利单位收养儿童的总体数量明显减少，但是伤残儿童在所收养儿童中所占比例不断上升。儿童福利单位依然在发展过程中，并且针对伤残儿童数量增加的情况，开始尝试对伤残儿童进行康复工作、特殊教育工作等。对所收养的健康儿童则加强了文化教育工作。1963年以后，上海市儿童福利院弃婴收容量明显减少，年收容量一般保持在300~400人上下。据不完全统计，自1949年到1997年上海市儿童福利院共收容弃婴孤儿5万余人。1962年以后上海市儿童福利院根据收容的伤残婴幼儿童增多的情况，将工作重点开始转移到做好伤残儿童的治疗康复工作上来，在实践中，探索总结了“养、治、教”工作法。

新中国成立后儿童福利机构在管理上不断进行变革，逐步严格对收养儿童的审查制度。一般由各地的救济分会领导当地的儿童福利院工作。新中国成立初期救济分会根据福利院所出现的问题出台了很多新规定，针对各地儿童福利机构一度出现的乱收、错收现象和管理混乱，加强了对收容儿童的审查管理工作，制定了较为严格的审查办法，建立了收容人员的卡片登记制度，以避免乱收、错收现象，并慎重安置已收养的弃婴孤儿。北京市规定“对有就业条件的被收容人员及年龄较大的儿童，尽量找门路，予以介绍就业；对于孤儿，允许无子女人员领养；有家的收容人员一般都经调查了解清楚后安置回家”。[1]

（二）教养方式

1964年内务部将“养、治、教”定为儿童福利院的工作方针，也就是对弃婴孤儿既要抚养，保证他们的生存，又要对生病或有残疾的儿童进行治疗，还要对所收养的儿童进行适当教

---

〔1〕“北京市救济分会1953年1月至1954年3月处理收容人员统计表”，北京市档案馆：14-2-47。

育。内务部将“养、治、教”的方针在全国进行推广普及。[1]

各地福利机构根据不同类别的儿童收养对象，完善细化了对儿童的养育、教育等方式，还试行了对弃婴孤儿的家庭寄养、领养等社会化方式。弃婴、孤儿、被遗弃儿童等一般先由社会福利机构集中收容，其后一部分依然留在福利机构接受集中教养，还有一部分孤儿弃婴由福利机构转托给其他家庭领养或者寄养。下面就从福利院内部集中教养和福利院外领养、寄养两个类别分别进行考察。

第一类，政府官办方式——由福利院教养。

在儿童福利机构内部按所收养儿童的年龄、身体状况等采取不同的工作方针。新中国成立后各个福利机构对弃婴孤儿进行了广泛的收容，收养对象复杂。为此，儿童福利院根据不同的儿童对象，进行分类管理，采取了不同的管理方针。例如1951年11月北京市救济分会接管北京市儿童教养院，按照儿童的年龄、身体健康状况等，分别设立幼婴部、小学部、疗养部、残废部等部门，对于不同儿童给予不同程度、不同层次的抚育，[2]并按儿童年龄细化教养规则。

儿童福利机构的收养对象一般是无父母、无人抚养的孤儿弃婴。1958年北京成立北京市幼婴院，统一承办全市弃婴、孤儿接纳养育事务，由北京市民政局管辖。收容对象为本市居民捡拾的无主弃婴、确实无力抚养的烈军属直系子女，城区社会孤儿以及服刑罪犯和反革命分子家中确属无人抚养的子女。收容儿童入院一年后，确无亲友认领的，允许社会无子女夫妇

---

〔1〕《上海民政志》编纂委员会编：《上海民政志》，上海社会科学院出版社2000年版，第165页。

〔2〕北京市地方志编纂委员会：《北京志·政务卷·民政志》，北京出版社2003年版，第300页。

领养。

对孤儿弃婴的收容程序，一般不是社会收容，而是由公安机关转入。北京市福利院对孤儿弃婴的收容程序就有典型性。收容儿童主要由北京市各区公安机关转入，转入时须持居民捡拾证明、公安机关查找亲属证明、医院体检证明及北京市民政局收容调拨书。〔1〕

1. 福利院对一般孤儿的工作方针：教养并重

对于6周岁以上的一般孤儿实行教、养并重的方针，但不同历史阶段在“教”和“养”方面的着重点有所不同。

新中国成立之初，儿童福利事业单位对孤儿一般实行教养并重，既要养育，也要教育。1952年规定：“对一般的小偷、孤儿，可收容教育，并组织轻微劳动，对已收容的，应采取教、养并重的方针，一般的可培养到小学毕业，然后学习技艺，个别有发展前途的可助其升学。在教养期间，劳动时间不应过长，以免影响儿童的身心发育。”这时对一般孤儿要求不但要“养”，还要“教”，这里所提的“教”不但指对孤儿进行文化教育，也包括进行纪律教育、思想教育、劳动教育，而且新中国成立初期在福利机构中纪律教育、思想政治教育、劳动教育等更被强调和重视。1954年北京市民政局和北京市救济分会在接管母佑儿童工艺院过程中，对学生非常强调爱国主义教育，由很多新的干部去担任各班语文、历史、地理等课程的教员，还对儿童进行反对帝国主义的爱国主义教育。〔2〕内务部对年龄较大的孤儿也提出参加生产劳动的要求，实行半工半读，要求对他们进

〔1〕 北京市地方志编纂委员会：《北京志·政务卷·民政志》，北京出版社2003年版，第301页。

〔2〕 李小尉：《新中国建立初期的社会救助研究》，社会科学文献出版社2012年版，第259页。

行劳动教育以培养其劳动观念和自食其力的能力。很多地方儿童福利机构均实行半工半读的形式以加强劳动教育。北京市儿童福利机构对于有劳动能力、身体健康的儿童，“试行了半工半读，使文化教育与劳动教育相结合，以养成儿童们爱劳动的习惯”。[1]为了增强儿童的劳动观念，北京的儿童福利机构举办了儿童的“劳动成绩和文化成绩展览”，也举办过庆祝六一儿童节的联欢活动。[2]浙江省民政厅也规定，对儿童的教养应在可能条件下实行半工半读，按小学课程内容进行文化教育，在不影响儿童身心发育的前提下，组织他们参加适合儿童体力的劳动，以培养他们的优良品质、劳动观点和简单的生产技能。[3]

1956 年进入社会主义建设时期后，国家更为重视对孤儿的文化教育。1959 年民政部规定：认真贯彻“教育与生产劳动相结合”的方针，把儿童培养成为具有优良道德和一定文化水平的劳动者，对一般孤儿应进行正规的文化教育”。[4]这里特别强调对一般孤儿要施行正规的文化教育，与一般小学的教育方针相吻合，对文化教育更为重视。1963 年 3 月 21 日内务部和教育部联合发文《关于加强儿童福利单位的教育工作的联合通知》，通知指出，各地民政部门领导的儿童福利单位是救济性质的，也是儿童教育事业的一部分，但是由于师资缺乏，教师业务水平低，教学质量很差。为加强儿童福利单位的教育工作，通知还强调：第一，充实教师力量，提高教师政治、业务水平；第二，加强教学业务的领导；第三，妥善安排教育改造好的顽劣

---

〔1〕“整顿生产教养工作总结报告”，北京市档案馆：14-2-47。

〔2〕“北京市救济分会三周工作汇报”，北京市档案馆：14-2-48。

〔3〕浙江省民政厅：《浙江省民政志》，中国社会出版社 1994 年版，第 219~220 页。

〔4〕崔乃夫：《当代中国的民政》（下），当代中国出版社 1994 年版，第 234 页。

儿童的复学问题。[1]

大多数福利机构自身举办教育事业，在内部对学龄儿童进行文化教育。大多数被收养的儿童能在福利机构内部接受相当于小学程度的教育。上海市儿童福利院从20世纪50年代开始就对收养在院的儿童按照教育部门制定的教学大纲，施以正规小学所设课程教育，有的还设初中课程。20世纪60年代开始，根据伤残儿童占在院儿童绝大多数的特点，开始进行特殊教育。上海市儿童福利院还自编教材，自制教具，对儿童施以形象教育。[2]江苏省福利院对学龄儿童按教育部颁布的教学计划和一般小学的教育内容进行教育，保证他们能受到相当于小学毕业程度的文化教育。浙江省对儿童的教养也实行在可能条件下半工半读，按小学课程内容进行文化教育。杭州市儿童福利院对儿童除加强思想、品德和纪律教育外，按年龄、文化等不同情况编班，授以普通小学课程，成绩优秀有培养前途的，小学毕业后继续升学，学费及生活费由院方负担。从1949年到1956年有37名儿童升入中学。[3]

随着儿童福利事业单位越来越重视教育，有的福利机构帮助将学龄儿童送到教育部门举办的学校就读。有的地区专门设立了针对孤儿入学的学校，如一些省市的民政部门积极兴办孤儿职业教育，为孤儿就业开辟了广阔前景。吉林省孤儿职业学校于1956年建校，已培养各族孤儿达2500多名，毕业后他们走上了各种不同的岗位，其中18名孤儿还上了大学。[4]

---

〔1〕 民政部编:《民政部大事记（1949–1986）》，内部资料1988年版，第202页。

〔2〕 《上海民政志》编纂委员会编:《上海民政志》，上海社会科学院出版社2000年版，第166页。

〔3〕 杭州市民政局:《杭州民政志》，内部发行1993年版，第213页。

〔4〕 崔乃夫:《当代中国的民政》（下），当代中国出版社1994年版，第243页。

满15岁的孤儿一般由福利机构介绍职业，根据儿童自愿情况去参加工作，如处理不好或发生其他问题时，则将儿童接回另行介绍就业。福利院出去的孩子进入了各行各业工作，并成为社会主义建设的有用人才。杭州市儿童福利院对不能继续升学的，由院方联系安置到国营企事业、工厂、农场工作，或参加解放军。从1949年到1961年共安置179名，其中参军9人，参加国家机关工作的6人，有残疾的安排到福利生产单位。[1]据1984年统计，乌鲁木齐市儿童福利院在新中国成立后的35年间共收养孤儿1000名，已先后分配就业的有800多名，其中有的当教师、医生、工人、营业员、会计员。喀什市儿童福利院在新中国成立后的35年间收养维吾尔族孤儿2867人，已安置就业的达2773人。[2]

2. 福利院对婴幼儿的工作方针：以保育为主，进行适当教育

这里的婴幼儿指的是6周岁以下的儿童。20世纪50、60年代社会上出现一批6周岁以下的被父母遗弃的弃婴和无家可归、无依无靠、无人抚养的婴幼儿。对这些6周岁以下的弃婴、孤儿等，一般集中到生产教养机构中的育婴（幼）机构收养，并将婴幼儿与大龄儿童、其他人员分开抚养。

从收养程序上看，这些婴幼儿大都由街道居委会协助派出所送入婴幼儿福利机构，由院方办理登记接收手续，并与当地公安派出所和粮食部门联系办理户口登记及粮油供给关系。

育婴（幼）机构给这些弃婴孤儿提供保育、医疗卫生、教育等服务，实行以保育为主、进行适当教育的工作方针。北京市将6岁以下儿童集中在育婴堂，增加保姆，改善营养，加强

〔1〕杭州市民政局：《杭州民政志》，内部发行1993年版，第213页。
〔2〕崔乃夫：《当代中国的民政》（下），当代中国出版社1994年版，第243页。

保育工作，进行幼稚教育，向正规托儿所发展。

对婴幼儿实行以“保育为主”的工作方针，就是要养好孩子，保证他们身心健康、发育正常。1962年内务部规定：“应着重抓好保育工作，首先是把孩子养好，要调剂好生活，做好卫生保健工作，其次是教育好，要参照一般幼儿园的做法进行学前教育。”〔1〕如北京市幼婴院实施“保、教、养”三结合，以保为主，寓保于教和寓教于保的保育方针。〔2〕浙江省对婴儿以保育为主，使他们身心健康，发育正常，对幼儿施以体、智、德、美全面发展的教育。

由于婴幼儿年龄小、体质弱，各育婴（幼）机构特别注重其饮食营养，在伙食供应标准上一般实行“婴儿高于幼儿、幼儿高于儿童、儿童高于青壮年和残老”的原则。〔3〕1951年，上海市救济分会特邀营养促进会的专家，为圣母院育婴堂的婴幼儿童拟定最低营养标准和衣着等生活必需品使用发放标准。随着城市居民生活水平不断提高，婴幼儿生活供给标准也会适时进行调整。具体的伙食标准，各地因条件不同而有不同。如北京市一般每月供应鲜牛奶40磅、豆浆10磅、大米或麦粉2斤、蛋10个、糖15两、油2两。〔4〕1951年5月，广州市圣婴育婴院有1个医生、1个护士、6个保姆、6个助理员负责护理他们。医生、护士每日检查婴儿健康情况，按婴儿不同的年龄体质分别供给饮食，建立了护理制度。同时又设立病婴室，隔离病婴，

〔1〕 崔乃夫：《当代中国的民政》（下），当代中国出版社1994年版，第235页。

〔2〕 北京市地方志编纂委员会：《北京志·政务卷·民政志》，北京出版社2003年版，第301页。

〔3〕 高冬梅：《新中国成立初期中国共产党社会救助思想与实践研究（1949–1956）》，人民出版社2009年版，第193页。

〔4〕 北京市地方志编纂委员会：《北京志·政务卷·民政志》，北京出版社2003年版，第301页。

以防止疾病传染。[1]

总体来看，儿童福利机构是比较关注婴幼儿的生活水平的。但是被收养的婴幼儿的生活水准到底怎样呢？以北京市、黑龙江省、杭州市为例进行具体分析。

北京市幼婴院儿童生活费由政府拨给。1957 年幼儿每人每月 13 元，大、中婴儿每人每月 16.50 元，小婴儿每人每月 20 元，1965 年伙食费每人每月平均增加 13.50 元。[2]对照全国城镇居民的消费水平来看，1957 年年平均消费水平是 205 元，合平均每月 17.08 元；1965 年年平均消费水平是 237 元，合平均每月 19.75 元。[3]而 1957 年每月伙食费幼儿为 13 元，大中婴儿的为 16.50 元，都低于全国城镇居民消费水平的 17.08 元，只有小婴儿的消费水平略高于全国城镇居民消费水平。1965 年每人平均增加 13.5 元后，幼儿和大、中婴儿，小婴儿每月的伙食费依次为 26.5 元、29.5 元、33.5 元，均高于全国城镇居民的平均水平 19.75 元。可见，1957 年北京市幼婴院的大部分儿童的生活费水平低于全国城镇居民，但到了 1965 年，则普遍高于全国城镇居民。

黑龙江省儿童教养院 1954 年底收容孤儿 384 名，其供给标准（包括伙食费和服装费）是：3 周岁以下儿童每人每月 10 元，3 周岁以上儿童每人每月 8 元。按在院人数由省民政厅按年度下拨救济事业费，由教养院统一使用。对照全国城镇居民的消费水平来看，1952 年年平均消费水平为 148 元，合平均每月 12.33

---

〔1〕“经我救济分会接办后广州圣婴育婴院儿童过着幸福生活”，载《人民日报》1951 年 5 月 31 日。

〔2〕北京市地方志编纂委员会：《北京志·政务卷·民政志》，北京出版社 2003 年版，第 301~302 页。

〔3〕国家统计局：《中国统计年鉴》，中国统计出版社 1985 年版，第 552 页。

元；1957年年平均消费水平是205元，合平均每月17.08元。可见黑龙江省儿童教养院的儿童消费支出远低于全国城镇居民消费水平。

杭州市人民保育院的经费开支均列入国家财政预算，在民政救济福利事业费项目中列支。从1949年到1963年杭州市共计开支经费70.34万元，其中儿童给养费38.10万元，平均每年支出2.54万元。杭州市人民保育院婴幼儿的给养标准，在解放初与工作人员供给制相同，1953年伙食标准改为工资分计算，每人每月折合人民币10元左右。[1]对照全国城镇居民的消费水平来看，1952年年平均消费水平为148元，合平均每月12.33元；1957年年平均消费水平是205元，合平均每月17.08元。由此可以推算出杭州市人民保育院婴幼儿的生活水平是低于全国城镇居民的，是1952年城镇居民平均消费水平的81%。

总体来看，各地儿童福利院的消费支出大多低于全国城镇居民的平均生活水平，而且婴幼儿的生活标准普遍高于一般孤儿、大龄儿童的生活标准。由此可以推断，一般孤儿、顽劣儿童等生活标准更低。

育婴机构对收养的婴幼儿进行适当的教育。大多数育婴机构能参照一般幼儿园的做法，对婴幼儿进行学前教育。江苏省对收养的婴儿在一定月份后，进行感官教育，通过日常生活、游戏、作业等活动，对幼儿施以德智体美教育。杭州市儿童福利院在教育上，对在院幼儿按年龄分为大、中、小班，由经过保育训练的保教人员进行幼儿教育。中国人民救济总会广州分会接办后的广州市圣婴育婴院有79个婴儿，“二三岁的孩子已有了足够的玩具。工作人员每天给大孩子上课，教他们唱歌跳

[1] 杭州市民政局：《杭州民政志》，内部发行1993年版，第213页。

舞和阅读儿童读物”；“大孩子们已学会扭秧歌，会唱《东方红》”，“他们经常被带到各学校去参观”。[1]

另外，20世纪50年代末期由于三年自然灾害、“大跃进”错误等影响，全国各地社会上的弃婴一度增多，为此各地福利院进行了反弃婴斗争，采取措施要求弃婴户领回弃婴。如1958-1961年，江苏省弃婴现象比较严重，1958年部分地区弃婴增多，全省收容弃婴5566名，其中以无锡、常州、南通、苏州等地区最多。其特点是：下半年收容量大，男婴比例上升，有的占20%~30%；遗弃的不仅有婴儿，且有2、3岁的幼儿；弃婴地区由过去一般是长江两岸，扩大到一向无弃婴的徐淮地区。据调查，弃婴的原因主要是：长江沿岸弃婴恶习较深，少数人怕影响经济收入，把抚养孩子的义务当成额外负担；重男轻女思想影响，丢弃女婴，再生男孩，弃婴中的女婴在70%以上；非婚生子女或因离婚、产妇病重，而遗弃婴儿；婴幼儿先天性缺陷或患严重慢性疾病，难以治疗；人民公社化运动中少数人误认为“今后一切都归公了，连孩子也是公家的了，反正今后有人养老”。面对弃婴大量增加的状况，无锡、常州等地由民政、卫生、监察等部门干部和医务人员，组成反弃婴工作小组，深入群众进行宣传教育，查处弃婴户，令其领回。同时，加强育婴院的政治思想工作和医疗护理工作，增加设备和护理人员，建立工作制度。1959年1月20日，中共江苏省委转发了省民政厅党组《关于弃婴收容抚养工作情况的报告》，指出：在发生弃婴的地方，应该注意向群众进行反对弃婴的宣传教育；通过这一工作，还可以从另一角度了解我们实际工作中存在的某些问题，

---

〔1〕“经我救济分会接办后广州圣婴育婴院儿童过着幸福生活”，载《人民日报》1951年5月31日。

以便于在领导上改进工作，并逐步有效地消灭弃婴现象。[1]常州市婴幼院将反弃婴作为主要任务之一。院方工作人员根据各种特征寻找线索，有目的地与各有关部门联系，寻找弃婴的亲生父母，令其收回。1957 年至 1965 年，反弃婴领回数为 464 名。[2]

3. 对流浪儿童和顽劣儿童的工作方针：强化劳动教育和纪律教育，辅以文化教育

新中国成立初期，旧社会遗留下的一批染有不良习气的流浪儿童、顽劣儿童，成为威胁社会治安的不稳定因素。对这些 7 岁以上的流浪儿童、有不良习气的儿童等的收容和教育工作，一般由各地的儿童教养院进行，并且一般不直接进行社会收容，而是由公安机关报送。如 1962 年 12 月北京市建立正式的收容机构——北京市儿童教养院，收容定额为 100 名。该院专门收容本市 7 岁至 14 岁的社会孤儿、无家可归的“四类分子”（地主、富农、反革命、其他坏分子）的子女和流浪乞讨、屡教不改的顽劣儿童，统由北京市公安机关报送，不直接办理社会收容。[3]上海市针对社会上顽劣儿童增多、危害社会治安的情况，1963 年 4 月重建上海市儿童教养院，收容对象是：市区常驻户口中无依无靠到处流浪或有家不归、乞讨成性、街道无法安置的少年儿童；外来自由流动人口中无家可归或屡遣屡返、其原籍又无法安置的流浪儿童；常住人口中顽劣成性、家庭无力管教，而其所在地区的工读学校又确实一时无法收容的少年儿童。到 1964 年 7 月上海市儿童教养院收容入院的儿童增加到 183 人，年龄在

---

〔1〕 江苏省地方志编纂委员会：《江苏省志·民政志》，方志出版社 2002 年版，第 611~612 页。

〔2〕 江苏省常州市民政局：《常州民政志》，内部发行 1991 年版，第 169 页。

〔3〕 北京市地方志编纂委员会：《北京志·政务卷·民政志》，北京出版社 2003 年版，第 302 页。

9~15岁左右，到1966年5月先后收容了523名顽劣儿童。

流浪儿童和顽劣儿童被教育改造好后，由家长领回，无家可归、无人抚养的，成年后由民政部门安置劳动就业。北京市儿童教养院实行这样的规则：儿童恶习改正后由家长接出自行安排，不愿接回家的和年满15岁的孤儿，转入北京市民政局所属农场参加劳动或安置就业。[1]江苏省规定：流浪儿童、顽劣儿童已经教育好的或其家庭可以管教的，处理回家；属于刑满释放就业的刑事犯罪、反革命犯罪和劳教分子的子女，由其家长接回自养；无家可归、无人抚养的，留院教养，成年后安置劳动就业。

流浪儿童、顽劣儿童被收容后在福利单位的生活费用，有父母的，由家庭承担；家庭困难的可以酌情减免；孤儿的生活费则由国家财政经费支出。1962年作为收容流浪的正式收容机构——北京市儿童教养院建立，收容儿童在院的生活费，除孤儿由国家供给外，其他均由儿童家长担负，生活困难的由户口所在街道证明后酌情给予减免，自付费用标准为每人每月伙食费8元、服装费3元、医药费1元、杂费2元，总计每月14元。[2]江苏省也规定，流浪儿童和顽劣儿童收容后，有父母的，其生活费用由家庭负担；家庭经济困难的，可酌予减免；无人抚养的孤儿和有其他特殊原因不能负担生活费的，由国家社会救济费解决。

对流浪顽劣儿童实行强化劳动教育和纪律教育、辅以文化教育的工作方针。福利机构收养的流浪儿童、顽劣儿童，大多染有不良习气，曾有过乞讨、偷、抢等违规违法行为。1948年

---

〔1〕 北京市地方志编纂委员会：《北京志·政务卷·民政志》，北京出版社2003年版，第302页。

〔2〕 北京市地方志编纂委员会：《北京志·政务卷·民政志》，北京出版社2003年版，第302页。

12月河北石家庄市教养院收容儿童77人，“一部分是在外边的流浪儿童（要饭的）……另一部分为小偷，如刘锁柱等七八个小偷，因为他们年岁大些，要饭要不上，被迫只好偷东西（煤、木板、包袱、抢腰包）”。〔1〕

对于这些染有不良习气的流浪儿童、顽劣儿童，民政部要求福利机构强化对他们的劳动教育和纪律教育、辅以一定的文化教育，并不断出台工作方针。1951年内务部规定：“对流浪儿童应教养兼施，而以造就劳动技能为主。”1953年确定：“对染有恶习的流浪儿童，应加强思想教育、劳动技艺教育和纪律教育。”这些规定都强调对流浪儿童和顽劣儿童的劳动教育和纪律教育。20世纪50年代末期则开始提出进行适当的文化教育。1959年内务部规定：“对顽劣儿童应以品德纪律教育和劳动教育为主，并要注意应有的文化教育”，“改造顽劣儿童和改造成年游民不同，顽劣儿童只要有悔改表现，就应允许其出院，以后的教育由家庭和学校负责进行，教育时间一般的以一年左右为宜”。1963年规定，对流浪儿童“要以政治思想教育为主，结合进行文化教育和劳动教育，使他们成为对社会主义建设有用的劳动者”。〔2〕

北京市儿童教养院对有不良习气的儿童的管理教育以“通过劳动、学习和政治思想教育，改造他们的恶习，培养他们的良好品德，并提高文化和增加儿童的生产知识”为宗旨。〔3〕江苏省对流浪、顽劣儿童的教养，实行半工半读，给以初等文化教育，特别加强品德纪律教育和劳动教育；消除游堕习气和其

〔1〕 石家庄市民政志编纂委员会编：《石家庄市民政志》（公元前1200年–公元1991年），中国社会出版社1993年版，第363页。

〔2〕 崔乃夫：《当代中国的民政》（下），当代中国出版社1994年版，第234~235页。

〔3〕 北京市地方志编纂委员会：《北京志·政务卷·民政志》，北京出版社2003年版，第302页。

他恶习，培养优良品质，提高思想觉悟，树立劳动观念，学习简单的生产技能。[1]

上海市儿童教养院对收容入院的流浪儿童、顽劣儿童，院方采取“管、教、带”和院方、家庭、社会三结合的方法，进行管理与教育。教师与儿童同住、同吃、同劳动、同娱乐，因人施教，感化儿童。通过教育和改造，多数儿童有明显转变，从自由散漫转变成爱集体、守纪律；从打人骂人转变成团结友爱；从捉弄老师转变成尊敬师长；从好逸恶劳转变成愿意劳动；从偷窃扒拿转变成拾金不昧。对于上海市儿童教养院教育争取下一代的经验和做法，内务部给予了充分的肯定，并将其经验转发全国各地民政部门。1964 年，上海市儿童教养院被评为“上海市红旗单位”，当时上海和外地单位到上海市儿童教养院参观学习的，最多时每周达 5000 多人次。

长春、哈尔滨两市劳动（抚育）小学，根据所收容的孤儿们的不良恶习，要求工作人员在教养他们时，“不仅是文化科学知识的传授者，又是思想、品质的改造与铸造者和儿童的保育者”，加强“爱祖国、爱人民、爱科学、爱劳动、爱护公共财物”的品德教育，不仅使儿童“身体正常发育提高健康水平”，注意对孩子的“医疗卫生”问题以及“正常生活习惯的规范”，也要“克服其沾染的恶习，培养成良好的生活习惯和品德”。[2]

从实际情况来看，突出劳动教育和纪律教育，有利于引导流浪儿童和顽劣儿童树立法律和纪律观念，帮助他们通过劳动、技艺的训练，克服身上那种强讨恶要的不良习气，使他们成为

---

〔1〕江苏省地方志编纂委员会：《江苏省志·民政志》，方志出版社 2002 年版，第 616 页。

〔2〕中国人民救济总会东北区办事处：《关于孤儿教养工作的几点经验》，北京市档案馆：196-2-24。

自食其力的劳动者。但是，过于强化劳动教育和纪律教育，弱化文化教育，不利于儿童学习文化知识和身心健康成长。另外，北京市儿童教养院、上海市儿童教养院和其他一些儿童教养院把一般孤儿和顽劣儿童安置在一起进行教养，容易给一般孤儿的成长带来不良影响。

4. 对于残疾儿童的工作方针：养、治、教相结合

自20世纪50年代开展婴幼儿领养工作以来，健康婴幼儿大部分被人领养，长期留在儿童福利院的大多为残疾儿童。如1964年底，在杭州市儿童福利院内的91名婴幼儿童中，残疾的有47名，占51%。

20世纪60年代初期，民政部门对残疾儿童提出了“养、治、教相结合”的工作方针。1961年颁布规定：“对于残疾儿童要做好抚养、治疗、教育等工作。首先应做好抚养工作，以促进他们的身体发育，使他们增强体质。”〔1〕福利院一般把抚养好残疾儿童、保障他们的生存、减少死亡率作为首要工作。1961年江苏省提出，对婴幼儿的保育，要突出解决1周岁以内的婴儿养得不好、发育不正常、死亡率高的问题，加强保育人员的思想政治工作，抓好保育、医疗、物质供应等具体工作。〔2〕杭州市人民保育院对重病婴幼儿派专人护理，或送医院治疗，尽量减少婴幼儿的死亡。

国家所提出的“养、治、教”方针，也强调在“养”的基础上开展“治”和“教”，新中国成立后政府曾尝试对残疾儿童开展适当的特殊教育和康复工作等，1952年国家规定：“残疾

〔1〕 崔乃夫：《当代中国的民政》（下），当代中国出版社1994年版，第236页。

〔2〕 江苏省地方志编纂委员会：《江苏省志·民政志》，方志出版社2002年版，第612~613页。

或低能儿童应设法予以特殊教育”。[1]但是受限于当时社会经济水平低下的状况，当时仍然很难把残疾儿童的康复工作、特殊教育工作等在全国进行推广，也很难形成规范的制度加以实行，只有某些地方福利院初步尝试了对伤残儿童的康复工作实践。

20世纪50年代起江苏省民政部门即配合卫生部门对收养的伤残儿童进行病理研究，通过矫形护理措施，帮助其康复或减轻残废程度。无锡市婴幼院请上海新华医院、无锡市第一人民医院进行手术矫治，并配合心理疗法，使52名残疾儿童恢复了健康。1959年为了便于照顾和解决伤残儿童的教养问题，在苏州市儿童教养院内试办了一个残疾儿童教养班。[2]

北京市幼婴院也实施“保、教、养”三结合的方针，实行以保为主、寓保于教和寓教于保的保育方针，对残病儿童如脑积水、上腭裂、兔唇、脊椎裂、脊部膨出等实施院外医治、院内护养，采取合理喂养、语言开发、智能训练、肢体运动、残体康复和卫生防病等措施，以促进儿童的体智力恢复和发展。[3]根据收容的伤残婴幼儿童增多的情况，1962年以后上海市儿童福利院的工作重点开始转移到做好伤残儿童的护养工作上来，在实践中，探索总结了“养、治、教”工作法。上海儿童福利院收养的因肢体和智力残缺而不具备领养条件的婴幼儿童，抚养至16岁以后，多数转到上海市第二社会福利院继续由国家供养，另有部分由福利企业安排参加劳动生产。[4]

---

〔1〕 崔乃夫：《当代中国的民政》（下），当代中国出版社1994年版，第236页。

〔2〕 江苏省地方志编纂委员会：《江苏省志·民政志》，方志出版社2002年版，第614页。

〔3〕 北京市地方志编纂委员会：《北京志·政务卷·民政志》，北京出版社2003年版，第302页。

〔4〕《上海民政志》编纂委员会编：《上海民政志》，上海社会科学院出版社2000年版，第165页。

第二类，社会化方式——福利院外托养和领养。

托养又称寄养，是指福利院把儿童尤其是婴儿托付给某些家庭抚养，由福利事业单位付给报酬、支出经费，婴儿的衣着、治病费用等均由福利院负责。把婴幼儿托养给院外家庭，这种方式有利于对婴幼儿的哺乳和抚育。

新中国成立初期多个地区采取了对孤儿弃婴进行托养的方式，并且对托养采取的措施进行监控、以保证托养的质量。例如江苏省对婴幼儿在有利于哺乳和抚育的条件下，除内育外，将一些婴幼儿分散到郊县群众中托养，为保证外育质量，经常进行巡回检查，必要时逐步由农村转入市区托养或收回内育。〔1〕杭州市对新收养的婴儿也采用院外托养和院内人工喂养的方法。1952 年杭州市制定《杭州市人民保育院托养婴儿规则》，规定凡接受托养婴儿的奶娘须取得当地政府、公安派出所的证明，确无两个婴儿吃奶方得托养，托养奶娘定期抱婴儿来院检查。杭州市人民保育院还对院外寄养的婴幼儿，由干部和医务人员定期进行逐户走访，检查婴儿喂养状况，有病的及时给与治疗，对寄养不尽责的或奶娘患病的则予以调换。〔2〕杭州市的托养工作到 1961 年人民公社化后停止，婴儿全部由院内人工喂养。

1949 年到 1954 年间，江苏省常州市的社会孤儿和弃婴先由常州市政府民政科组织收容，再由生产教养院委托城乡家庭妇女抚养，所需经费由国家承担。〔3〕山西省大同市生产教养院也以家庭寄养为主要育婴方式。大同市生产教养院（后来更名为大同市社会福利院）于 1949 年 9 月 1 日成立，“附属育婴育幼

〔1〕 江苏省地方志编纂委员会：《江苏省志·民政志》，方志出版社 2002 年版，第 611 页。

〔2〕 杭州市民政局：《杭州民政志》，内部发行 1993 年版，第 214 页。

〔3〕 江苏省常州市民政局：《常州市民政志》，内部编印 1991 年版，第 167 页。

所一处，设所长一人，看护员一人，专门收容不愿自养之男女婴孩雇乳抚育，月支经费小米2000~3000斤，由院开支”，大同市生产教养院的家庭寄养工作自此正式开展。[1]此后，大同市生产教养院的家庭寄养工作管理日趋规范，1964年建立了外育婴儿档案。大同市社会福利院一直持续实行家庭寄养模式，1954年来“有1500多位乳娘为大同市社会福利院哺育了7000余名孤残儿童，其中3828人被领养，463人寻到亲生父母，1470人就业，形成了比较成熟的家庭寄养模式”。[2]

领养是指一些家庭从福利院把孩子领回家里，当作自己的子女抚养，新中国成立后中国政府允许儿童福利机构收养的儿童由有抚养能力的居民领养。根据民政部的规定：孤儿、弃婴和被遗弃的儿童、长期查不出家属下落的婴幼儿童、无其他亲属抚养的被判无期徒刑的案犯子女、家属无力抚养并愿意给他人领养的婴幼儿等可由有抚养能力的居民群众领养。被领养儿童回到家庭中可以得到家庭的温暖，有利于儿童身心健康的发展。新中国成立后福利院中大量孤儿、弃婴和被遗弃的儿童被其他家庭领养，1956到1966年社会主义建设时期全国就有4万多名婴儿被领养。[3]

弃婴孤儿被领养的程序，一般是发现弃婴后，由群众送当地公安派出所或街道办事处，再转送保育院。弃婴入院后，要经过医生对其的体格检查并隔离观察后，再送入婴儿室，病婴应即进行治疗或抢救。婴幼儿收养后，查明有父母或有亲属可以抚养的，均通知家长领回，或由院方送回，确系无家可归的

[1] 刘汉山：“家庭寄养是孤残儿童的最佳养育模式”，载《社会福利》2003年第10期。

[2] 刘汉山：“家庭寄养是孤残儿童的最佳养育模式”，载《社会福利》2003年第10期。

[3] 崔乃夫：《当代中国的民政》（下），当代中国出版社1994年版，第212页。

健康婴幼儿，鼓励社会无子女家庭领养。各地儿童福利院收养的弃婴孤儿大部分被领养。

江苏省 1955 年全省儿童教养单位和其他生产教养院新收容孤儿 550 人，弃婴 2857 人，动员群众领养孤儿 2725 人。[1] 1953 年至 1956 年，浙江省全省共收养残老、儿童、弃婴、游民乞丐、精神病人 8661 人，经教养后回家参加生产的有 4196 人，被领养出院的有 1405 人。[2]

为了规范孤儿弃婴的领养工作，各地相继制定了领养规则。如杭州市 1952 年制定了《杭州市人民保育院领养儿童规则》，凡确系无亲生子女者，领养后作为子女抚养的，在取得医院和有关部门的证明后可以领养。从 1951 年到 1963 年，杭州市共收养弃婴、幼儿 2366 人（包括 1953 和 1954 年，杭州市先后接受安徽省芜湖地区受灾后的弃婴两批共 164 名，由杭州儿童院接收抚养）。其中：由父母或家长领（送）回家的 481 人，占总数的 20.3%；陆续领养的 1420 人，占 60%；被遗弃的重病婴儿和肢体畸形婴幼儿经医治无效死亡的 143 人，占 6%。杭州市自 20 世纪 50 年代开展婴幼儿领养工作起，健康婴幼儿大部分被人领养。[3]

上海市儿童福利院一直在施行儿童领养方式，并且不断完善领养办法。1953 年 4 月 10 日，上海市救济分会制定了《婴幼儿童领养试行办法》。1958 年 3 月 26 日，上海市民政局制定了《关于修订婴幼儿童领养办法（草案）》，规定准予领养的婴幼儿童是：孤儿、弃婴和被遗弃的儿童；长期查不出家属下落的

〔1〕 江苏省地方志编纂委员会：《江苏省志 · 民政志》，方志出版社 2002 年版，第 610 页。

〔2〕 浙江省民政厅：《浙江省民政志》，中国社会出版社 1994 年版，第 220 页。

〔3〕 杭州市民政局：《杭州民政志》，内部发行 1993 年版，第 214 页。

婴幼儿童；无其他亲属抚养的被判无期徒刑的案犯子女；家属无力抚养并愿意给他人领养的婴幼儿。据不完全统计，上海解放后到 1958 年，共有 10 577 名在院的婴幼儿先后被领养出院。〔1〕

20 世纪 50 年代末、60 年代初，为解决市儿童福利院人满为患的问题，上海市民政局抽调机关工作人员，协助市儿童福利院开展领养工作。弃婴收养入院后，按年龄、性别、健康等情况分类登记造册，拟定领养方案。与此同时，派员分赴东北、西北、华北等地，动员当地群众到上海领养弃婴。遗弃婴幼儿最多的江苏省和安徽省的有关部门，委派专人到上海协助做好弃婴的甄别工作。经过多方的共同努力，1960 年先后共有 7621 名在院的婴幼儿相继被领养出院，年末留院人数降至 906 人；1961 年又有 2068 名婴幼儿被领养出院，年末在院婴幼儿减少到 526 人。1959-1964 年，共有 14 092 名婴幼儿被领养出院。自上海解放初到 1997 年，约 3 万名婴幼儿先后被领养出院。〔2〕

1962 年开始，由于弃婴中体残和智残者所占比例逐年上升，健全婴幼儿逐年减少，1963 年 6 月 12 日，上海市民政局规定，除英雄、模范等少数特殊人物外，上海的一般居民群众不再给予领养资格。1965-1969 年，有 1996 名婴幼儿被领养到外地。

综上所述，新中国成立以来党和国家重视和关怀儿童福利事业，儿童福利事业获得了较大的发展，所收养儿童的数量、儿童的生活质量比新中国成立前都有了较大的进步，新中国成立后儿童福利事业取得了巨大的成就，但还有一些不足。例如

〔1〕《上海民政志》编纂委员会编：《上海民政志》，上海社会科学院出版社 2000 年版，第 164 页。

〔2〕《上海民政志》编纂委员会编：《上海民政志》，上海社会科学院出版社 2000 年版，第 164 页。

所收养儿童生活水平较低，对残疾儿童的康复治疗工作还没有普遍推开，对儿童的文化教育工作还有待规范和广泛发展。

第一，一方面民政部门在大中城市创办了一批儿童福利机构，如儿童福利院、残疾儿童福利院等。尤其是在社会主义建设时期，民政部门最为重视儿童福利机构的举办，从福利单位的分类来看，其中儿童福利单位是举办数量最多的。1963 年召开的全国民政厅局长会议，专门规定："省、专区和大中城市民政部门应该办好儿童教养院，作为收容教育流浪儿童的场所"，使儿童收养量大幅增加。1964 年全国有 1528 个福利事业单位，其中儿童福利院 636 个，占比 41%。[1]可见当时政府非常重视儿童福利事业，重点发展儿童福利机构、增加儿童收养的数量。另一方面，政府整顿了外国宗教组织、社会团体和其他民间力量开办的孤儿院、育婴堂、救济院等儿童福利机构，取缔关闭了一些儿童福利单位，更多的是由政府接收过来并进行整顿。

第二，对城市里无依无靠、无家可归、无生活来源的"三无"孤儿弃婴以及残疾儿童进行收容收养，把他们安置到儿童福利机构，依靠国家拨款，为他们提供衣、食、住、医等基本生存保障，满足他们最基本的生活需要。总体来说，所收养儿童的生活水平还不高，一般低于城镇居民的生活水平。1962 年全国儿童福利院共计 772 个，收养儿童 6.5182 万人，1964 年全国收养人员 13.9994 万人，其中收养儿童 4.4788 万人，占比 32%。[2]

第三，对儿童实行"养、治、教"的方针，对不同年龄、不同行为状况的儿童养、治、教的重点不一样。对一般孤儿实

〔1〕 崔乃夫：《当代中国的民政》（下），当代中国出版社 1994 年版，第 211 页。
〔2〕 崔乃夫：《当代中国的民政》（下），当代中国出版社 1994 年版，第 211~233 页。

行教养并重的方针，开展了文化、劳动、思想等教育活动，使他们能够学习一定的文化知识和掌握一定的劳动技能。对婴幼儿以保育为主，进行适当的教育。但从总体来看，对儿童的教育工作还没有建立完善的制度、不够规范，教育的普及度和教育质量有待进一步地提高。对流浪儿童和顽劣儿童强化劳动教育和纪律教育，辅以文化教育，帮助他们克服不良习气。对残疾儿童提出了“养、治、教相结合”的方针，一些地方的部分福利机构尝试开展了康复治疗活动。但康复工作还没有普遍推开，没有广泛开展。

第四，除了在福利院集中收养儿童这种方式以外，20 世纪 50、60 年代还开展了社会化的方式，将儿童托养到院外家庭，或由其他家庭领养儿童，托养、领养等多样化的趋势表明在儿童福利事业的发展过程中采取社会化的方式是历史的必然选择，为以后向儿童福利社会化方向的发展奠定了重要基础。

第五，在福利制度建设方面，虽然《宪法》规定了儿童应该享有的基本权利，如生存权、被抚养权和继承权，使儿童的基本权益得到保障，也规定由民政部社会福利司主管儿童福利事务，同时对于孤儿弃婴的托养和领养，各地政府确立了相应的制度规则。例如 1952 年杭州制定了《杭州市人民政府保育院托养婴儿规则》，1958 年上海市民政局制定《关于修正婴幼儿童领养办法》，这些规则促进了儿童托养领养事业的规范化发展。但是，对于如何落实儿童的基本权利，一直没有系统的法规，没有建立专门的针对儿童福利方面的法律，也没有制定专门管理儿童福利的机构。儿童福利制度建设仍需进一步的完善和加强。

三、残疾人福利事业

残疾人是指在心理、生理、人体结构上，某种组织、功能丧失或者不正常，全部或者部分丧失以正常方式从事某种活动的能力的人。残疾人不但包括生理方面的残疾，也包括智力残疾、精神残疾等。精神疾病属于高致残疾病，目前我国已将精神疾病纳入残疾人管理范畴。因此，这里将残疾人福利事业分为精神病人福利事业和一般残疾人福利事业两类。

（一）精神病人福利事业

新中国成立后民政部门举办了一批精神病人福利机构，它同一般精神病院有所区别，其收治对象主要是无依无靠、无家可归、无经济来源的“三无”精神病患者以及革命残废军人、复员转业军人中的精神病患者，而一般不收治家庭条件好、有条件进一般精神病院、家庭有力照管的精神病人。民政部门举办的精神病人福利机构也是社会福利事业的一个组成部分。民政部门举办的精神病人疗养院既是病人的医治疗养场所，又是病人的收容安置场所。先治病，如果病治不好、无家可归或者家庭无力照顾的可以继续留院。对病人的医药费和生活费，属“三无”对象的，由民政事业负责开支；机关、企事业单位申请收容的职工，由原单位负责解决；家庭送院的自费病人由本人自理，家庭确无力负担的，可申请并经专区、市民政部门批准，给予减免一部分或全部。

民政系统精神病院的收治对象主要是“三无”精神病人，不同历史阶段民政部门对精神病人的管理方式、治疗情况等也有所不同。

第一阶段，1950–1957 年，这是精神病人福利事业的初建阶段，民政部门只是收治精神病人的协助者，对精神病人进行混合收容和看管。

从对精神病人福利事业的组织者来看，这一阶段精神病人福利事业的主管者是卫生部门，民政部门只是协助者，民政部门协助卫生部门对已治好的精神病人进行收容。这一阶段政府部门只在大中城市设置少量的精神病人收容所，主要收治城市中流落街头的“三无”精神病人。1954 年民政部发出《关于民政部门与各有关部门的业务范围划分问题的通知》，指出：“各革命残废军人学校、教养院以及生产教养院的精神病人，凡需治疗的，由卫生部门指定医院接收治疗。对一时不能接受治疗的精神病人由当地卫生部门责成附近的医院协助予以经常治疗。对已治好的精神病人，无家可归，生活困难者，由民政部门负责处理。”〔1〕通知指出由卫生部门主管精神病人的收容治疗工作，民政部门仅负责处理已治好的“三无”精神病人。1956 年国务院批转《湖北省人民委员会对精神病人的收容管理问题的请示》中规定：“为了便于对精神病人的治疗，精神病人的收容管理工作应当由各级卫生部门负责，其他部门协助……各级卫生部门对精神病人的治疗和收容管理工作，应当纳入整个工作规划之中，采取积极措施，适当增加现有精神病人住院的床位。在没有精神病人病院的省、自治区、直辖市，应迅速筹划建立。在扩建或新建精神病人病院时，不要盲目追求医院建筑的规模形式，而应当以满足对精神病人治疗的需要为主，以便争取在一定的时间内，由卫生部门把精神病人的收容管理工作全部接管过来。”〔2〕该文件再次表明，这一时期收治精神病人的工作任务主要由卫生部门承担，民政部门只是起到协助作用。民政部门的社会福利事业单位一般不收精神病人，要收也是根据国务院的批示精神，配合卫生部等部门的工作，只收那些无家可归、无依靠、无生活来源的精神病人。据统计，1956 年和 1957 年全国

〔1〕 民政部编：《民政部大事记（1949-1986）》，内部发行 1988 年版，第 108~109 页。

〔2〕 崔乃夫：《当代中国的民政》（下），当代中国出版社 1994 年版，第 244 页。

民政部门收养的“三无”精神病人分别为6681人和5448人。[1]

从民政部门对所收容精神病人的管理来看，是把精神病人和其他收容人员混合收容在一起。20世纪50年代初期，城市无家可归、无依无靠、无生活来源的精神病人多数是和残老孤幼混合收容在生产教养单位的。

从对精神病人的治疗康复原则来看，这一阶段精神病人福利机构缺乏对精神病人的医学治疗，主要是看管住精神病人。新中国成立初期，由于条件限制，精神病院对精神病人主要实行看管，对一些病情严重、正在发作、危害社会治安的精神病人，又称“武疯子”，还是交给公安部门实行封闭式的管制。1956年3月27日国务院对《湖北省人民委员会对精神病人收容管理问题的请示》的批复中规定：“对于病情严重而且对于社会治安有很大危害的精神病人，暂由公安部门负责收容看管。”

第二阶段，1958–1966年，是精神病人福利事业的发展阶段，这一阶段民政部门成为精神病人的重要收治单位，对精神病人进行分类收容与结合治疗。

1958年开始民政部门加强精神卫生工作，逐步扩大了民政部门对精神病人的收容范围。1958年召开全国第一次精神卫生工作会议。1959年民政部在湖北省沙市区又召开全国残老儿童教养及精神病人收容疗养工作现场会议，指出：“民政部门的精神病院应首先把革命残废军人、复员军人、退伍军人中的精神病患者收容起来，对无依无靠、无家可归、到处流窜、影响社会秩序的精神病人也应及时收容起来，对那些病情严重，本人家属无力看管而没有条件进医院治疗的病人，也可以收容。”[2]这是第一次明确规定，民政部门要收容“三无”精神病人，还

---

〔1〕 崔乃夫：《当代中国的民政》（下），当代中国出版社1994年版，第245页。

〔2〕 崔乃夫：《当代中国的民政》（下），当代中国出版社1994年版，第245页。

要收容军人中的精神病人、家属无力看管而没条件进医院治疗的精神病人。1960 年内务部又规定：对医院治疗无效、无家可归或者家庭无力照管的精神病患者，可以继续收容。1961 年再次规定民政部门收容的对象是：以收容无家可归到处流浪的精神病人为主，有条件的也可以酌情收容家庭无力照管的精神病人。[1]这一时期内务部的文件多次提出，民政部门不但要收治“三无”精神病人，也要收治军人中的精神病人和家庭无力管理的精神病人。

1959 年内务部在湖北召开的全国残老儿童教养及精神病人收容疗养工作的现场会议中，还明确提出民政部门要新建和扩充精神病院。此后各地民政部门根据当地的实际情况和湖北现场会议的要求，兴办了大批精神病院，精神病院的数量和收容的精神病人人数也大量增加。据统计，1958 年民政部门举办的精神病院有 86 所，收养精神病人 7985 人；1963 年有 202 所精神病院，收养精神病人 1. 7138 万人，1964 年有精神病院 199 所，收养精神病人 1. 6528 万人。[2]

从对所收容精神病人的管理来看，1956 年开始实行分类教养，精神病人陆续从教养单位分离出来，集中到专门的精神病人收容机构。尤其是 1959 年内务部在湖北召开的全国残老儿童教养及精神病人收容疗养工作的现场会议，再次明确要将精神病人分类收容教养。会议指出残老儿童教养、精神病人收容疗养的工作是社会福利性质，按照不同收养对象，调整福利机构，实行分类教养。根据会议“以精神病人较多的县、市或专区为单位，或几个县联合建立新的或扩充原有的精神病人疗养院”的指示，各地民政部门贯彻会议精神，快速建设了一批精神病

[1] 崔乃夫：《当代中国的民政》（下），当代中国出版社 1994 年版，第 245 页。
[2] 崔乃夫：《当代中国的民政》（下），当代中国出版社 1994 年版，第 245 页。

院，从而把精神病人从一般教养生产单位转移到专门的精神病人疗养院。例如，江苏省1956年分散在31个教养单位中的精神病患者有605人，为了对精神病人分类收容，南京、无锡市率先单独设立了精神病人收容机构，专门收容流浪社会的"三无"精神病人。例如，1959年江苏省人民委员会决定，全省7个专区各建一所精神病人收容疗养院，当年就建成6所精神病疗养院。〔1〕

这一时期一些精神病疗养院不再是单纯地收容、供养精神病人，还注意加强对精神病人进行康复治疗。1963年9月内务部、卫生部、公安部发出《关于对精神病人的管理和治疗工作的联合通知》，指出要加强对精神病人进行管理和治疗，各地卫生、民政、公安部门要密切协作，认真抓好以下几项工作："对于城市中病情严重，危害性很大的和无家可归、流浪街头的精神病人，应当积极收容治疗……加强对精神病人医疗管理工作的领导，办好现有的精神病院、精神病人疗养院，加强对医护人员的政治思想工作和业务教育，提高疗效。"〔2〕20世纪50年代后期，各地民政部门举办的一些精神病院逐渐实行开放式管理治疗，并尝试采取劳动、文化、娱乐、教育、药物等各种方法相结合的方式对精神病人进行康复治疗。

20世纪50年代后期江苏省民政部门的精神病院对精神病人实行劳动、文娱和治疗相结合的方针，按病人的体力、病状、心理特点、技术条件等，适当组织生产劳动，开展文娱活动，在治疗上采取中西医相结合的办法。除正在发作的病人外，一般实行开放管理，不关、不绑、不锁。按病情轻重、不同病型、男女性别，分别编组居住。医护人员经常与病人在一起，了解

---

〔1〕 江苏省地方志编纂委员会：《江苏省志·民政志》，方志出版社2002年版，第616页。

〔2〕 民政部编：《民政部大事记》（1949－1986），内部发行1988年版，第211页。

病人的病情和心理特点，掌握发病规律，有针对性地治疗、护理，随时提高警惕，防止发生事故。南京市祖堂山疗养院1955-1958年在院的530名精神病人中，痊愈好转的有205名，占38.6%。1958年6月20日，卫生部在南京召开全国首次精神病专业会议，交流推广该院采用工娱疗法促使精神病人康复的经验。1959年，江苏全省8所精神病疗养院，共收容精神病人937人，治愈出院115人，死亡55人，逃跑8人，其他离院43人，年终在院716人，有条件的疗养院还对外门诊。1960年江苏省民政厅在无锡召开会议，推广无锡、南京精神病疗养院实行的“药物、文娱、劳动”三结合的治疗经验。1960-1962年，全省收容精神病人2440人。1965年，将精神病疗养院改为精神病人收容所，并确定今后不再扩大，逐步取消对外门诊。1965年底，在院病人有1384人。〔1〕

黑龙江省海伦精神病疗养院在20世纪60年代初步开展了康复工作，创造了药物、劳动、娱乐、教育“四结合”疗法，使病人的身体素质、自理生活能力、精神面貌都发生了很好的变化，死亡率、外走率下降，临床治愈率不断上升。精神分裂症的治疗有效率达89%，1963年内务部向全国推广该院的经验。该院组织病人开展丰富多彩的文体活动，用以配合其他疗法，使病人在说说唱唱、跑跑跳跳中得到治疗。他们20多年一直坚持“每日两遍操、一日歌不断”，每年举行两次文艺汇演，一次体育运动会。全院有85%的病人常年参加文体活动，学会了做广播操；有45%的病人学会了“五禽戏”；有35%的病人能唱几十首歌；有65%的病人能登台演出。〔2〕

---

〔1〕江苏省地方志编纂委员会：《江苏省志·民政志》，方志出版社2002年版，第619页。

〔2〕崔乃夫：《当代中国的民政》（下），当代中国出版社1994年版，第247页。

总体来看，20世纪50年代后期以来民政部门对精神病人的收容工作管理更加规范，将精神病人从教养单位中分离出来，收治到专门的精神病院，并开始尝试对精神病人进行康复治疗工作，但是这种康复治疗工作并没有在全国普遍开展。改革开放前大部分精神病院还是停留在简单的收容、供养工作中。

（二）一般残疾人福利事业

1. 新中国成立后专门的残疾人组织相继成立

1953年中国盲人福利会成立，由中国人民救济总会领导。1955年11月国务院总理办公室发出《关于调整中国人民救济总会的组织和工作关系的通知》，提出将原由中国人民救济总会领导的盲人福利会划归内务部直接领导。有关盲人和聋哑人的教育工作由教育部负责。[1]中国聋人福利会于1956年成立。根据周恩来总理的指示，1956年5月盲人福利会和聋哑人福利会都由内务部领导。各省相继成立了盲人福利分会、聋哑人福利分会等，地级市则成立了地市级的盲人福利协会、聋哑人福利协会。例如，中国聋哑人福利会上海分会和中国盲人福利会上海分会于1957年成立。

1960年中国盲人福利会与聋哑人福利会合并成为中国盲人聋哑人协会。1960年5月第一届盲人聋哑人代表会议在北京召开，选举成立了中国盲人聋哑人协会，通过了协会章程。其后，地方的盲人协会和聋哑人协会也进行了合并，相继成立了省、市盲人聋哑人协会。例如，1961年中国聋哑人福利会上海分会和中国盲人福利会上海分会两个组织合并成为上海市盲人聋哑人协会。

这些残疾人组织是协助政府关心、扶助盲人和聋哑人的机

[1] 民政部编：《民政部大事记》（1949–1986），内部发行1988年版，第102页。

构，能更好地为盲人和聋哑人的福利服务，同时也为日后残疾人联合会的成立奠定了组织基础。这标志着我国残疾人事业的良好开端，代表着中国残疾人事业发展的方向。

2. 对残疾人的收养救济方针实行“以休养为主，给以必要的治疗和教育”

由福利院收容“三无”残疾者，本着以休养为主的精神，给以必要的矫形治疗和思想教育，并按其不同的残废情况，适当地组织力所能及的轻微生产活动，以促进残废人员的身心健康和增加其生活乐趣。对残疾人的收容范围，主要收容“三无”残疾人员，但并不收容有家庭的、有依靠的、有劳动能力的残疾者。1960 年北京市制定了《北京市残废者福利院收容暂行办法实施细则》，对残疾人收容的范围进行了规定：凡具有本市户口，3 周岁以上，因生理和疾病原因造成瘫痪，而不能自理生活者；因脑及其他神经机能遭到破坏致残，生活必须由他人照管者；失去劳动能力，不能行动，不能自理生活的残废者；被遗弃在社会的残废儿童均可以进入残废者福利院。[1]残疾人员进入福利机构，要经过一定的审批手续。北京市残疾人收养入院的审批制度是：“三无”对象入院，均由本人书面申请（或由他人代写），居委会签署意见，由街道办事处和区、县民政局主管部门审核，转由有关福利院登记和调查核实，经审批后可办理入院手续；残、痴人员自费入院者，须有供养人申请书、入院人体检表和供养人所在单位出具的证明，直接到有关福利单位接洽，经双方签订收养协议后，即可入院。

关于休养为主的方针。中国政府对“三无”残疾人首先进行收养、救济，满足残疾人的基本生存需要，残疾人从解放前

---

〔1〕 北京市地方志编纂委员会：《北京志·政务卷·民政志》，北京出版社 2003 年版，第 315~316 页。

流离失所变为得到收养救济，免除了冻饿之苦，获得了基本的政治权利和生活权利，残疾人的生活发生了较大的变化。例如，为了帮助残疾人解决生活困难，浙江省各城市先后对无家可归、无依无靠、无法维持生活的残疾人进行收容供养，1955 年底，全省各城市社会福利机构收养在院的盲、聋、哑、残人员有 905 人，对不够收养条件而生活困难的残疾人，各地民政部门按照社会困难户给予救济。[1]

20 世纪 50 年代后期开始，民政部门和聋盲哑福利会联合卫生、劳动等部门对残疾人进行了一定的防治和康复工作，这种防治和康复工作在一些大城市得以展开。例如，上海市的残疾人康复工作始于 1958 年。上海市盲、聋两个福利分会会同市卫生部门组织有关医院开展治盲、治聋工作。1959 年广慈医院、铁道医院等 8 个单位，针灸治聋 500 例，95.3%有疗效，其中有显著疗效的占 23.4%。1961-1964 年松江、青浦、奉贤、南汇、崇明 5 个县共治盲 26 113 人次，手术 4069 例（其中白内障 155 例）。1964 年上海中医学院和曙光等医院组成协作小组，深入到第二聋哑学校等单位治疗耳聋。卢湾、杨浦区中心医院治疗盲症、聋症 600 例。1965 年全年治疗盲症 20 000 多人次，手术 3300 多次，使 119 人重见光明，治疗聋症 400 例。[2] 1958 年后江苏省民政部门配合卫生、劳动等部门开展盲聋哑症防治工作，贯彻“预防为主，防治并进”的方针，县以上人民医院有条件的开设防聋（盲）门诊部，加强对学龄儿童听力和沙眼的检查工作。劳动部门和工会加强厂矿安全检查，对噪音严重、容易

---

〔1〕 浙江省民政志编纂委员会编：《浙江省民政志》，中国社会出版社 1994 年版，第 241 页。

〔2〕《上海民政志》编纂委员会编：《上海民政志》，上海社会科学院出版社 2000 年版，第 273 页。

致聋的厂矿企业，加强劳动保护的教育，采取预防措施。1959年南京市组织鼓楼医院等医院的耳鼻喉科专家及针灸医师11人，成立聋症防治组，到市五金器材厂、日新缝纫厂、盲聋哑学校等5个聋哑人比较集中的单位，为400多名聋哑职工、学生进行全面检查，其中100名聋哑人进行针灸治疗后，康复上一般都有进步。[1]但是，这种针对残疾人的康复和治疗还只是在少数地区、少数机构开展，并没有得到普及和推广。

新中国成立后中国政府较为重视残疾人教育事业的发展，建立了面向残疾人的特殊学校，发展残疾人成人教育和职业技术教育、完善聋哑人手语盲文工作，加强对残疾人的政治教育。

第一，建立了面向残疾人的特殊学校。1951年，周恩来总理签发《关于改革学制的决定》，要求各级政府设立聋哑、盲童等特殊学校，对残疾儿童、青年和成年人施以教育。1952年规定："对残废或低能儿童应设法予以特殊教育。"教育部在1956年发出《关于盲童学校、聋哑学校经费问题的通知》，对于特殊学校的经费标准以及残疾儿童的学习费用来源都作出了详细的规定。1957年又发出《关于办好盲童学校、聋哑学校的几点指示》，对于特殊学校的学制、残疾儿童的入学年龄都作出了规定，并对办校方针、编制、教学改革等提出了要求。在政府的推动下，中国各地陆续开办了盲童学校、聋哑学校等特殊学校，同时加强了对福利工厂中的盲人、聋哑人的业余教育和技术培训。

新中国成立后残疾人教育事业有所发展。从1949年到1965年，盲聋哑学校从41所上升为266所，在校学生从2000余人上升到23 000余人。[2]解放初期上海只留下1所私立的聋哑学校

---

〔1〕 江苏省地方志编纂委员会：《江苏省志·民政志》，方志出版社2002年版，第672页。

〔2〕 朱力等：《社会问题概论》，社会科学文献出版社2002年版，第307页。

和1所盲校。这两所学校的学生总数不足100人。1956年，上海市人民政府正式接管私立聋哑学校，组办成上海市第一、第二、第三、第四聋哑学校。20世纪60年代，上海市区已建立有9所聋哑学校和1所聋哑人青年技术学校。[1]解放初期，杭州市设有吴山聋哑学校和华东聋哑工艺学校，1956年合并为杭州市聋哑学校，招收市区适龄聋哑学生就读，毕业后市区学生多数分配到民政部门所属的社会福利工厂就业，至1956年底，浙江全省设有聋哑学校7所，在校学生670人。1964年，全省共设有聋哑学校7所、业余学校和扫盲班11所，在读学生900人。"文化大革命"期间，受极"左"路线的干扰，残疾人教育工作处于停滞状况。解放前江苏省只有3所聋哑学校，学生不到100人。解放后，特殊教育事业逐步发展。1957年全省盲聋哑学校有8所。1959年全省盲聋哑学校发展到21所，后经调整，至1962年，全省教育部门举办的盲聋哑学校有9所，学生925人；民政部门举办的盲聋哑学校6所，学生157人。[2]1952年江苏省常州市首批选送3名青年盲人去南京盲校学习，同时普及了市区聋哑学龄儿童的初等教育。[3]

第二，发展针对残疾人的成人教育和职业技术教育。各地还针对残疾人开展了扫盲教育、技能培训教育，以提高残疾人的劳动生存能力。1958年4月，上海盲、聋哑两个福利分会向全上海盲、聋哑人发出号召，要求全市盲、聋哑人，人人参加扫除文盲，学习文化的活动。同时要求在盲、聋哑人生产单位办扫盲班、文化班。1961年，上海市盲人聋哑人协会从教育部

〔1〕《上海民政志》编纂委员会编：《上海民政志》，上海社会科学院出版社2000年版，第272页。

〔2〕江苏省地方志编纂委员会：《江苏省志·民政志》，方志出版社2002年版，第663页。

〔3〕江苏省常州市民政局：《常州市民政志》，内部编印1991年版，第227页。

门调入从事特殊教育的专门人员，为各区福利工厂培训聋哑人手语专职翻译、兼职翻译和扫盲班。1956年、1957年上海市政府组织为盲人举办了推拿、按摩、编织、声乐器等技能的培训，为聋哑人举办了绘画、木工、车工、钳工、缝纫、制鞋、裱画等技术技能的培训。

江苏省在成年聋盲哑人中进行识字教育。1958年无锡市聋哑工人识字班的40名学员向全国城市民政部门和聋哑学校提出了扫盲倡议。中国聋人福利会向全国推广无锡市的经验。江苏省各市在民政部门的资助和教育部门的指导下，协会俱乐部和基层分会以全国编印的扫盲教材为内容，以聋哑人手语翻译和擅长盲文者为教师，分期分批开展盲人聋哑人扫盲教育。1962年江苏省有针对盲聋哑人的半工半读学校2所，参加学习的有69人，业余学习班17个，参加学习的有561人。经过数年的文化教育，一批盲聋哑人摘掉了文盲的帽子。〔1〕

第三，完善了聋哑人手语、盲文等工作。中国的盲文工作者黄乃同志在旧盲文字母符型的基础上经过综合、调整，提出了以注音字母为基础、采用分词方法拼写普通话的《新盲字方案》，这一方案在1953年得到了推广，从而统一了全国的盲文文字，新中国几代、几十万盲人的命运得以改变。

由内务部、中国盲人聋哑人协会主导，不断完善手语工作方案。1959年2月内务部、教育部发出《关于实行聋人汉语手指字母方案的联合通知》。通知要求各地聋哑学校、业余扫盲班、聋人生产单位，将聋人汉语手指字母方案作为识字拐棍和发音教学的辅助手段试行，以改善手势语的表达方法，并在试

〔1〕江苏省地方志编纂委员会：《江苏省志·民政志》，方志出版社2002年版，第663页。

行中总结经验，研究问题，以求得进一步的完善。[1]1960 年 9 月中国盲人聋哑人协会发出《关于修订聋哑人通用手语工作方案》，指出：手势语的改革，在于改善现行手势语词汇的表达方法和使用规则，即取手势之长，再以手指字母补其所短，使两者互相结合运用，构成一套接近于口头语和书面语的更加完善的聋哑人的手势语言——手语。争取在二三年内逐步完成有关工业、农业、财经、文教以及社会生活交往等方面聋哑人常用的 3000~4000 个手语单词的修订工作，为制订和推行聋哑人通用手语做好准备。内务部、教育部、中国文字改革委员会批转了此工作方案。

1959 年，内务部和中国聋哑人福利会联合举办了全国协会干部第一期聋哑人手语培训班，1960 年中国盲人聋哑人协会举办全国第二期聋哑人手语培训班。各省派人参加培训，各省也不断举办手语、盲文培训班。1959 年 12 月浙江省民政厅为开展盲人教育，举办盲文师资训练班，培训学员 20 人，并逐步开展残疾人业余教育。

第四，加强了对残疾人的政治教育。对残疾人进行思想政治教育也是残疾人教育中的一项重要内容。一般各地都是围绕各个时期党的路线、方针政策和中心任务，结合盲人聋哑人的思想实际，通过举办定期时政讲座、政治学习班，召开座谈会等形式，对盲人聋哑人进行形势教育、爱国主义和社会主义教育，提高其思想觉悟，引导盲人聋哑人树立自尊、自强、自立的意识。1963 年 12 月 19 日中国盲人聋哑人协会在北京举行一届二次会议，确定了继续大抓盲人聋哑人的社会主义教育的方针。会议指出：各级协会 1964 年要紧紧围绕党的中心任务，抓好社会主义教育，正确处理个人与国家、集体的关系，做到先

[1] 民政部编：《民政部大事记》（1949–1986），内部发行 1988 年版，第 151 页。

公后私，爱护公共财物，关心集体利益，以厂为家，梳理全局观点，使个人利益服从整体利益，防止片面要求国家照顾与单纯的福利观点。[1]

江苏省对残疾人的思想政治教育比较具有典型性。1959年1月，已建立盲人福利会的南京、无锡、苏州等市，开展纪念盲字符号创造者法国路易·布莱尔诞生150周年的活动，号召学习路易·布莱尔刻苦钻研的精神，掀起了一个学习政治、文化和科学技术的热潮。[2]江苏省对从事迷信职业的盲人和以“卖画”为名进行骗钱活动的聋哑人，专门开展了教育转业活动。1958年12月，常州市民政局组织从事迷信职业的盲人19名参加学习班，他们都主动交出迷信职业的工具，自愿接受政府安置。1959年6月，无锡市民政局会同有关部门，举办“无锡市命相、测字、卜卦迷信职业者暨街头艺人转业学习班”，有75名学员（其中盲人59名）经过学习教育，提高了思想认识，交出迷信活动用具245件，放弃迷信职业，自愿参加生产劳动，做社会主义新人，有94名盲人及其家属被安排进社会福利工厂或从事其他生产，并组成破除迷信宣传队，在市区街道、工厂和农村人民公社进行“现身说法”宣传，观众达10万余人，还将实况录音向全市居民播放。[3]

20世纪60年代初期，结合社会主义教育运动，江苏省在盲人聋哑人中开展社会主义思想教育。通过谈家史、厂史、革命斗争史，进行新旧社会对比忆苦思甜教育，激发热爱社会主义制度的感情。开展学习雷锋和南京路上好八连先进事迹，培养

---

〔1〕 民政部编：《民政部大事记》（1949-1986），内部发行1988年版，第217页。

〔2〕 江苏省地方志编纂委员会：《江苏省志·民政志》，方志出版社2002年版，第661页。

〔3〕 江苏省地方志编纂委员会：《江苏省志·民政志》，方志出版社2002年版，第661~662页。

高尚的道德情操。南京市采取组织教育与自我教育、内部教育与外力帮助、盲聋哑人教育与健全人教育、经常思想工作与专题学习“四结合”的教育方法，使盲聋哑人消除了自卑心理和特殊思想，也纠正了健全人中歧视厌恶残疾人的观念，增强了团结。同时，在社会宣传教育中发挥盲聋哑人的作用。南京盲人工厂一年中接待了包括学校、工厂在内的70多个单位4000多人次的参观访问，模范盲人被邀请到厂矿、学校作报告40多次，使盲聋哑人接触了解社会，社会也理解盲聋哑人。〔1〕

残疾人在党的教育培养下，政治觉悟大为提高，在社会主义现代化建设中积极贡献力量。有的被选为人民代表、政协委员，有的被评选为“三八”红旗手、劳动模范，有的加入了中国共产党和共青团，成为企业事业单位的领导干部。常州市盲人汪志芳（女）被评为“五四”红旗青年突击手，1959年出席全省工交、基建、财贸先进代表大会。1960年9月又被特邀代表省民政系统出席全国工交基建财贸先进集体和先进生产者代表会议。〔2〕

3. 国家组织发展了残疾人的文化体育事业

新中国成立以来中国政府比较重视残疾人体育事业，不断推动残疾人体育活动的开展。随着特殊学校、福利工厂、荣军疗养院等针对残疾人的福利设施的建立，残疾人不但有了学习、工作的机会，并且残疾人福利机构在政府的鼓励下，开展了大量的残疾人体育活动，如篮球、乒乓球、拔河、广播操、生产操等群众性体育活动，残疾人坚持体育锻炼的热情得到了提高。残疾人疗养院还尝试将体育运动作为康复手段，并发挥着越来

〔1〕 江苏省地方志编纂委员会：《江苏省志·民政志》，方志出版社2002年版，第662页。

〔2〕 江苏省地方志编纂委员会：《江苏省志·民政志》，方志出版社2002年版，第662页。

越重要的作用。

政府组织开展了很多针对残疾人的体育活动和赛事。从20世纪50年代起，我国多次举办全国性的残疾人体育竞赛活动。如1957年在北京举办了全国首届聋哑人田径、乒乓球、游泳比赛，有16个省、市的60名运动员参加。1957年6月，上海还举办了全国青年盲人田径运动会，北京、上海、武汉、南昌、长沙、沈阳、南京、青岛等8个城市派队参加了比赛。1958年10月第二届全国青年盲人运动会在湖北汉口举行。[1]1959年4月10日内务部、国家体委发出关于组织全国聋哑人男子篮球比赛的联合通知，其后正式举行了首届全国聋哑人篮球赛，大部分省、市自治区派代表队参加了比赛。这些体育赛事不但激发了残疾人进行体育活动的热情，也丰富了他们的生活，并增强了他们的自尊心、自信心。

为了选拔选手参加上一级的比赛，各省、直辖市、自治区举行省级残疾人体育比赛，各地级市举办地市级体育比赛。为了选拔参加1957年全国首届聋哑人田径比赛的选手，杭州市和浙江省先后举办了聋哑人运动会。1957年3月3日杭州市举行了第一届聋哑人运动会，有10名田径、举重运动员和12名篮球运动员被选拔出席聋哑人运动会。[2]1957年3月浙江省民政厅、浙江省体育运动委员会在杭州举办了全省聋哑人运动会，经比赛后宣布22人参加全国聋哑人运动会。[3]

党和政府还组织和发动残疾人参与国际体育活动和赛事。中国聋哑人福利会代表团于1956年8月至9月访问南斯拉夫，

---

〔1〕 民政部编：《民政部大事记》(1949-1986)，内部发行1988年版，第152页。

〔2〕 杭州市民政局：《杭州民政志》，内部发行1993年版，第241页。

〔3〕 浙江省民政志编纂委员会编：《浙江省民政志》，中国社会出版1994年版，第243页。

内务部与南斯拉夫聋哑人协会代表团举行了正式的会谈公报，同意暂成立中国聋哑人体育协会筹备委员会，积极为中国参加国际聋哑人运动会作准备。[1] 1957年中国派出残疾人代表参加了在捷克斯洛伐克举行的国际青年盲人田径比赛，这是中国残疾人第一次参加具有国际意义的体育比赛。

国家和政府还不断发动残疾人开展文化活动，丰富残疾人的生活。1958年5月至6月四川省革命残废军人教养院课余演出队到北京汇报演出，共演出26场，观众4.38多万人，得到了各方赞誉。1958年7月内务部、文化部联合向各省、自治区、直辖市文化、民政厅（局）等发出《关于四川省革命残废军人教养院课余演出队来京汇报演出的通报》，通报指出演出队的表演表达了全国革命残废军人革命的乐观主义精神和崇高的共产主义风格，其队员由45人组成，下肢瘫痪的2人，切去双肢的7人，双目失明的10人，切除脏腑和肢体的14人。[2] 1958年，江苏省各市协会俱乐部成立盲人、聋哑人演出队或业余剧团，创作排练器乐、歌咏、舞蹈、哑剧等节目，活跃盲聋哑人业余生活，并在社会上演出，获得了广泛好评。1959年国庆，苏州市举行盲聋哑人文艺会演，盲人工厂的国乐合奏、苏州评弹《大补缸》，聋人工厂的京剧《拾玉镯》、红绸舞，聋哑学校的叠罗汉、迎春舞等节目，受到了观众的热烈欢迎。1962年无锡市青年聋哑人刘达江创作的国画《试制插秧机》在奥地利国际展览会展出。[3]

这一时期还创办了残疾人刊物。1954年《盲人月刊》创

---

〔1〕 民政部编：《民政部大事记》（1949-1986），内部发行1988年版，第122页。

〔2〕 民政部编：《民政部大事记》（1949-1986），内部发行1988年版，第143页。

〔3〕 江苏省地方志编纂委员会：《江苏省志·民政志》，方志出版社2002年版，第666页。

刊，这是新中国成立以来，残疾人的第一个刊物，为丰富残疾人的精神生活、满足残疾人更高层次的精神需求起到了非常重要的作用。

综上所述，新中国成立后党和政府重视残疾人的福利工作，残疾人福利事业得到了一定程度的发展，残疾人的生活状况有了较大改善，残疾人的教育事业有了较大发展。但社会福利机构收养的残疾人占残疾人总量的比例还较低，残疾人的生活水平还有待进一步的提高，对残疾人的康复治疗工作等也还没有普遍推开。

第一，国家建设了服务于残疾人的福利设施，一方面政府新建残老教养院、伤残人福利院、荣军疗养院等综合性福利机构，大部分省还新建了专门的精神病人疗养院，另一方面国家也接收、整顿和改造了旧的福利机构，作为服务于残疾人的福利设施。

第二，成立了残疾人工作领导机构，密切了残疾人与政府的联系，为残疾人福利事业的发展提供了组织基础。如中国盲人福利会、中国聋哑人福利会的相继成立，1960 年成立了中国盲人聋哑人协会。至 1965 年全国 22 个省、自治区、直辖市和 373 个地、市、县建立了地方协会和基层组织，有效促进了各地残疾人工作的开展。〔1〕

第三，对城市“三无”残疾人进行供养，把他们安置到福利机构，提供基本的生存保障。相比于新中国成立前，新中国成立后残疾人的供养数量增加。1944 年全国残疾教养所收养残疾人 15 461 人，〔2〕1963 年全国城市社会福利事业单位收养残疾

〔1〕 童泽：《人道主义与残疾人发展》，中国劳动社会保障出版社 2009 年版，第 60 页。

〔2〕 蔡勤禹：《国家社会与弱势群体——民国时期的社会救济》（1927–1949），天津人民出版社 2003 年版，第 187 页。

人 34 359 人。[1]但相比于全国两千多万到三千多万的残疾人总量，这个收养比例还是偏低的。残疾人的文化、教育等事业有所发展，全国盲校、聋哑学校的数量在新中国成立前只有 41 所，到 1965 年增加到 266 所，增长了 5 倍多；在校学生在新中国成立前只有 2000 人，到 1965 年增长到 23 000 余人，增长了 10 倍。[2]但是，残疾人的供养水平还较低，还停留在救济水平，残疾人只能获得保障基本生存的条件，对残疾人的康复事业还只是在少数地方零星开展。

第四，初步建立了针对残疾军人的优抚保障制度，1950 年 12 月中央人民政府正式公布了《革命残疾军人优待抚恤暂行条例》《革命烈士家属、革命军人家属优待暂行条例》等一批法规，对评残的条件、标准、残废等级等作了相应规定，统一了对全国残废军人的抚恤制度和标准。这些法规主要针对残疾军人，也为新中国发展残疾人福利事业确立了最基本的法律依据，但还没有针对所有残疾人的法规制度出台，其他残疾人的福利权利还缺乏系统的法律的保护和规范。

四、社会福利事业发展的成就与局限

从社会福利事业发展的成效来看，新中国成立后社会主义民政福利建设绩效显著。新中国成立前大量老弱病残人员衣食无依，灾民难民流离失所，游民乞丐到处游荡，社会福利救助裹足不前，社会秩序不稳定，民众不能安居乐业。新中国成立后政府立足于为人民服务的宗旨，保障所有民众的生存权利，采取教育、劳动等自救自助的积极福利方式，通过发展社会福

〔1〕 民政部计划财务司编：《民政统计历史资料汇编（1949-1992）》，中国统计出版社 1993 年版，第 208 页。

〔2〕 朱力等：《社会问题概论》，社会科学文献出版社 2002 年版，第 307 页。

利事业安置老弱病残人员，使陷入生存困境的民众获得福利救助、得到生存保障，有效治理了游民乞丐等问题，从而使大量食宿不保的困难群体改善了生存状况，并安定了社会。但是，与新中国成立后大量民众对福利的实际需求相比，政府提供的福利依然显得数量不足、质量有待提高。并且，民政福利事业在思想上和实际实施过程中还存在强制性、不平等性等历史局限性，这也影响了民政福利的绩效。

（一）社会福利事业发展的成效与不足

党和政府在思想上重视社会福利事业，大力开展民政福利活动，使中国的民政福利建设事业取得了较大的进步。与新中国成立前相比，民政福利覆盖的范围、福利机构的数量和收养人员的数量等都有了很大幅度的增加，被收养人员的生活状况普遍有所好转。从时间纵向上看，民政福利事业有了很大的发展和进步。

新中国成立后，政府新建和接收改造了大批养老院、社会福利院、儿童福利院等社会福利机构，既为民政福利事业以后的发展奠定了物质基础，又为大批流离失所的社会困难群体提供了基本的生存条件。政府还新建了大批临时收容所、避难所、安置农场、安置工厂等，为灾民、难民、游民乞丐、妓女等提供了收容和劳动教育的场所。1956 年底全国 101 个安置农场共接收安置了 3.7 万多人，到 1963 年底全国共建立安置农场 101 个，拥有土地 97 万亩，其中耕地 27 万亩，园林 8.7 万亩。新中国成立后社会福利机构的数量和收容人数都有所增加。据统计，1944 年全国救济机关院内救济人数为：安老所 26 546 人，残疾教养所 15 461 人。[1]1953 年全国共有城市社会救济福利事业单

〔1〕 蔡勤禹：《国家社会与弱势群体——民国时期的社会救济》（1927－1949），天津人民出版社 2003 年版，第 187 页。

位 920 个，新中国成立截至 1953 年底先后收容孤老、孤儿精神病人及其他人员 37.4 万余人。1963 年全国城市社会福利事业单位有 1660 个，收养人员合计 124 321 人，其中收养老人 43 510 个，收养残疾人 34 359 人。〔1〕1963 年与 1944 年相比，收养的老人增加了 64%，收养的残疾人增加了 122%。

而且新中国成立后社会福利收养机构的收养质量有了较大的提高，收养人员的生活情况普遍好转。例如河北省石家庄市解放后，石家庄市人民政府于 1947 年 11 月接收了石门救济院，接收时院民 215 名，其中儿童 10 名，残疾人 18 名。院民吃的是霉草饼，每人每天只吃两个，吃得大家每夜跑肚五六次；住的是屎尿堆满、臭气熏人的宿舍，一个个面黄肌瘦，甚至因饥饿而病，有病不能医治而死亡（1947 年夏至秋死亡七八个人），有病没有人给看，吃不饱也不敢说。人民政府接收后，教养院的状况有了很大的改观，每天能吃饱吃好吃热，过年有饺子吃，有电灯、火炉、学习文具等，衣食照顾周到，常叫洗澡看戏。所以在动员有家的儿童回去时，他们很感动地说，教养院对我们真好，我们什么时候也忘不了。〔2〕新中国成立初杭州市人民保育院从国民党政府、慈善团体等旧社会福利机构接管了 524 名婴幼儿和少年儿童。这些婴幼儿和少年儿童，由于长期缺乏应有的护理和营养，多数体质衰弱，患有夜盲症、百日咳、肺结核、佝偻病等多种疾病，健康情况很差。接管后，院领导组织成立了以王玉麟、林育杰医师为主的抢救组，对他们普遍进行体格检查，建立健康医疗档案，对病儿根据不同病情进行治

---

〔1〕 民政部计划财务司编：《民政统计历史资料汇编（1949－1992）》，中国统计出版社 1993 年版，第 208 页。

〔2〕 石家庄市民政志编纂委员会编：《石家庄市民政志》（公元前 1200 年－公元 1991 年），中国社会出版社 1993 年版，第 360、366 页。

疗，重病号送医院抢救。在当时经济比较困难的情况下，多方设法保证供应院内的婴幼儿牛奶、食糖、肉、蛋等；对少年则由院统一制发衣服、被褥、鞋袜、蚊帐等日用品，并按国家工作人员的标准供给伙食，还按年龄进行保育训练和幼儿教育，在院儿童的生活状况大为好转。[1]

新中国成立后党和政府重视残疾人事业，不但收养“三无”残疾人，还大力推动了残疾人特殊教育事业的发展。据统计，1949 年全国盲聋哑学校有 41 所，在校学生约为 2000 余人。1965 年全国盲聋哑学校有 266 所，学生人数增加到 23 000 余人。[2]在盲聋哑学校接受教育的学生增加了十倍。另外，中国还大力开展社会福利生产这种形式，为残疾人提供劳动就业的机会，这是新中国成立前少有的。1957 年社会福利生产单位有生产人员 248 288 人，其中安置老弱残废人员 30 811 人。[3]

当然，从实际需求的角度来看，新中国成立后需要福利救助的人数庞大，需求大，需求内容丰富。但迫于现实条件，中国社会福利事业的发展还无法满足所有有需要的群体，也无法满足他们的所有需求，社会福利覆盖的对象范围还过小、福利水平还偏低、福利服务内容有些单一。

据统计，中国的总人口 1949 年为 54 167 万人，1952 年为 57 482 万人，1954 年为 60 266 万人，1959 年为 67 207 万人，1963 年为 69 172 万人，1964 年为 70 499 万人，1966 年为74 542 万人。[4]也就是新中国成立后中国的总人口最少在 1949 年也有五亿多人，1954 年后有六亿多人，1964 年后有七亿多人。民政

[1] 杭州市民政局：《杭州市民政志》，内部发行 1993 年版，第 213~214 页。

[2] 朱力等：《社会问题概论》，社会科学文献出版社 2002 年版，第 307 页。

[3] 民政部计划财务司编：《民政统计历史资料汇编（1949-1992）》，中国统计出版社 1993 年版，第 289 页。

[4] 国家统计局：《中国统计年鉴》，中国统计出版社 1985 年版，第 552 页。

福利覆盖的人口本应该包括占总人口0.5%的孤寡老人、弃婴孤儿，大概有200多万到300多万人，还有占总人口5%以上的残疾人等，大概有2000多万到3000多万人。[1]新中国成立后民政福利覆盖的人口应该在2000多万人到3000多万人，但实际上1949~1977年民政福利事业大部分年份真正覆盖的人口不到一千万，占总人口的比例不足1%。[2]如前文所述，以养老事业为例，即使是以1950年的“三无”孤寡老人大约170万的基数来计算，1959年收养老人6.5万，收养人员占所有“三无”孤寡老人总量的比例仅为3.8%。1964年收养老人7.9万人，收养比例为4.6%。

总体来看，从时间发展的纵向上看，随着社会的发展，福利机构的生活水平逐步有所提高。但如果从横向上看，社会福利机构收养人员的生活水平与其他城市居民的生活水平相比，福利机构的生活水平基本不高于当地一般城市居民，甚至严重低于一般城市居民的生活水平。

各地养老机构的生活标准一般低于全国城市居民的平均水平。例如，江苏省残老教养院1956年的生活标准只有120元，而1957年全国城镇居民的消费水平为205元。杭州市社会福利院的老人1957年生活费调整为每月7元7角，全年为92.4元。[3]1957年中国城镇居民年消费水平为205元，杭州市社会福利院老人的消费水平比全国城镇居民消费水平低了很多，只有全国城镇居民消费水平的45%，连一半都不到。各地儿童福利院的消费支出也大多低于全国城镇居民的平均生活水平。黑龙江省儿童教养院1954年底的供给标准（包括伙食费和服装费）是：

---

〔1〕 郑功成：《中国社会保障制度变迁与评估》，中国人民大学出版社2002年版，第331页。

〔2〕 郑功成：《中国社会保障制度变迁与评估》，中国人民大学出版社2002年版，第331页。

〔3〕 杭州市民政局：《杭州市民政志》，内部发行1993年版，第218页。

3 周岁以下儿童每人每月人民币 10 元，3 周岁以上儿童每人每月 8 元。从全国城镇居民的消费水平来看，1952 年平均每月 12.33 元，1957 年平均每月 17.08 元。黑龙江省儿童教养院的儿童消费支出远低于全国城镇居民的消费水平。杭州市人民保育院婴幼儿的给养标准，1953 年伙食标准为每人每月折合人民币 10 元左右。〔1〕对照全国城镇居民的消费水平来看，杭州市人民保育院婴幼儿的生活水平也是稍低于全国城镇居民的，是 1952 年城镇居民平均消费水平的 81%。

一般社会福利机构提供的大多是收养服务，只能满足福利对象的基本生存条件，使他们吃饱穿暖，不至于饿死冻死。虽然，民政部门和福利机构也提倡要为孤老残幼提供医疗康复、教育、文化娱乐等服务，但大多有名无实，或只有零散的一些教育文化娱乐活动，并没有普遍推开，更没有形成制度、发展成日常活动。

1961 年国家就提出对残疾儿童进行康复工作，提出了“养治教相结合”的方针，强调在“养”的基础上开展“治”和“教”，但当时并没有把残疾儿童康复工作提到现实日程上来。对残疾儿童的康复、特殊教育工作没有在全国推广，仅有极少数地方福利院进行了少量实践活动。

福利机构所提供的教育，一来受教育的人数很少，没有形成规范的教育制度，教育活动有很大的随意性，教育内容、教育方法等不规范。二来福利机构推行的教育更重思想政治教育、纪律教育、劳动教育等，收养对象能够受到的文化知识教育是很有限的。社会福利事业单位开展的教育工作，真正能得到完整的小学教育、初中教育的受教育者很少。例如杭州市儿童福

〔1〕 杭州市民政局：《杭州市民政志》，内部发行 1993 年版，第 213 页。

利院对儿童授以普通小学课程，但从1949年到1956年仅有37名儿童升入中学。[1]对残疾儿童开展的特殊教育铺开面也很小。至1956年底，浙江全省设有聋哑学校7所，在校学生只有670人。1964年，浙江全省共设有聋哑学校7所、业余学校和扫盲班11所，在读学生只有900人。至1962年，江苏全省教育部门举办的盲聋哑学校有9所，学生只有925人；民政部门举办的盲聋哑学校6所，学生157人。[2]接受教育的残疾学生数量是较少的。

（二）民政福利对象的界定中存在的平等性与不平等性

党的福利指导思想立足于为人民服务，以为人民利益服务、为人民大众谋福利为宗旨，并强调社会主义的本质和优越性，重视社会公平，力图保障每个民众的基本生存权利。中国的民政福利思想具有平等性的特征，一定程度上体现出新中国民政福利事业的普遍性与全民性。

首先，民政福利对象是面向全体民众的，国家的救济福利事业是要保障所有民众的生存权利，解决所有民众的生存困境。任何民众面临生存困境，国家都有责任提供救济福利，倡导“不让一个人饿死”的政治观念。中国的民政福利事务有全民性的一面。虽然，实际上只有无家可归、无依无靠、无生活来源的“三无”人员才能获得福利，要获得国家提供的福利也要经过政府进行一定的审批、审查程序，但是不分性别、年龄、种族等情况，只要你是生存无依、食宿无着的困难群体，国家就要为你提供福利帮助，福利对象具有全民性和普遍性的一面，体现了公平公正的福利理念。新中国成立后中国政府在

〔1〕 杭州市民政局：《杭州市民政志》，内部发行1993年版，第213页。

〔2〕 江苏省地方志编纂委员会：《江苏省志·民政志》，方志出版社2002年版，第663页。

经济落后、资源紧张的情况下，针对社会上有生存困境的老弱病残等人员，仍然实施了一系列福利政策，采取了大量的福利措施，从而扩大了福利范围，提升了福利救助效果，这些举措都体现了中国政府在社会福利救助方面的全民性理念和公平思想。

另外，相比于中国古代的福利实践，新中国成立后中国的民政福利思想在平等性上有了较大的进步。中国古代社会对接受福利的对象有着严苛的道德要求，违背伦理纲常、道德规则的人往往难以得到社会的同情与帮助，政府和社会对于有道德瑕疵的人在救济福利方面往往采取歧视的态度。新中国政府对弱势群体的福利供给已经摆脱了中国传统社会的道德要求，有偷盗行为、不轨行为的儿童、流浪者等都能得到收容救济，这说明中国共产党具备了一定程度的民主与平等理念。

党和政府也强调对于不同政治出身的人在福利救助方面要采取平等的态度，即使是对于国民党政府的党政军人员也要平等提供福利救助。为此，毛泽东专门讲到这个问题，要求政府工作人员注意这个问题。“国民党的 1000 万党、政、军人员我们也要包起来，包括绥远的在内，特务也要管好，使所有的人都有出路。没有这一条不行，眼睛里只看到绥远解放区 80 万人民就会弄错事情。湖南有 10 万失业军政人员和广大的孤寡没有人管，如果只管共产党的孤寡就会出乱子。”〔1〕毛泽东反对对旧政权留下的党政军人员在福利救济方面有歧视的做法，甚至认为如果这样做就会导致社会动乱的后果，他提出社会救济福利要保持公平，要面向所有人。

但是在民政福利事业的实际实施过程中，尤其是随着阶级

〔1〕《毛泽东文集》（第 6 卷），人民出版社 1999 年版，第 14 页。

意识的日趋强化和“以阶级斗争为纲”路线的确立，某些地区在对于民政福利对象的界定和待遇方面常常出现因政治出身不同而区别对待的问题。在福利机构确定福利对象时，常常因政治出身而设置门槛。在对福利对象提供服务时，也常常因政治出身不同而提供不同的待遇。

福利机构在认定收容对象时，要看政治出身，只要是出身贫困劳动人民的，不考虑其具体生活情况、家庭情况等，只要他们想进收容所就应该让他们进去，这是打倒剥削阶级、改造旧社会的表现，这样才能体现社会主义制度的优越性和无产阶级主人翁的感觉。北京市一些收容机构对被收容教养人员“初期认为‘这些都是社会渣滓’，虐待收容人员，经检查之后又认为‘绝大多数都是劳动人民’，因而过分地提高待遇”。[1]收容机构的工作人员明显认为，社会渣滓不能收容，劳动人民就可以收容、就可以享受高待遇。在进行工作总结时曾意识到问题：“由于我们干部中存在可怜的思想，所以救济了好多乞丐，这是偏有怜悯观点是不对的。”[2]北京等地的收容机关就出现因对被收容者审查过于宽容，导致盲目救济的现象发生，如对游民和乞丐不加区别地收容，在一定程度上助长了他们不劳而获、占国家便宜的心理。而对出身于反动阶级的人员，不管其生活多么困难，都拒绝收容他们，国民党政府的一些旧官员旧军人生活困顿，但是很难得到政府的福利救助，甚至出现了因贫困而自杀的现象。

进入福利机构后，不同出身的人享受到的福利待遇也有差别。一些福利机构把非劳动人民出身的人收容进来后，把他们当作改造对象，其要承担更沉重的劳动任务，享受更低的生活

〔1〕《北京市五年来民政工作总结》，北京市档案馆：196-2-35。

〔2〕《救济灾民难民的工作报告》，北京市档案馆：9-2-96。

待遇。全国很多养老机构将劳动人民出身的老人作为敬老或养老对象，而非劳动人民出身的人则作为教养对象，敬老对象和养老对象可以获得更高的生活待遇，而教养对象不但生活待遇更低，还要承担更重的劳动任务。例如，1961 年石家庄市民政局对生产教养院的机构进行整顿，将收养人员分三部分分别对待，区别管理。一是养老人员，劳动人民出身好的老人，生活费用要高于他人，每月发给 2~5 元零花钱，以养为主，自愿参加力所能及的活动。二是残老人员，残疾人员和非劳动人民出身的老人，组织力所能及的劳动生产。三是儿童，从社会上收容来的无人照管的孤儿和顽劣儿童，以学为主，辅助改造教育。[1]石家庄市对劳动人民出身的老人给与零花钱，让他们自愿参加力所能及的劳动；而非劳动人民出身的老人既没有零花钱，还要进行劳动生产。可见，石家庄市劳动人民出身的和非劳动人民出身的老人的待遇有较大的差别。

民政机构在确立民政福利对象及其待遇时，一方面具有全民性特征，党和政府始终以为人民服务为出发点，立足于全体民众，所有的民众遇到生存困境都可以获得国家提供的福利救助，不分年龄、性别、种族等情况，国家对所有生存有困难的人员都有责任提供福利救助。社会福利在一定程度上对所有社会成员都是公平的，通过社会福利方式为困难人员提供帮助，通过再分配减小贫富差距，体现了社会主义的公平理念和社会主义的本质要求，在一定程度上体现出中国社会福利思想与制度的普遍性与平等性，具有很大的进步性。但是另一方面因为受到政治意识形态的影响，福利救助阶级意识较明显。在“穷人翻身当家作主”“打倒剥削阶级”等思想的影响下，认为只要

〔1〕 石家庄市民政志编纂委员会编：《石家庄市民政志》（公元前 1200 年–公元 1991 年），中国社会出版社 1993 年版，第 373~374 页。

是穷人，受剥削、受压迫的贫苦大众，他们想进收容所就应该让他们进收容所，而剥削阶级即使他的经济状况再怎么差也不能让他过好日子，如此这般才能体现改造旧社会、发挥社会主义制度的优越性。这是典型的打倒剥削阶级、无产阶级翻身做主人的特定时代思维，民政福利工作在操作过程中也浸染了浓重的阶级意识。另外，也可以看出政府在界定民政福利对象时仍然没有确立平等的福利权利观，没有把福利当作所有人都可以享受的平等权利，而只是把福利作为党和人民实现人民利益的手段。政治出身好的劳动群众是“人民”，就可以进入福利机构、能享受福利权利。政治出身不好的人就不算作“人民”，不能进入福利机构、不能享受福利权利。这也体现出了不平等性。

（三）民政福利工作方式的进步性与强制性

中国政府无论是对老弱病残人员的收养，还是对游民的收容遣送，都强调教育和改造。尤其是20世纪50年代前期的收养机构更是不分收养对象一律实行以改造、教育、救济为主的工作内容，“以教为主”的办院思想明显。在老年人的福利事业中，福利机构虽然免费收养老人，但也要求和提倡老人从事力所能及的劳动。在儿童福利事业中，福利机构不但抚养儿童，在保证儿童身体健康的前提下，还根据儿童的年龄、身体状况等对儿童进行适当的文化教育和劳动技能教育，对大龄儿童提出参加生产劳动的要求，对顽劣儿童采取强化劳动教育和劳动改造、多地实行半工半读的方式。对于残疾人不但进行收养，也进行康复治疗，尤其是重视残疾人的文化教育和职业技术教育。福利生产这种形式，更是让有一定劳动能力的残疾人通过就业解决了生存问题。在收容遣送工作中对游民、流民等进行政治思想教育、法制教育等，并进行劳动教育和劳动改造，“经

过一段劳动生产的教育，改变了他们的游堕习气或学到一定生产技术之后”，再对他们进行一定的安置。〔1〕

对老弱病残、孤儿弃婴、残疾人、流浪人员等民政福利对象开展教育和劳动改造，这是“以人民自救资助为基础”的福利指导方针进行指导，将自救工作作为民政福利工作的立足点。由于当时国家的经济实力衰弱，福利资源贫乏，国家又把民间力量和外国势力排斥出去，由国家全部承担福利任务，国家确实力不从心，对有家庭依靠的民众首先要依靠家庭，而对于无家可归、无依无靠、无生活来源的“三无”人员势必还得依靠民政福利对象自身的力量解决问题。所以在当时的历史条件下，人民自救资助是福利事业发展的基础。并且民政福利工作贯穿了生产的精神，通过对民政福利对象进行教育、提高他们自身的能力，或者让他们进行劳动、通过发展生产来进行自救，民政福利对象也履行了一定的义务。这种通过劳动生产进行自救的方式，相比于所有经费都由国家支出，相比于单纯地让民政福利对象享受完全免费的福利服务，其以一种积极的方式解决了民政福利对象的生存发展问题，可以避免福利依赖的产生，从某种意义上来说，这也有一定的进步性。

开展教育和劳动，对福利对象本身也具有一定的积极作用。适量的劳动有利于老人的身心健康，教育和劳动可以使儿童获得生存能力，为儿童未来的独立生存发展做好准备。教育和劳动可以让残疾人通过自身的努力获得生存能力和自尊感，也减轻国家负担。在收容遣送工作中对收容遣送者进行教育和劳动改造，劳动教育一方面培养了他们自食其力的劳动意识，并能使他们学到一定的劳动技能，又能帮助他们树立正确的人生观。

〔1〕《训练游民乞丐工作总结》，北京市档案馆：196-2-20。

劳动教育既有经济效益，如太原收容遣送站每年都有1万人接受劳动教育，年产值31万元，实现利润11万余元；更有社会效益，参加劳动的被收容人员程度不同地改掉了好逸恶劳的思想，树立了劳动光荣的思想。其中有的人深有感触地说："劳动洗刷了头脑中好吃懒做的寄生思想，劳动使我学会了一门谋生的技能。"〔1〕

但是对老弱病残、孤儿弃婴、残疾人、流浪人员等民政福利对象进行的教育和劳动改造，并不是他们自愿的，而大多是政府强制的，是政府通过行政命令强加的。即使有的人对于教育或者劳动这种形式后来是接受的，但是一开始政府并没有征求他们的意见，不管他们愿不愿意，在形式上他们是被迫参加的，而且对于教育和改造的形式、内容等，他们都没有发言权。例如，对所有福利对象都要进行的政治教育，完全是受制于政治意识形态的结果，民政福利对象丝毫不能选择。这种被迫的教育和劳动改造，显示的既是政府的强大权威和强大的政治控制力，同时也表现了政府的歧视性福利态度，政府并没有把享受福利服务当作人民理所应当的权利。按照现代的福利观，民众有权利享受福利服务，政府有义务提供福利服务，社会福利具有权利性和义务性。但是强制性的教育改造，使得民政福利对象没有得到尊重，没有感受到平等。这阻滞了社会福利的进一步规范化和制度化建设，并且不管政府提出怎样的福利政策，强制性的教育改造都会直接导致福利效果打折。

另外，在进行教育改造的过程中，新中国成立初期某些地区某些福利机构还存在单纯追求经济效益，使福利对象过度劳动，损害其身心健康的现象。出现这种现象，主要是由于政府

---

〔1〕 崔乃夫：《当代中国的民政》（下），当代中国出版社1994年版，第155页。

经费紧张，对福利机构投入不足。例如，石家庄市生产教养院在1952年成立了三个厂，即棉织厂、布鞋厂、缝纫厂，一辆大车跑运输买卖。靠经营收入维持院民的生活，没有得到政府的财政支持，完全靠教养院自身的收入维持运行。这样势必会造成教养院很大的经济压力，这种压力很容易变成对院民的劳动负担。[1]另外，由于旧社会战争的遗留问题以及自然灾害严重，新中国成立初期需要收容的人员数量庞大，福利机构的供需矛盾严重，福利机构只能通过发展生产来增加收入。因此，如何既依靠国家投入、又依靠福利机构自身的力量、还要发挥民间力量，在社会福利发展中国家投入多少、福利机构自身投入多少是合理的，这些问题需要被谨慎对待。

第二节　社会福利企业的普遍发展

按照1954年《宪法》的规定："中华人民共和国公民有劳动的权利和义务"，"国家和社会帮助安排盲、聋、哑和其他公民的劳动、生活和教育"。党和国家为了帮助残疾人享受到劳动权利，组织和发展了社会福利企业这一形式。社会福利企业就是为安置具有一定劳动能力的残疾人员劳动就业而兴办的企业，由国家给予减免税收等优惠政策。社会福利企业以安置残疾人就业为主要目的，是一种具有社会福利性质的特殊企业。国家、集体和社会为帮助残疾人就业而组织的各项生产经营活动则统称为社会福利生产。新中国成立后国家和社会积极帮助安排残疾人就业，中国政府以组织和发展社会福利生产的方式，安排残疾人到社会福利企业就业，让他们享受劳动的权利，平等地

〔1〕 石家庄市民政志编纂委员会编：《石家庄市民政志》（公元前1200年-公元1991年），中国社会出版社1993年版，第372页。

参与社会生活，并通过自己的劳动解决自己的生活出路问题，同时为国家创造财富。

一、举办社会福利企业是社会主义中国解决残疾人就业的重要方式

社会福利生产具有重大的积极意义。党和政府立足于为残疾人利益服务、促进残疾人劳动就业权利的实现的宗旨，举办社会福利企业、组织社会福利生产，让残疾人集中就业。这是社会主义中国解决残疾人就业问题的重要方式，既体现了社会主义国家对残疾人的关怀和责任，也是中国依据中国国情和历史经验而逐步形成的政策。作为一个相对贫穷落后的发展中国家，要解决残疾人的福利问题，发展福利生产是一个有效的选择。如果政府不举办社会福利生产，残疾人由于自身条件存在劣势，很难通过自身努力获得就业机会，残疾人的生存和安置就成为一个大的社会问题。总体来看，政府组织社会福利生产，引导残疾人通过集中就业获得劳动收入，有利于改善残疾人的经济状况，也有利于引导他们更多地参与社会生活，使他们在心理上、精神上获得安慰，从而促进社会稳定，也有利于增加社会财富，促进国家经济发展。当然，改革开放前社会福利生产的发展，受限于较低的社会经济水平，加上对举办福利生产的经验不多，面对大量残疾人的就业需求社会福利生产，也还存在不足。

首先，组织社会福利生产，有利于改善残疾人的生活状况、提高他们的社会地位。残疾人通过社会福利企业获得了工作机会，有了固定的收入，成了自食其力的劳动者，他们不再是家庭的负担和社会的累赘。另外，通过劳动他们平等地参与了国家的经济建设和社会发展，有机会将自己的聪明才智在工作中

充分地展示出来。不但他们的经济条件得到了改善，而且他们的精神状态也日渐积极乐观，他们的社会地位和精神生活都发生了深刻的变化。〔1〕江西省宜春市蚊香厂盲人职工巫绍早从1959年进入福利工厂工作，进厂后他的生活逐步改变，思想觉悟不断提高。他除了积极超额完成生产任务外，从1972年起，还一直坚持义务打扫厂里的公共厕所，不仅不要公家的分文补贴，甚至连扫把、水桶都是自备的。当别人问他为什么这样做时，他说："党和人民为盲人办了福利工厂，才有幸福的今天。我多做点理所应当。"他年年被评为先进工作者。上海第一印染厂助理工程师金溪祥自幼聋哑，她自学美术设计，曾为"永久"牌自行车设计商标并被采用。她设计的花布图案获得了上海市的"畅销奖"、上海纺织局的"百花奖"。她还荣获了上海市"三八红旗手"的光荣称号。

组织社会福利生产也为开展残疾人的职业康复工作创造了必要条件。由于社会福利企业的残疾人相对集中，不仅便于对残疾人进行统一组织、统一培训和统一管理，还可以根据残疾人的生理特点开发研制适合残疾人操作的专用工具和机械设备。因此，对残疾人的职业康复训练易于展开并收到了较好的效果。许多福利企业通过开展多样化的职业康复培训，不仅使残疾人的技术水平和劳动生产率有了很大的提高，而且使他们的某些生理机能也得到了相应的恢复和补偿。

其次，发展社会福利生产为国家创造了财富，为发展基层社会保障事业提供了一定的物质基础。社会福利生产不但有利于改善残疾人自身的经济状况和精神状况，也是国家建设中的一个组成部分，促进了国家的经济建设和科技进步，还为基层

〔1〕 崔乃夫：《当代中国的民政》（下），当代中国出版社1994年版，第286页。

社会保障事业作出了一定的贡献。1957 年全国福利生产总收入 1.59 亿元，共发出工资 7300 万元，相当于当年救济款总额的 2.5 倍。[1]徐州市贯彻“统筹兼顾，适当安排”的方针，积极组织困难户参加生产，对老弱病残、聋盲哑安排力所能及的生产劳动。1957~1958 年 3 月全市共组织了 231 个生产单位，参加生产的有 16 645 人。1957 年徐州市福利生产总值为 346.5 万元，共发出工资 143.6 万元，等于该市全年救济经费总额的 10 倍。救济对象由 1955 年的 33 285 人减少到 9061 人，经费开支由 19.09 万元减少到 8.7 万元。[2]社会福利企业为国家创造了经济财富。

社会福利企业大部分都是白手起家，经过长期奋斗发展起来的，随着产值和利润的增加，它们发挥着多功能的社会保障作用。一些福利企业投资兴建了敬老院、资助福利院等，有的乡镇福利工厂不仅安置残疾人，还安置退伍军人，扶持贫困户，赡养“五保”老人等。20 世纪 50 年代吉林省汪清县烈军属服务社就在这方面颇有影响。服务社是在 1951 年由 5 名残废军人用 45 元残废金建立起来的，他们先用这些钱买了 4 只母鸡和 1007 个蛋，待孵出小鸡养大后，他们再把收入的钱用来买机器，到 1957 年已经发展成为轧棉、缝纫、食品、铁工厂等 13 个生产单位，拥有 13 万元资金，共吸收了贫困的烈属、军属、残废军人等 407 人参加生产。不仅解决了参加生产人员的生活困难问题，并给予他们医疗和生活困难补助，还为 42 名残废、复员军人安了家，抚养了 13 名孤儿。

最后，发展社会福利生产，有利于促进社会团结安定。残疾人在没有得到就业之前，很多人感到前途渺茫、悲观失望，

---

〔1〕 崔乃夫：《当代中国的民政》（下），当代中国出版社 1994 年版，第 288 页。

〔2〕 江苏省地方志编纂委员会：《江苏省志·民政志》，方志出版社 2002 年版，第 625 页。

甚至轻生。有的残疾人闭门不出，与世隔绝；有的流落街头，沿街乞讨，严重妨碍了社会秩序，在群众中造成不良影响，成为影响家庭和社会安定的因素。组织福利生产，残疾人进入福利企业工作后，他们不但能够自力更生，也实现了劳动权利，获得了自尊，能有效地消除悲观心理，重新树立起对生活的勇气和信心，从而避免不稳定因素的出现。并且几十万残疾人通过工作维持生存、提高劳动收入，在一定程度上缩小了社会的贫富差距，有利于社会稳定。

当然，改革开放前中国有几千万的残疾人，数量巨大，要满足他们所有人的就业需要，社会福利企业的容纳量还有限。社会福利生产吸纳的残疾人数量是偏少的，尤其是相比于中国残疾人人数总量而言，所占比例很小。据统计，中国的总人口1949年为54 167万人，1952年为57 482万人，1954年为60 266万人，1959年为67 207万人，1963年为69 172万人，1964年为70 499万人，1966年为74 542万人。〔1〕也就是新中国成立后中国的总人口最少在1949年也有5亿多人，1954年后有6亿多人，1964年后有7亿多人。〔2〕通过1987年和2006年的调查，1987年残疾人口占全国总人口的5.49%，2006年残疾人已经上升到6.34%。〔3〕也就是说，中国残疾人占比一般在5%以上。以此比例推算，20世纪50、60年代残疾人的数量大约在2000多万到3000多万。但是实际上社会福利企业吸纳的残疾人最多也就几万人，1957年社会福利生产安置老弱残废人员30 811人，

---

〔1〕 国家统计局：《中国统计年鉴》，中国统计出版社1985年版，第552页。

〔2〕 郑功成：《中国社会保障制度变迁与评估》，中国人民大学出版社2002年版，第331页。

〔3〕 中国网："残疾人比例达6.34% 未来残疾人口发生率仍高增长"，载http://www.china.com.cn/news/2008-12/15/content_16952488.htm，访问日期：2016年7月23日。

1959年社会福利企业安置残疾人员7124人，1961年安置残疾职工为22 333人。[1]也就是说，参与社会福利企业的残疾人占整个3000多万残疾人的比例只有0.02%到0.07%，比例极低。

二、社会福利生产的形成和发展演变

从新中国成立到“文革”前我国社会福利生产从形成到发展壮大，定位方面从烈军属和贫民生产单位发展演变到以安置残疾人为主的福利生产单位，管理上也不断纳入计划经济体制框架内。发展期间经历了两次“大办”高潮、两次“交厂”低潮，发展过程颇为曲折。

经历了新中国成立初期的整顿和发展，1952年中国的社会秩序基本稳定下来，国民经济基本恢复，国家经济状况好转，社会福利生产也随之出现并得到了快速发展，这种快速发展的态势一直持续到1955年，这也是社会福利生产的第一次“大办”高潮。社会福利生产的早期形式其实是烈军属和贫民生产单位。1952年开始一些城市政府以生产自救为方针，组织烈军属和城市贫民参加一些手工业和小型工业的生产工作，这些单位逐渐吸收了部分残疾人参加生产。在1958年以前福利生产主要还是以烈军属和贫民生产单位为主要形式。

1953年第二次全国民政会议从方针上肯定了组织烈、军属和贫民生产的自救做法。会议决议指出：“必须大力组织革命烈士家属、革命军人家属、革命残疾人家属、革命残废军人中有劳动能力或其他生产条件的，积极参加各种生产。”1954年11月第三次全国民政会议提出要对福利生产建立专门的指导机构，以进行统一的组织领导。由此各地有关部门加强了对烈、军属

[1] 民政部计划财务司编：《民政统计历史资料汇编（1949–1992）》，中国统计出版社1993年版，第200、291页。

和贫民生产单位的领导，1955 年这种生产单位发展到了全国所有的城镇，生产单位达到了 3300 多个。[1]此后几年各城市民政部门以生产小组、工程队、合作社和小型工厂等形式，共组织了 50 多万烈、军属和贫民包括残疾人参加了各种不同类型的生产，这就是福利生产的早期形式。参加生产的人员 1953 年为 20.9 万人，1954 年为 47.5 万人，1955 年为 40.4 万人，1956 年为 34.4 万人，1957 年为 58 万人。[2]从 1952 年到 1955 年的这段时间，烈、军属和贫民生产单位发展迅速，生产规模不断扩大，人数不断增加。这是社会福利生产的第一次“大办”高潮。在 1952-1955 年间这次社会福利生产的“大办”高潮中，很多生产单位也面临着管理不善、产品质量不过关等问题，产、供、销难以纳入国家计划，原料供应和产品销售困难。

1956 年内务部提出了对烈、军属和贫民生产单位的移交和整顿要求。1956 年 7 月内务部发出了《关于整顿和组织城市烈、军属和贫民生产的通知》，决定对现有的生产单位进行适当整顿。通知指出：凡是主要由半劳力、辅助劳力、家庭妇女和老、弱、残废人员组成的加工服务型生产和简单的手工业生产，民政部门应当继续领导下去；但对主要由整劳力组成，而又适合国家经营的生产单位，则应当移交有关生产部门统筹安排；个别的生产单位，如果行业不符合国家和人们需要，或供、产、销存在严重困难，则应该加以收缩或转业。加之 1955 年底至 1956 年初出现了“社会主义改造”的高潮，政府和福利生产单位对社会福利生产的性质和特殊性认识不足，福利生产要长期进行下去的思想尚未确立，于是出现了一股盲目地将福利企业

〔1〕 崔乃夫：《当代中国的民政》（下），当代中国出版社 1994 年版，第 295~296 页。

〔2〕 崔乃夫：《当代中国的民政》（下），当代中国出版社 1994 年版，第 292 页。

交出去的“交厂风”。1956年开始，大量的社会福利工厂被移交出去，这是第一次“交厂”低潮。

在这次整顿移交中，共有1000多个成型的厂、社被移交了出去。从国家的整体利益出发，从整个国民经济的发展来考虑，那些全部由整劳动力组成的厂是应该交出去的；但有些地方的民政部门为了甩包袱，把一些残、老、半劳动力组成的烈、军属和贫民生产单位也交了出去。移交之后，由于这些生产单位生产效益不好，不能达到一般工厂或合作社的经济核算要求，从而增加了工业、合作部门的负担，于是有关部门对这些单位进行整顿并辞退了大批残疾人员，使这些本来在生活上有保障的人又不得不重新走上了坐吃救济的老路。例如，1955年底江苏省12个市由民政部门组织的生产单位原有335个，不加分别地把其中115个较大型的生产单位移交给工业、手工业部门，有的单位移交后，接管部门裁退了年龄大、有残疾、劳动力弱的优抚救济对象，南京市移交出去的10个单位中就被裁退了214人，这些人又回到了困难户的行列。[1]南京市军属织布厂移交时有职工80多人，移交后被辞退了30多人，又出现了救济户上门要救济的情况。由此，社会福利生产发展进入低潮，民政部门工作陷入被动。

经历了1956年的曲折后，民政部门认识到：组织生产是解决烈军属和贫民生活问题的有效方法，其后国家重新重视福利生产，并采取减税、贷款扶助等方式扶持福利生产。1957年内务部、财政部、中国人民银行联合发出了《关于城市烈属、军属和贫民生产单位的税收减免和贷款扶助问题的通知》，[2]同时

---

〔1〕 江苏省地方志编纂委员会：《江苏省志·民政志》，方志出版社2002年版，第623页。

〔2〕 民政部编：《民政部大事记》（1949-1986），内部发行1988年版，第122页。

内务部、国家经委、商业部、化工部、食品工业部、手工业管理局、供销合作总社联合发出了《关于解决烈属、军属、残废军人、贫民生产原料困难问题的通知》，这些文件从政策的高度规定了对烈、军属和贫民生产单位在税收、贷款及原料供应等方面应采取的保护性措施。社会福利生产又开始出现回升的态势。到 1957 年底，全国的福利生产单位发展到 8000 多个，参加人员多达 58 万。[1]至 1957 年底江苏全省 12 个市民政部门举办的生产单位发展到 661 个，参加生产的人员达 323 480 人，年产值 1659.7 万元。[2]

另外，社会福利生产的概念也逐步明晰。1956 年 12 月内务部在北京召开城市残老教养、烈军属贫民生产工作座谈会。在这次会议上首次提出了“社会福利生产”的概念，将原来统称的“烈、军属和贫民生产”的说法进行了改变，将这种生产确立了一个新的概念即“社会福利生产”，这个概念逐步得到了社会和国家的认可。[3]但是，这时面向残疾人的生产和面向烈、军属和贫民的生产依然混杂在一起，统称为“社会福利生产”。1958 年后，民政部门对烈军属、贫民生产单位进行了全面规划，统一安排，分类定型，逐渐把一部分改变为专门安置残疾人的企业，这些企业就成了后来的社会福利企业。1962 年后民政部门举办的福利工厂就以集中安置残疾人为主了。

1958 年第四次全国民政会议再次肯定了发展社会福利生产的重要性，会议明确指出组织社会福利生产是贯彻党和国家对只有一部分劳动能力的老、弱及残废人实行“统筹兼顾，适当

〔1〕 崔乃夫：《当代中国的民政》（下），当代中国出版社 1994 年版，第 297 页。

〔2〕 江苏省地方志编纂委员会：《江苏省志・民政志》，方志出版社 2002 年版，第 628 页。

〔3〕 民政部编：《民政部大事记》（1949-1986），内部发行 1988 年版，第 121 页。

安排”方针的一种最好的形式，是使这些人从贫困到富裕的根本道路。同时指出：“组织社会保障性的福利生产，不是一时的权宜之计，而是一项长期的福利事业。”[1]由此，社会福利生产继续快速发展，社会福利生产的概念、所包含的内容、经营方针和分配原则等逐步明确。社会福利生产的经营方针确定为：依靠群众，勤俭创业，白手起家，由小到大，从手工劳动到机械操作逐步发展；因时、因地、因人制宜，多种经营，综合利用，人尽其才，物尽其用，小型为主，以小带大，以老带新，集中和分散相结合。生产收入分配原则为：第一，保证生产人员的工资达到一定的水平；第二，扩大再生产，改良生产设备；第三，支援当地组织和扩大福利生产；第四，再有盈余时上缴。

1958 年开始的“大跃进”深刻影响了社会福利生产的发展。1958 年第四次全国民政会议着重讨论了各项民政工作如何贯彻社会主义建设总路线，推动民政工作全面“大跃进”。会议指出，必须把思想政治工作摆到民政工作的首要地位，大力组织社会保障性的福利生产。[2]在“大跃进”的背景下，掀起了“全民办工业”潮流，城镇烈军属、贫民生产均转向福利生产，全国各地出现了城乡大搞社会福利生产的高潮。由此，全国社会福利生产出现了一个新的发展高潮，福利生产单位迅猛增加。这是社会福利生产的第二次“大办”高潮。

在第二次“大办”高潮中，各地福利生产迅速发展。1957 年底黑龙江省烈军属、贫民生产单位有 145 个，参加生产的人数为 4256 人；1958 年底全省福利生产单位猛增到 5000 多个，参加生产的人员达 4.8 万人，一年时间福利生产单位的数量就增加了 30 多倍，人员也增加了 10 多倍。1958 年 9 月 12 日内务

---

〔1〕 崔乃夫：《当代中国的民政》（下），当代中国出版社 1994 年版，第 297 页。

〔2〕 民政部编：《民政部大事记》（1949-1986），内部发行 1988 年版，第 141 页。

部召开城市民政工作汇报会，内务部副部长王一夫在发言中说：1月至4月全国共组织社会福利生产单位5766个，参加生产的达19.8746万人；5月至7月全国又新组织生产单位7.5505万个，参加生产的达143.633万人。据11个省、市的不完全统计，已有50个城市和300个城镇基本实现了“无贫民”。[1]据不完全统计，1958年全国共有城市福利生产单位290 328个，参加生产的人数达到3 533 632人，其中约有老弱病残人员72万多人。[2]并且组织福利生产的热潮由大、中城市发展到城镇，一些地区的农村也开始举办小型的福利生产。例如，辽宁省建平县39个乡镇共建起98个福利生产单位，其中一个是县办的，其他都是社、乡、镇办的。[3]

在1958年开始的社会福利生产发展的大热潮中，很多地方福利生产单位中的残疾人逐渐从社会生产自救单位中分离出来，转到由民政部门兴办残疾人为主构成的福利单位。例如，1958年上海市民政局决定把分散在社会生产自救单位中的残疾人分离出来，转由民政部门独立兴办福利生产自救小组，之后很快组织起15个以盲人、聋哑人为主体的残疾人生产自救小组，共安置残疾人300余人。[4]

全国各地福利生产的快速发展，一方面促进了社会福利事业的发展。旅大、青岛、南京、徐州、安阳、张家口、唐山、南昌、沙市、黄石、宜昌、呼和浩特等城市，通过组织福利生产，使得优抚补助费和社会救济费全部实现了自给。沈阳、旅

---

〔1〕 民政部编：《民政部大事记》(1949-1986)，内部发行1988年版，第146页。

〔2〕 民政部计划财务司：《民政统计历史资料汇编》(93)，京新出报刊增准字第509号1993年版，第290页。

〔3〕 崔乃夫：《当代中国的民政》(下)，当代中国出版社1994年版，第298页。

〔4〕《上海民政志》编纂委员会编：《上海民政志》，上海社会科学院出版社2000年版，第190页。

大、抚顺等市还用生产收益成立了养老院、精神病疗养院等，对整个社会福利事业的发展起到了推动作用。但是另一方面，随着福利生产的过快发展，其中也出现了经营管理混乱、效益低下、贪污浪费等问题。由于受“大跃进”的影响，有的地方超越了社会福利生产的范围，盲目扩大生产，有的社会福利生产单位是一哄而起办起来的，设备简单、资金不足，自身扩大再生产力有所不及，更难为发展社会福利事业提供资金了。

针对福利生产发展过快引起的问题，1959 年内务部对社会福利生产再次进行了整顿，[1]而且整顿的方向是将福利生产集中为安置残疾人的单位。1960 年 4 月内务部向各省、自治区、直辖市民政厅、局发出《关于整顿社会福利生产单位的通知》，要求各地通过整顿促进生产。各地民政部门主要通过对福利生产单位的分类定型进行全面整顿。根据 1959 年第五次全国民政工作会议的精神，把社会福利生产单位分为四类，第一类是盲人、聋哑人和其他残疾人参加的生产；第二类为福利事业服务的生产，主要是指假肢工厂、聋人助听器厂等；第三类是生产自救性的福利生产，主要是指以烈军属、城镇贫民为主组织起来的生产自救性质的福利生产单位；第四类为改造性的生产，即原来的游民改造农场或工厂。全国各地对福利生产单位按这四种类型进行分类排队，全面进行调整定型，对不同类型的生产单位提出不同的要求，制定不同的措施，对残疾人福利生产单位给予特殊照顾。对不适于社会福利生产四种类型的单位，绝大部分交给工业部门或街道（公社）管理。第五次全国民政会议正式将安置残疾人就业的生产单位划定为保障性的社会福利生产，将保障性的社会福利生产与其他福利生产区别开来，

〔1〕 民政部编：《民政部大事记》（1949-1986），内部发行 1988 年版，第 164 页。

这是一个进步。其他三类不是以安置残疾人为主的生产单位虽被明确为非保障性的社会福利生产，但依然被划归为社会福利生产，社会福利生产还是没有成为单纯的以安置残疾人为主的生产形式。

1959年第五次民政工作会议之后，社会福利生产转变为向安置残疾人的方向集中。1960年第六次全国民政会议以及内务部《关于民政部门积极参与城市人民公社化工作的意见》中决定：今后，民政部门在举办社会福利生产方面，主要应办好安置残疾者的生产和为残疾者制造生产工具及生活、文化用品的生产。许多地方的民政部门根据这个精神，本着少花钱、多办事的原则，对原有的自救性生产单位进行了全面规划，将其中的一些小工厂也改造为安置残疾人和为残疾者服务的生产单位。1959~1962年三年经济困难时期国家对国民经济进行了调整，1960年各地贯彻执行国民经济“调整、巩固、充实、提高”的方针，大量福利企业被撤并、人员被精简。例如，1961年江苏省社会福利生产单位减少了64个，精简下放4688人。[1]由民政部门主办的大部分生产单位交给了工业部门、人民公社（街道），仅保留了一些盲、聋、哑、残职工较多的单位。1962年后民政部门举办的福利工厂就以集中安置残疾人为主了。

1963年2月全国民政、人事厅、局长会议召开，会议确定由民政部门举办社会福利生产，民政部门举办的社会福利生产主要是安置盲聋哑残人员的生产单位，并且提出了“民政部门对社会福利生产不宜大办，也不应不办”的方针。[2]将福利生产确定为安置残疾人员的生产单位，这是一个转折性的变化，

〔1〕 江苏省地方志编纂委员会：《江苏省志·民政志》，方志出版社2002年版，第626页。

〔2〕 民政部编：《民政部大事记》（1949-1986），内部发行1988年版，第201页。

标志着中国残疾人的就业达到了一个新的水平。

另外，20 世纪 50 年代末期到 60 年代初频繁的政治运动、自然灾害等严重影响着社会福利生产的发展，反右倾运动、三年自然灾害等直接导致社会福利生产出现了重大的挫折。1959 年的反右倾运动使社会福利生产面临着重大的挫伤。1959 年 10 月内务部召开社会福利生产工作座谈会，会议强调要继续“反右倾”、鼓干劲、深入开展增产节约运动。[1]受“左”倾思想的影响，在社会福利生产单位也搞起了“一大二公”，许多地方政府如街道办事处或街道人民公社过多地从福利生产单位抽调资金，有的甚至多达生产收入的 40%~50%，还无偿调拨福利生产单位的物资、设备，用来开展街道福利事业，或支援其他单位，致使一些福利企业严重亏损或倒闭。有的地方甚至把合作性福利生产单位无偿改为地方国营。例如：河北省邯郸市福利缝纫机厂共有 46 台缝纫机，其中 40 台是生产人员从自己家中带来的，6 台是用公积金购置的，无偿改为地方国营后，缝纫机全部变为国家财产，生产人员对此不满，而厂方却认为他们思想落后，降低了他们的工资，因此许多生产人员到民政部门和街道办事处要求另行组织生产。合作性福利生产单位在发展的过程中虽然受到国家和社会各方面的支持，但基本上仍是依靠生产人员自筹资金、自带工具，由小到大逐步发展起来的，生产人员的 80%~90%是没有条件在一般国营企业就业的残疾人员和家庭妇女。[2]不顾客观条件，简单地把福利生产单位无偿地由集体所有制改为国营所有制，忽视不同所有制之间的区别，这违背了在社会主义条件下发展生产的基本原则，侵害了集体和

〔1〕 民政部编：《民政部大事记》（1949-1986），内部发行 1988 年版，第 159 页。

〔2〕 崔乃夫：《当代中国的民政》（下），当代中国出版社 1994 年版，第 303~304 页。

个人的利益，而且严重挫伤了基层干部和群众组织福利生产的积极性，影响了福利生产的发展。

1959-1962年三年自然灾害时期，全国民政系统又刮起了一股“交厂风”，这是第二次“交厂”低潮。许多福利生产单位由民政系统交给工业部门，福利生产单位大幅度萎缩，并且工业部门主要抓经济效益，当企业达不到经济核算目标时就精简老弱残疾人员。根据对北京、上海、天津、沈阳、西安等63个城市的统计，这些城市1959年共有福利生产单位7801个，生产人员35.8万人。然而经历“交厂”风后，到1960年底，这些城市总共只剩下431个生产单位，7.3万名生产人员，人员只有1959年的20%。1959年西安市有生产单位81个，生产人员5387人，到1960年只剩下1个生产单位，207名生产人员，人员不到原来的4%。石家庄、营口、开封、洛阳、南宁等市每个市都只剩下1个生产单位，其中石家庄市只剩下65名生产人员。即使是当时福利生产单位保留最多的武汉市也只剩下35个福利生产单位，生产人员保留最多的沈阳市只剩下6144名生产人员。资金最少的辽宁省营口市全市福利生产单位总共才有资金3.7万元，产值最少的河南省开封市全市福利生产单位年计划产值只有12万元。利润最少的江西省吉安市全市福利生产单位计划利润只有1400元。[1]

1961年底全国27个省、自治区、直辖市总共只剩下1364个福利生产单位，12.4万名职工。这些福利生产单位中由省、自治区、直辖市民政部门领导的占3%左右，由市和市辖区民政部门领导的占55%左右，由县民政部门领导的占42%左右。其中福利生产单位保留最多的省份是黑龙江、福建等省，也各自

〔1〕 崔乃夫：《当代中国的民政》（下），当代中国出版社1994年版，第304~305页。

只留下100多个生产单位，最少的是陕西、甘肃、宁夏、贵州等省、区，各有10多个生产单位，其他各省一般约有五六十个生产单位。〔1〕例如，1958年浙江省有社会福利生产单位4127家，职工10.61万人，年总产值4287.7万元。1960年7月浙江省民政厅发出《认真整顿社会福利生产单位的通知》，通知规定将以社会困难户为主组成的生产自救性单位，交由人民公社领导，列为公社工业，民政部门领导的福利生产单位主要是保障性的福利生产单位，为社会福利事业服务的生产单位和烈军属人数较集中的生产单位。经过整顿，大批福利生产单位移交人民公社和当地有关工业部门，一些生产任务不足的社会福利生产单位被关、停、并、转。至1964年底，浙江省民政部门仅保留社会福利生产单位68所，职工5188人，年总产值1370.8万。江苏省原由民政部门直接管理的生产单位也大部分移交给了有关部门和人民公社（街道），至1962年全省民政部门只保留了社会福利生产单位59个，职工7750人，尔后继续交出，逐年减少。1965年江苏省社会福利生产单位减少到44个，生产人员6908人，其中盲聋哑残只剩1599人，占生产人员的23.1%，全年产值2164元。〔2〕那些没有"交"出去、保留下来的生产单位中还有许多供销没有保证，生产时断时续，或陷入停工、半停工的状态。不少单位的设备闲置起来，大批人无所事事，靠吃企业的老本过日子。有的厂老本吃光了，职工们要靠民政部门的拨款来维持生活。福利生产的萎缩使盲、哑、残人员的安置问题又变得突出起来，一些残疾人员失业、流落街头等，连带性的社会问题接踵而至，使民政部门应接不暇。

---

〔1〕崔乃夫：《当代中国的民政》（下），当代中国出版社1994年版，第305页。

〔2〕江苏省地方志编纂委员会：《江苏省志·民政志》，方志出版社2002年版，第626、629页。

为了解决福利生产单位萎缩的问题，从 1963 年开始许多省、市又相继恢复和新建了一批社会福利企业，使矛盾有所缓解。1963 年全国民政、人事厅、局长会议在北京召开，会议主要贯彻党的八届十中全会的精神，强调必须用阶级斗争的观点来分析形势和矛盾，把支援农业、支援人民公社集体经济放在第一位。会议认为：民政部门对社会福利生产不宜大办，也不应不办，民政部门举办的社会福利生产主要是安置盲聋哑残人员的生产单位。[1]会议指出社会福利生产是安置残疾人员的生产单位，提出要适度地组织福利生产。1964 年，国家计委、内务部发出了《关于民政部门领导的社会福利生产单位纳入地方计划的通知》。1965 年内务部、国家计委、劳动部、国家统计局发出了《关于民政部门管理的盲人、聋哑人工厂劳动工资计划和统计问题的联合通知》。这两个通知进一步申明了党和国家对福利生产进行扶持和保护的原则，有力地推动了福利生产的恢复和继续发展。

从社会福利企业的形成与发展的过程来看，新中国成立后社会福利生产大致经历了两次“大办”高潮、两次“交厂”低潮的起伏，呈现出波浪式前行的轨迹。新中国成立初期，社会福利生产经历了快速发展时期，福利生产出现第一次高潮发展期。但 1955 年底至 1956 年初随着“社会主义改造”的高潮，政府主导对社会福利生产进行整顿调整，大量社会福利企业被盲目地交出去，福利生产第一次进入低潮。其后政府重新认可福利生产，并对福利企业采取减税、贷款扶助等方式进行扶持，1957 年福利生产有所回升。尤其是 1958 年后出现“大跃进”，伴随着社会主义的建设高潮，社会福利生产迅猛发展，第二次

---

〔1〕 民政部编：《民政部大事记》（1949-1986），内部发行 1988 年版，第 201 页。

福利生产的高潮到来。1958 年全国已有社会福利生产单位 6065 个，历史性生产单位 1395 个，参加生产的人员约 58 万人。在 5-7 月的三个月时间里，全国福利生产单位增加了 14 倍，参加人员增加了 7 倍，1958 年 9 月社会福利生产单位达到了 81 266 个。[1]正因为发展过快，在发展福利生产的过程中又出现了新问题，1959 年政府领导对福利生产再次进行整顿，加之 1959 年后所出现的反右倾运动、三年自然灾害、文化大革命等政治运动与自然灾害严重制约了社会福利的发展，社会福利生产第二次陷入低潮。从这个起伏的过程来看，一方面是因为新中国成立初期政府和社会对社会福利生产缺乏理性的认识，政府和福利生产单位对社会福利生产的重要性和特殊性认识不足，福利生产要长期有序进行下去的思想尚未确立，社会福利生产处于一种无目标、无规划的发展过程中。另一方面也是迫于政治形势，每一次大的政治事件必将投射到福利生产中来。无论是社会主义改造，还是大跃进、反右倾、文化大革命等，都在很大程度上影响了福利生产的发展。新中国成立后的福利生产受制于政治形势而缺乏独立性，因此在较长的一段时间内，福利生产并没有建立系统完备的制度和法规，从而没有形成稳定的福利生产制度。

正是由于福利企业的或大办或交出，或迅速发展或严重萎缩，政府总结出经验，社会福利企业是对有劳动能力的老弱病残人员进行安置的最好形式，因此“不能不办”，指出：“组织社会保障性的福利生产，不是一时的权宜之计，而是一项长期的福利事业”。[2]但同时，如果福利生产发展过于快速，超越了

---

〔1〕 常宗虎：“聆听历史的教诲——近 50 年来中国社会福利史的三点启示”，载《民政论坛》2001 年第 4 期。

〔2〕 崔乃夫：《当代中国的民政》（下），当代中国出版社 1994 年版，第 297 页。

社会经济水平，则会引起假冒福利企业等不良现象，所以社会福利企业又“不宜大办”。中国政府也由此得出经验，对于社会企业发展的总方针要实行“不宜大办，也不应不办”。

三、纳入计划经济体制框架内的社会福利企业发展

20 世纪 50 年代中后期中国在经济领域内强化了政府统包统揽的计划经济体制，政府有计划地进行严密的社会分工，企业的生产和经营都必须根据政府的指令性计划，企业失去生产和经营上的自主权，国家加强了对经济生活的控制和干预。社会福利生产也同样被纳入计划经济体制的框架内。从 20 世纪 50 年代后期开始，国家对社会福利生产进行计划指令，当然，由于社会福利生产的特殊性，政府所实施的计划在一定程度上是一系列保护扶持政策，包括税收减免政策以及在资金、物资等方面的计划供应等优惠政策，保护和扶持了社会福利生产，从而促进了社会福利企业的发展和巩固，但也使得社会福利企业缺乏市场竞争力，容易导致经济效益不高。

20 世纪 50 年代后期国家逐步将福利生产单位的产供销纳入国家计划，在原料供应、产品销售等方面由国家实行计划调控，国家给予一定倾斜优惠照顾。1957 年 3 月 12 日，国家内务部、国家经济委员会、商业部、化学工业部、食品工业部等部门发出《关于解决烈属、军属、残废军人、贫民生产原料困难问题的联合通知》，规定地方各有关部门对烈军属、残废军人和贫民生产的原料和产品应给予安排、纳入计划。通知要求：民政部门组织的烈军属、残废军人和贫民生产，地方各有关部门包括计划部门要给予必要的支持，对原料供应和产品销路也应给予合理的安排。其主要产品产量应该纳入地方工业及手工业的生产计划中，由当地计划委员会和有关工商部门妥善安排。

1959 年 7 月国家计委和内务部联合发出了《关于社会福利生产统一纳入地方计划的通知》，通知将社会福利生产统一纳入国家计划，要求：各地应把社会福利生产统一纳入地方计划；福利生产单位所需的原料、材料，由各地计委统一分配和供应，各地计委对社会福利生产单位，在计划管理、财务管理等方面加强指导，使社会福利生产单位得到不断巩固和提高。某些特殊原材料如：制造火葬机需要的钢材，制造假肢需要的橡胶、塑料，制造盲人写字板需要的铜、制造盲人写字用的盲文纸，以及聋人助听器所需要的材料等，地方确实不能解决的，还可以汇总上报，由国家计委统一解决。[1]通知发出后，大大缓解了福利生产单位在生产计划和原材料供应问题上的矛盾，为福利生产的发展开辟了更加平坦的道路。

1964 年 1 月 13 日国家计划委员会、内务部联合发出了《关于民政部门领导的社会福利生产单位纳入地方计划的通知》。通知重申：目前各地的盲人、聋哑人工厂和优抚、救济对象的工厂，大多数还没有纳入计划，以致不少单位生产不稳定，供销困难，甚至陷入停工、半停工的状态。因此，各地计委对民政部门领导的社会福利生产单位，应当根据各地的具体情况，纳入本地区的生产计划，在供销问题上加以具体安排，并督促有关部门帮助这些单位改善经营管理，提高产品质量，降低成本，以适应社会需要。[2]

根据上述文件的精神，各省市计划部门将社会福利生产单位的产、供、销等纳入国家计划，解决了福利生产单位供、销方面存在的问题，使其生产经营和安置残疾人员的工作得以顺利进行。

---

〔1〕 民政部编：《民政部大事记》（1949-1986），内部发行 1988 年版，第 157 页。

〔2〕 民政部编：《民政部大事记》（1949-1986），内部发行 1988 年版，第 218 页。

国家主要通过实施税收方面的优惠政策来扶持社会福利企业，对社会福利企业相应地减免税收。1957 年 1 月内务部、财政部、中国人民银行联合发出了《关于城市烈属、军属和贫民生产单位的税收减免和贷款扶助问题的通知》，规定民政部门领导的烈属、军属和贫民生产单位一律免征工商业税，其他各税仍照章缴纳。在生产和业务经营的过程中，如果自由流动资金困难，民政部门从优抚、救济费中给予解决，仍有不足，银行可酌予贷款扶持。对于生产性质的单位贷款，可比照一般手工业合作社组织贷款办法办理，对于商业性质的单位贷款，可比照小商小贩合作组织贷款办法办理，如有特殊困难，贷款期限可适当延长。此后，社会福利生产单位长期享受免征工商税的优惠扶持，向银行贷款也可得到优先照顾，而且贷款利息低于同期其他人员的贷款利率。

地方各级政府机关遵循上述文件，对社会福利企业免征工商税。例如，1959 年 9 月 26 日，江苏省民政厅、财政厅发布了《关于民政部门领导的社会福利生产交纳所得税的联合通知》，规定对社会保障性的福利生产和为福利事业服务的生产实施免征所得税的优惠政策，其他福利生产单位有困难的也可给予减免税收的优惠。通知规定：民政部门领导的生产单位，组织盲聋哑人、社会残疾者的生产单位和为残疾者服务而生产的单位，继续给予照顾免征所得税，其余单位一般都应按照税法规定征收所得税；如果有些单位利润较少，按规定征收所得税有困难，影响扩大再生产的，可报请市、县人民委员会批准，在一定期间内给予减税或免税照顾。1964 年 10 月北京市税务局发出《关于民政部门所领导的生产单位纳税问题的通知》，规定社会福利企业“不论从事生产产品或接受加工业务，按照税法规定纳税有困难者，给予免征工商统一税的照顾”。此前，北京市所有盈利的社会福利企业，已经享受了免征所得税的照顾。[1]

国家对福利生产的组织领导与社会福利事业单位类似，也是由各级民政部门主管，同时又接受各级地方党委的领导。民政部门对社会福利企业主要进行政策指导、业务指导，具体管理。党委则在人事、财政等方面对社会福利企业进行领导。

新中国成立后社会福利生产历来由各级民政部门主管。内务部是整个国家社会福利生产的主管者。各省民政厅、各市县民政局均设置了“福利生产处”，福利生产处或福利生产办公室对辖区内的社会福利企业进行统一管理。一般由内务部和省级民政部门对社会福利生产制定方针政策和督促检查，地市、区县、街道等民政部门则负责福利企业的具体管理事宜。而在组织领导上，各级福利生产单位均接受各级地方党委的领导。1960 年第六次全国民政会议后各地民政部门加强了对福利生产的组织领导，所有福利生产单位均在地方党委的领导之下，还抽调了一批能够坚决执行党的政策的干部充实到福利生产单位中去。上海市和江苏省就是这种管理和组织领导体制的典型代表。20 世纪 50 年代初上海市民政局把握方针政策和督促检查，上海市盲聋哑生产自救小组的管理由所在区的民政科负责。20 世纪 50 年代后期上海各福利生产单位由市民政局统一指导、检查和服务，各区民政部门则负责生产管理。1960 年后，各区盲聋哑福利厂出现了原材料脱节、销售呆滞、生产停顿等情况，区民政科无法解决。为此，1964 年 3 月上海市民政局增设盲聋哑社会福利生产管理处，同年 8 月各区福利工厂划归市民政局，由社会福利生产管理处实行统一管理。1956 年南京市民政局设生产科，徐州、苏州等市的社会福利生产由社会科负责，扬州、

[1] 北京市地方志编纂委员会：《北京志·政务卷·民政志》，北京出版社 2003 年版，第 340 页。

泰州、镇江、常熟等市的社会福利生产由民政科的专职干部负责。各县则由民政科（股）专人监管。南京市各区建立了民主管理委员会，配备专职干部，协助民政部门领导生产。苏州市成立市生产领导小组。徐州市的区、街道办事处都有一名专职干部领导生产工作。这些机构和专职干部按“统一领导、分级管理”的原则，在市、县、区、街道领导下，分别管理不同类型的生产单位。大型的全市性的生产单位，由市民政局直接管理；中型的生产单位由区管理；小型的或服务性、季节性和分散的生产单位，由街道办事处和居委会管理；许多县民政部门也直接领导管理生产单位。

另外，在内务部的指导下，各地方的民政部门还与计划部门、地方工业部门等联合建立了专门的管理机构，以加强对福利单位的领导、加强福利单位与其他单位的协作。1954 年 11 月至 1955 年 1 月第三次全国民政会议提出了建立统一专门的领导机构、对福利生产进行统一领导和统一组织的要求。内务部部长谢觉哉在会议上指出：“在城市组织烈属、军属、革命残废军人、复员军人生产和组织贫民生产，必须在领导上更好地统一起来，并且尽可能地统一组织，生产单位多的地方可以建立统一专门的领导机构。”[1]1954 年内务部、地方工业部、中华全国合作总社、中国人民救济总会联合发出《关于建立城市烈属、军属、贫民生产和教养机构生产的联合指导机构的通知》，要求各城市在党、政统一领导下，根据当地的具体情况，由民政、合作、地方工业和救济分会等有关部门共同组织生产联合指导机构——生产指导办公室或委员会，以对福利企业实行统一领导与计划。1956 年 1 月内务部部长谢觉哉再一次提出要设立专

〔1〕 崔乃夫：《当代中国的民政》（下），当代中国出版社 1994 年版，第 295 页。

门的管理机构，受当地计划部门、有关生产部门和民政部门的领导。

在中央的指示下，各地方逐步形成了以各级民政部门为核心的、各部门联合建立的专门管理机构以管理福利生产。例如北京市，1958 年北京市民政局成立了生产办公室，统一管理全市的社会福利生产，这是北京市第一个专门管理社会福利生产的机构。1959 年 1 月中国盲人福利会北京市分会、中国聋哑人福利会北京市分会和中国人民救济总会北京市分会三个社团组成联合办公室，北京市民政局生产办公室的工作职责全部并入联合办公室。此后北京市所属社会福利企业的管理以及对全市社会福利生产的指导等，均由联合办公室负责。

作为安置残疾人的特殊企业，社会福利企业在发展的过程中具有先天不足的缺陷，单位效益、利润等方面难以企及同类其他企业。为了保障残疾人员的利益，国家要求在工资、福利待遇等方面对残疾人既有所照顾，又能顾及社会公平，对于福利生产单位的工资标准作出了相关规定。在工资标准方面，规定要坚决贯彻按劳分配的原则，一般不要高于同行业的地方国营和社办工厂的水平，对于工资收入不足维持生活的职工，要给予适当的救济补助。[1]

社会福利工厂多是白手起家，创办初期主要是解决职工的吃饭问题，没有固定的工资标准。20 世纪 50 年代前期和中期全国大多数福利企业职工收入微薄，与其他职工相比残疾人员的工资要低很多。例如，1952 年江苏省职工年平均工资为 421 元，1957 年江苏全民所有制单位职工年平均工资为 531 元，1958 年江苏全民所有制单位职工年平均工资为 476 元，平均每月为 30 多

〔1〕 崔乃夫：《当代中国的民政》（下），当代中国出版社 1994 年版，第 303 页。

到40多元。[1]江苏省1955-1958年4月全省福利生产单位发出工资1240万元，生产人员收入最低的每户按人计算，不少于7元。福利单位平均每月7元的工资水平远远低于全省平均30到40多元的工资水平。再来看上海的情况，20世纪50年代后期上海全市职工平均年工资如下，1955年为802元，1956年为840元，1957年为859元，1958年为849元，1959年为814元。[2]可以看出20世纪50年代后期上海市职工年平均工资为800多元，相当于月平均工资为70元左右。上海市20世纪50年代后期福利生产单位的残疾人月收入多者10~15元，少者6~7元，属计件工资制，无福利保障。上海市福利生产单位残疾人的收入只有上海市职工平均工资的9%到21%左右，可见上海残疾人相比于其他职工的工资水平还是低很多。

随着20世纪50年代末期社会福利生产的迅速发展，福利企业越来越注意做好工资工作，残疾人员的工资水平有所提高，但仍低于其他同行业的工人。1959年南京市福利生产单位职工的平均月工资为21.58元，1960年为24.5元，相比于1958年7元的平均月工资已经有了较大的提升，当然相比于当时江苏省全民所有制单位近40元的平均月工资还是有些低。[3]20世纪60、70年代南京市福利工厂工人的工资，一般还是低于本市同行业的工人。20世纪60年代初上海市福利单位的福利方针是“积极争取，逐步提高”。上海10个区福利生产工场的盲人月平

〔1〕《江苏省志劳动管理志》编纂委员会编著：《江苏省志·劳动管理志》，江苏古籍出版社2000年版，第646页。

〔2〕上海市地方志办公室：“上海劳动志”，载http://www.shtong.gov.cn/node2/node2245/node67474/node67481/node67548/node67562/userobject1ai64579.html，访问日期：2016年6月9日。

〔3〕《江苏省志劳动管理志》编纂委员会编著：《江苏省志·劳动管理志》，江苏古籍出版社2000年版，第646页。

均工资为24.5元、聋哑人月平均工资为26.04元、肢残人月平均工资为29.3元。各单位先后自办食堂、修建厕所，由用井水改为用自来水。1962年12月上海市人民委员会批转市民政局《关于解决盲聋哑工厂工资福利问题的请示报告》，要求同工同酬，解决不合理现象。福利生产单位从业人员月收入有所调整，一般不低于25元，并实行固定工资制和评发综合奖的办法。而上海全市职工年平均工资1960年为788元，1961年为796元，1962年为821元，月平均工资为60多元。也就是说，上海在20世纪60年代前期福利单位人员工资为20多元，相比于20世纪50年代后期10多元的工资水平有所增加，但比起同时期其他同行业工人平均每月60多元的工资水平仍是偏低的。

国家对福利生产单位的福利待遇、收益分配等也进行了相关规定。在福利待遇方面，规定社会福利企业的福利待遇要从实际出发，量力而行。在利润使用方面，规定要本着节约的原则，严格控制使用范围，主要应用于改进和维修生产设备，改善生产人员的集体福利，举办社会福利事业，开支救济福利费等事项上。并且使用利润时要接受财政部门的监督，并要经过党委批准，如果所得利润用于以上几方面后仍有剩余，应上缴国家。[1]

1962年12月上海市人民委员会批转的市民政局《关于解决盲聋哑工厂工资福利问题的请示报告》，规定在福利方面实行医疗费部分报销和住院补助的制度，并参照全民所有制企业办法处理病、产假工资和福利待遇。1964年上海市属福利厂兴办了托儿所、保健站、浴室、图书室、乒乓室等。1964-1966年上海市属福利厂劳防用品开始按轻工系统标准发放工作服、鞋帽、手套等；病假三天不扣工资，女工生育有45天产假；路远职工

〔1〕 崔乃夫：《当代中国的民政》（下），当代中国出版社1994年版，第303页。

享有交通补贴；10 元以内医疗费可报销一半；有困难职工的家庭成员每人每月生活费可补助 9 元。为了更具体地说明上海市福利企业员工的真实福利待遇水平，以下将上海市福利企业与一般企业职工的医疗保障进行比较分析。从 1951 年 2 月起上海市对企业职工实行劳保医疗，1952 年 7 月起对机关、事业单位职工实行公费医疗，在企业职工医疗待遇的方面，如果职工患病和非因工负伤，诊疗费、手术费、住院费及普通药费均由企业负担，贵重药费、住院膳费及就医路费由本人负担。〔1〕可见，虽然福利生产单位也对残疾人员实行了一定的福利待遇，但残疾人员在 10 元以内的医疗费只可以报销一半，相比于一般企业员工患病负伤可由企业全部负担诊疗费、手术费、住院费和普通药费，残疾人员的福利待遇仍是偏低的。

总体来看，一方面国家出台了相关政策、规定等，对福利企业的工资、福利待遇等有所倾斜照顾。但是这种倾斜程度是有限度的，在兼顾社会公平的原则下，一般来说福利生产单位的工资水平、福利待遇水平均低于其他企业。从时间发展上来看，福利企业员工的工资水平也有所上涨，但上涨速度较慢，工资福利待遇总体偏低。

四、社会福利企业兼具福利性与营利性

社会福利企业既是企业，必然要以盈利为目的，并向市场提供产品或服务、参与市场运行。但社会福利企业又是“福利性”的企业，是国家为帮助残疾人就业而设置的企业，向残疾人提供福利，意味着它又有“福利性”的一面。而福利性与营

〔1〕 上海市地方志办公室：“上海劳动志 ”，载 http://www.shtong.gov.cn/node2/node2245/node67474/node67482/node67564/node67568/userobject1ai64585.html，访问日期：2016 年 6 月 9 日。

利性是一对复杂的关系，社会福利企业在运行过程中有时能将福利性与盈利性保持一致，有时又难免产生矛盾，出现要保证福利性就难以实现盈利的经济目的，要保持盈利又很难实现福利的功能的情况，显现出矛盾性。

从20世纪50年代社会福利企业的发端来看，政府举办社会福利企业的目的和动力，主要来自于两个方面。一方面，从党的宗旨出发，中国共产党代表最广大人民群众的利益，要为人民服务，这其中当然包括残疾人。我国《宪法》规定："中华人民共和国公民有劳动的权利和义务"，"国家和社会帮助安排盲、聋、哑和其他公民的劳动、生活和教育"。残疾人有劳动的权利，因此国家和政府必须保证他们实现这种权利，使他们参与社会生产并融入社会，这是党和国家对残疾人权利的保障和关怀，在动能上造就了社会福利企业福利性的一面。另一方面，新中国成立初期，国家一穷二白，社会经济水平有限，政府财力紧张，残疾人数量较多，国家还无力完全提供对残疾人的福利保障，只能通过发展福利生产这种形式让残疾人就业，相当于以工代赈，使残疾人得到保障，也为国家创造财富，为基层社会保障提供积累，减轻国家的压力。被认为是"中国社会福利生产之父"的内务部部长谢觉哉，曾提出："对于生活困难的城市贫民和残疾人，对这些人的社会保障应有长期打算，基本的办法应以组织和扶持生产自救为主，辅以必要的国家救济。而单靠国家拿钱包起来是不行的，也是不可能的。"〔1〕国家没有办法一下子解决残疾人员的福利问题，所以要依靠发展福利企业来进行生产自救，这是发展社会福利企业的现实动力。这种现实动力有阶段性和功利性，如果政治经济形势发生变化，这

〔1〕 参见 http://cbzs.mca.gov.cn/article/shxw/yw/200909/20090900038464.shtml.

种动力就可能减小，如果社会经济水平提高，国家财政供给能力增强，势必要求减少社会福利企业的福利性，而提高对社会福利企业的营利性。

从国家对社会福利企业的发展定位和管理政策来看，一方面国家认为社会福利企业有福利性和非营利性，但在现实中又要求社会福利企业能够经营好、能有盈利。社会福利生产的早期形式是烈军属和贫民生产单位，当时是为了解决这些有困难的人群的生计问题而创立的。后来逐渐吸收了一些残疾人进来，就发展成了社会福利企业。为了帮助残疾人，解决残疾人的生活和就业问题，才会有社会福利企业的这种形式。因此，对社会福利企业的管理交给了内务部和民政系统，而不是交给其他管理经济的部门，民政部门承担了管理福利事业的职责。从管理主体来看，由民政部门管理社会福利企业，当时政府是很重视社会福利企业对残疾人承担的福利功能的。在社会福利企业的发展过程中，福利企业经历了几次整顿，这些整顿基本上都强调必须以安置残疾人为目的，企业对残疾人的安置要达到一定的比例。1956 年内务部提出了对烈军属和贫民生产单位的移交和整顿要求，1956 年 7 月内务部发出了《关于整顿和组织城市烈、军属和贫民生产的通知》，决定对现有的生产单位进行适当整顿。通知指出：凡是主要由半劳力、辅助劳力、家庭妇女和老、弱、残废人员组成的加工服务型生产和简单的手工业生产，民政部门应当继续领导下去；但对主要由整劳力组成，而又适合国家经营的生产单位，则应当移交有关生产部门统筹安排。通知强调由残疾人员组成的福利单位要由民政部门继续领导。1959 年第五次全国民政会议再次正式将安置残疾人就业的生产单位划定为保障性的社会福利生产。1963 年 2 月全国民政、人事厅、局长会议召开，会议确定由民政部门举办社会福利生产，民政部门举办的社会福利生产主要是安置盲聋哑残人员的生产单位。1964 年国家计委、内务部发出《关于民政部门领导的社会福利生产单位纳入地方计划的通知》，指出社会福利企业是生产自救性质的工厂，是安置烈军属、残疾军人、盲聋哑残疾人的单位。因此，国家在定位社会福利企业的时候，更多的是考虑对残疾人的安置福利功能。但是在社会福利企业实际发展的过程中，政府又要求福利企业要经营好，要有盈利，如果经营不善、没有盈利的话，就可能被收缩或清退。例如，在对社会福利企业的多次整顿中，往往对经营不善的企业进行收缩或转业。1956 年 7 月内务部发出《关于整顿和组织城市烈属、军属和贫民生产的通知》，对福利生产单位进行整顿，提出："个别的生产单位，如果行业不符合国家和人民需要，或供、产、销存在严重困难，则应该加以收缩或转业。"事实上，单靠国家的优惠扶持，福利企业是难以长久持续下去的，现实中所解散的福利企业也往往是经营不善的单位。

正是由于政府对社会福利企业的定位既有福利性，又有营利性，所以提出社会福利生产发展的总方针是："既不能不办，又不能大办"。为什么不能不办呢？因为社会福利企业有福利性质，要为残疾人提供福利功能，如果不办，残疾人就将失去重要的就业渠道，残疾人的权利和利益就会受损。为什么又不能大办呢？因为如果大办，就会出现管理混乱，福利企业的经营就会出现问题，并且还会导致很多福利企业假借福利之名来骗取优惠措施，并不真正安排残疾人员从事实际工作，社会效益和经济效益都得不到保障。

社会福利企业所兼具的福利性与营利性，让福利企业一开始就处在一种矛盾的状态中。社会福利企业的发展也处在一种摇摆中，如果政府更为重视其福利性，采取更多扶持、保护政策，那么社会福利企业就会获得快速发展，出现“大办”。如果政府更为重视社会福利企业的营利性，那么一些福利企业就会因先天不足而经营不善，从而被减缩。直到今天，对于社会福利企业要办还是要废除，也存在着争议。这都是由于社会福利企业所具有的福利性和营利性的矛盾造成的。尤其是随着社会主义市场经济体制的建立和完善，社会福利企业因受到国家的保护和扶持，与自由市场精神相悖，遭到了很大的质疑。有人提出，在市场经济条件下，企业的唯一目标就是追求经济利益，而将福利保障功能加到企业之中，那么企业的本来功能就会难以实现。对残疾人的社会福利保障，不应该由企业来承担，而应该由政府来承担，政府应该全面承担对残疾人的社会福利保障职能。残疾人在劳动市场如果有困难，不能自主就业，或者失业了，那也应该由政府解决，而不应该交给福利企业，福利企业首先就是企业。社会福利企业由于得到了政府的保护和扶持，在税收等方面获取了优惠，有人认为会造成不平等的市场竞争，扰乱社会秩序。自由的市场不应该存在政府对某些企业的特殊照顾，也不应该对企业过多地计划和干预。

从理论上来说，残疾人有劳动就业的权利，政府和社会有保障残疾人就业劳动的义务。残疾人因身体或心理等方面的损伤影响了他的某些社会功能，但他们也是公民，拥有同等的公民资格，拥有平等的公民权利。国家和政府有责任保障残疾人的公民权利，其中包括劳动权利，其他社会成员也有义务保障残疾人的权利。政府和社会应该建立法律制度，采取各种措施促进残疾人就业，使他们获得基本的劳动权利和其他权利。而且从实际效果来看，残疾人通过就业劳动，不但改善了自己的生活状况，也确实创造了社会财富，残疾人并不是社会的包袱，有必要促进残疾人平等地参与社会。即使是在市场经济环境中，也并不能完全否认社会福利生产这种方式，不能消除政府对社会福利企业的保护和扶持政策。因为人与人之间存在着先天或后天的差别，残疾人群体由于身体或精神上的残疾，有自身条件的劣势，在就业中处于不利状态，因此就需要得到政府和社会的帮助。罗纳德·德沃金在论述资源平等理论时认为，必须对残疾人、智力迟钝者、精神病人等由于自然原因或社会原因而无法像正常人一样拥有平等资源的特殊群体采取倾斜性对策，弥补他们在能力上的缺陷。〔1〕而且残疾人在实际就业的过程中，如果残疾人进入劳动力市场，由于某些劳动能力的缺陷可能遭遇歧视和排斥，他们一旦被排斥就很难依靠自身能力再次进入，所以需要政府和社会采取保护的政策保证其就业。社会福利企业就是一种可以帮助残疾人就业的形式。

从历史上来看，中国组织福利生产以解决残疾人的就业问题是依据中国的国情，总结历史经验而逐步形成的。通过组织福利生产，广泛安置残疾人就业，使他们同健全人一样，享受劳动的权利，平等地参与社会生活，通过劳动改善生活条件，既满足了残疾人的自身需求，也为国家创造了财富，促进了社会、经济、文化等的发展，也维护了社会的稳定。而且，中国是一个社会主义国家，社会主义制度从宪法的高度赋予了残疾人就业的权利，通过发展福利企业保障残疾人的就业是国家和社会的责任。20 世纪 50、60 年代中国是一个发展中国家，现在中国依然是一个发展中国家，经济比较落后，人口众多，残疾人的数量相对较多，从现阶段的国情出发，通过组织福利生产来集中解决残疾人的就业问题，也是一个现实选择。

当然，在市场化的环境下社会福利企业确实面临着困境，

---

〔1〕［美］罗纳德·德沃金：《至上的美德——平等的理论与实践》，冯克利译，江苏人民出版社 2003 年版，第 34 页。

当前社会福利企业的发展遇到了障碍，社会福利生产的规模不断萎缩，福利企业与市场存在相悖之处。但在当前的现实条件下，作为一个发展中国家，社会福利生产还是要立足于市场环境在福利性与营利性之间找到平衡点，辩证地处理好两者之间的关系。社会福利生产既要遵从市场经济的规律，又要承担社会福利的责任。残疾人要积极地参与市场选择分散就业，国家和政府也要适当举办福利企业为残疾人提供集中就业的机会。社会福利企业自身既要追求营利性，又要追求福利性；既要坚持经济效益，又要坚持社会效益；既要搞好生产经营，又要重视解决盲聋哑残人员的安置问题。

第三节　收容遣送工作的深入实践

收容遣送工作是对城市流浪乞讨人员进行收容、遣送、教育、改造和安置的一项具有救济性的社会行政管理工作，以救济与安置为宗旨，由民政部门主管。收容遣送工作不但包括对流浪乞讨人员的暂时收容和遣送回籍，还包括对流浪乞讨人员的教育、改造、安置就业等内容。虽然流浪乞讨人员并不全是属于无家可归、无依无靠、无生活来源的“三无”群体，但他们很少有固定的财产，居无定所，生活困顿，基本无亲无友。他们一部分是老弱残幼人员，一部分是无家可归人员，一部分人对社会有潜在的危险性，大部分属于弱势群体，需要救济安置。这项工作既具有行政管理性质，又具有救济福利性质，主管这项工作的是民政部门，所以把收容遣送安置工作也纳入民政福利工作的范畴。

收容遣送工作的方针是：“劳动生产与教育改造相结合”，“改造与安置相结合”。由民政部门设立相应的收容遣送管理机构和专职工作人员，分类进行收容、遣送、改造、安置等工作。对流浪乞讨人员中有家可归的，由民政部门收容遣送机构给予资助遣返原籍，参加当地的土地改革，分给土地，使他们从事农业生产。对无家可归或屡遣屡返、有劳动能力的流浪人员进行教育改造，或者分散安置（移民插队）监督改造，或者集中安置在农村或市县举办的农场进行教育、改造和学习生产技能；对其中少数无家可归、无依无靠、无生活来源的老弱残幼人员，由当地民政部门安置在社会福利事业单位；对地、富、反、坏分子和其他刑事犯罪分子由公安部门依据具体情节分别处理。

一、收容遣送工作的历史演变

在1949-1966年的不同历史阶段，社会形势、城乡经济发展状况、自然灾害情况等不同，城市流浪人员的具体情况也有所不同，收容遣送工作的对象有所不同，收容遣送工作的政策、措施等也有所变化。

（一）从1949年到1952年，主要收容遣送的是难民灾民、散兵游勇

新中国成立初期民政部门收容遣送的主要是帝国主义、封建主义和官僚资本主义长期统治遗留下来的、严重自然灾害造成的大批难民、灾民和散兵游勇。民政部门采取了根据不同对象区别对待、妥善安排的政策，进行了紧急救济和收容遣送工作，收容遣送的方式主要是疏散、遣送回籍。1950年中南、西南、西北三大区就收容遣送了国民党散兵游勇120万余人；华东、中南两大区收容遣送灾民难民75万余人；北京、武汉、西安、青岛等7个城市收容遣送无业人员110万人。[1]与此同时，

〔1〕 崔乃夫：《当代中国的民政》（下），当代中国出版社1994年版，第146页。

各级民政部门对收容的无依无靠、无法维持生活的老弱残人员和流浪儿童，分别送到生产教养院、儿童福利院进行妥善安置。到1952年，城市中的流浪乞讨人员、无业人员大大减少，社会秩序日趋稳定。

解放前夕上海存在着大批因战争和自然灾害而流入城市的灾难民。解放初，因水灾又有大量的苏北、皖北等地灾民流入上海。1949年8月到1950年7月，上海主要是疏散解放前来沪的灾难民，这期间收容流浪灾难民、儿童达43 912人，疏散遣送灾难民及与城市生产无关、生活无着的难民、贫民等回乡66 762人。1949年7月24日，中共中央华东局发出《关于上海市疏散难民回乡生产的指示》；8月5日在上海市各界代表会议上提出《疏散难民回乡生产救济方案》；8月26日成立以政府为主，由各民主团体、慈善机构、救济团体和各界人士参加的上海市疏散难民回乡生产委员会，具体领导灾难民的疏散工作。根据“及时收容、适当救济、分别对象、适时遣送或安置”的工作方针，全市各区设立了避寒所44个（以后改组为13个灾难民收容所）收容灾难民，上海临时联合救济委员会设立了遣送站，专司对灾难民等的遣送工作。〔1〕对遣送对象一般采取集中大批的遣送方式，由工作人员把对象送至车站，在车站集中点名，将车票购妥后送上车，再将车票交列车乘务员统一掌握；对情况比较复杂或多次倒流的对象，由工作人员集体护送；对地主等管制分子，则由工作人员押送回籍交给当地政府。1950年8-12月，苏北、皖北又有新的水灾发生，逃荒来沪的灾民大增。这时采取的是临时收容安置和及时遣送的办法，贯彻“动员回乡、生产自救、克服灾荒”的方针，先后收容灾民81 236人，

〔1〕《上海民政志》编纂委员会编：《上海民政志》，上海社会科学院出版社2000年版，第283页。

遣送回乡 43 940 人。[1]

1951 年上海的收容遣送工作以定期巡回的方式进行，并及时审查处理混在灾难民中的逃亡地主、恶霸、反革命分子。1951 年 2 月 19 日上海市公安局和民政局密切配合，在盗匪、反革命分子及游民的麇居点“哈尔滨大楼”进行突击收容。除当场逮捕匪特、惯匪多名，并审查出地主恶霸、匪特 37 人、游民 111 人外，还收容遣送灾难民 2390 人。5 月市民政部门又配合公安局在全市进行二次突击收容，收容 8160 人，审查出坏分子 244 人及游民 2106 人，分别转送有关部门处理。这一年上海共收容 44 791 人，遣送 22 754 人。[2]

1952 年 1 月-1953 年 7 月，农村灾荒减少，上海灾难民也随之减少。收容遣送工作渐成为配合市政建设，维持社会秩序的一项经常性的业务。1952 年 1-3 月民政局配合公安局取缔无牌照车工，动员回乡生产，遣送 2036 人回籍。4 月 18 日民政局配合公安局在黄埔、老闸、新成、嵩山、北站、虹口等 6 区进行一次突击收容流动灾民行动，收容 949 人。6 月灾难民收容所工作结束，对剩余灾难民加强遣送。截至 6 月底共收容 23 899 人，7 月底共遣送 8085 人。

从 1949 年 7 月至 1953 年 7 月，上海总计收容 193 838 人，遣送 149 239 人。至此，解放前和解放初大量涌入上海的灾难民，基本疏散遣送完毕。[3]

1949-1952 年期间浙江省也收容安置了大量的散兵游勇和灾

---

〔1〕《上海民政志》编纂委员会编：《上海民政志》，上海社会科学院出版社 2000 年版，第 283 页。

〔2〕《上海民政志》编纂委员会编：《上海民政志》，上海社会科学院出版社 2000 年版，第 284 页。

〔3〕《上海民政志》编纂委员会编：《上海民政志》，上海社会科学院出版社 2000 年版，第 284 页。

民难民。1949 年杭州市收容遣送国民党溃散人员 5.48 万余人，各交通要道市县的民政科也设立临时收容遣送机构或抽调人员处理收容遣送工作。1950 年大量皖北、苏北灾民流入浙江，杭州市成立了皖北、苏北难民收容站，湖州等 36 个市县设立了临时收容点，共收容遣送灾民 24 667 人。1951 年继续收容遣送皖北、苏北灾民 13 190 人，并在浙江流入地就地安置 4830 人，共发给遣送安置粮（大米）190 吨。1952 年浙江省民政厅发出通知，要求铁路沿线有关专署、市、县对流入游民、乞丐、残老儿童等进行调查收容，当年全省收容游民、乞丐、妓女 2576 人。〔1〕

（二）从 1953 年到 1958 年，主要收容遣送的是盲流人员

1953 年中国开始实施第一个五年计划，建设步伐加快，工业发展迅速，城市发展很快，一些农民盲目流入城市找工作。这些盲目流入城市的农民，被称为“盲流”。但城市的就业压力日趋增大，容纳不了那么多的进城农民，加之国家选择重城市、轻农村的战略，政府采取措施阻止农民进城和将已进城的“盲流”农民遣返回乡以保证城市的稳定和发展。1953 年 4 月，国务院发出了《劝止农民盲目流入城市的指示》，首次提出“盲流”这样一个带有贬义色彩的概念，第一次以政府名义阻止农民进城、对进城农民进行计划管理，各地发起了将不能就业的进城农民即所谓的“盲流”送回原籍的运动。对已经进城的农民，除使用单位需要者外，所在地的民政和劳动部门动员和遣送他们返乡，路费有困难的，由民政部门给予帮助。

1956 年后随着快速的农业合作化运动对农业造成的强烈冲击，农民进城人数更是激增，政府采取更严厉的措施遣送“盲流”回乡。1956 年 12 月 30 日国务院下发了《关于防止农村人

---

〔1〕 浙江省民政志编纂委员会编：《浙江省民政志》，中国社会出版社 1994 年版，第 211 页。

口盲目外流的指示》，规定“工厂、矿山、铁路、交通、建筑等部门不应当私自招收农村劳动力”，要求各级政府采取强有力的措施阻止农民进城找工作。1957 年中共中央、国务院先后下发了《关于防止农村人口盲目外流的补充指示》《关于制止农村人口盲目外流的指示》等，责令各级政府将盲目流入城市和工矿业的农民遣返原籍，并严禁他们乞讨；还要求各铁路沿线和交通要道严格检验车票，设立劝阻站以加强劝阻工作；要求粮食部门不能向无城市户口的人供应粮食。

1953 年后上海大规模的灾难民收容遣送工作基本完成，随之而来的是大量农民因外出谋生、盲目流入上海。据统计，1950–1955 年 4 月从外地农村与城镇流入上海市的有 90 万人左右，对上海的生产、生活和社会正常秩序都造成了巨大的压力。上海市于 1953 年 6 月充实遣送站的干部力量，加强对盲流农民的收容遣送工作。对盲流人员的收容遣送采取陆续分区收容、及时教育遣送的办法，对个别不愿回去的盲流人员，发信与当地政府联系，而后派员护送回乡。遣送站在 1953 年底前遣送 1314 人回乡。1955–1957 年，结合上海紧缩城市人口、动员农民回乡生产方针的实施，大批盲流人员随着被动员的对象回乡，遣送站则尽力做好遣送工作。1955 年收容 12 796 人，遣送 11 176 人；1956 年收容遣送 17 601 人。[1]大量浙江籍农民涌入上海，1955 年 10 月浙江省民政厅召开各专署市县民政科局长会议，研究部署上海市动员浙江籍贯农民的回乡安置工作，当年安置回籍农民 2 万余人。[2]

---

〔1〕《上海民政志》编纂委员会编：《上海民政志》，上海社会科学院出版社 2000 年版，第 285 页。

〔2〕浙江省民政志编纂委员会编：《浙江省民政志》，中国社会出版社 1994 年版，第 211 页。

（三）从 1959 年到 1962 年，主要收容遣送的是灾民

20 世纪 50 年代末和 60 年代初，由于“大跃进”“共产风”等影响，加上连续三年的严重自然灾害，中国经济发生了严重困难，农村出现大量灾民，这些灾民进入城市以谋求生存，找不到工作的灾民就成了城市流民。各级民政部门改进和加强了收容遣送工作，对于流动人口中的老弱病残人员，由当地民政部门安置在社会福利事业单位中；对有家可归的农民，动员并遣送他们回乡参加生产；对无家可归的屡遣屡返的人员，分别安置在农村或城市的国营农场中，并发给每人 100 元的安置、生活补助费。这样就使绝大多数的城市流浪人员得到了妥善安置。

1959-1964 年，大批受灾农民流入上海。上海市遣送站平均每天收容 50 余名灾民。1961 年 3 月平均每天收容 97 人。1963 年全年收容遣送人员有所减少，共收容遣送 2144 人。[1]

1959 年浙江全省外流江西、福建等省人口达 19.6 万人；本省及外省农村流入省内交通要道主要城镇的达 8 万余人。为了加强对外流人口的遣送处理工作，浙江省人民委员会多次派民政厅副厅长赴江西省、福建省协商处理浙江外流人口的遣送安置问题。浙江省先后设立了 8 个遣送站，收容遣送流入省内的流动人口。据统计 1959 至 1963 年，由外省收容遣送回浙的流动人口有 3.3 万余人，本省各遣送站收容遣送的省内外自由流动人口 16.13 万余人。[2]

---

〔1〕《上海民政志》编纂委员会编：《上海民政志》，上海社会科学院出版社 2000 年版，第 285 页

〔2〕浙江省民政志编纂委员会编：《浙江省民政志》，中国社会出版社 1994 年版，第 211~212 页。

（四）从1963年到1966年，主要收容遣送的是长期流浪人员

1963年以后，随着国民经济的日益好转，盲目流动人口大为减少。但是仍然有一部分长期在外的流浪人员，他们中有些是流浪成性、好逸恶劳的，还有些是回家确有实际困难的。这些流浪人员长期滞留在城市，易有不轨行为，危及了社会治安和社会主义建设。政府继续进行收容遣送工作，内务部于1963年2月确定了对长期流浪人员“就地收容、安置改造”的政策。这个政策不同于过去集中收容、分散安置的方法，而是将所收容人员集中安置到安置农场，所以这个时期的主要工作是建设安置农场。1963年12月内务部召开安置农场工作会议，制定了《安置农场工作暂行办法草案》，明确安置农场是“安置就业、教育改造”的农场。在内务部的指导下各地民政部门积极筹建安置农场，到1963年底，全国共建立安置农场101个，拥有土地97万亩，其中耕地27万亩，园林8.7万亩。[1]大多数安置农场在水利、交通、加工副业等方面具有一定的规模。

二、收容遣送工作的组织体系

民政部门是收容遣送工作的主管部门。各级民政部门从实际出发，有计划、有步骤地进行收容遣送、改造安置的组织建设，为这项工作的正常开展提供了组织保证。

收容遣送工作的管理组织体系与国家的政权机构和行政区划相适应。国务院下设民政部，负责管理、协调、监督全国的收容遣送安置工作。各省、自治区、直辖市的民政厅（局），地、市、县各级政府的民政局、处负责管理本地区的收容遣送

〔1〕崔乃夫：《当代中国的民政》（下），当代中国出版社1994年版，第158页。

安置工作。各级业务主管部门设有同工作任务相适应的收容遣送安置管理机构，或配备专职工作人员。

收容遣送工作的管理权限，实行“统一领导、分级管理”的原则。民政部的职权主要是：对国家的收容遣送安置工作的方针、政策和法规，提出建议和方案，经国务院批准发布后，负责在全国范围内组织贯彻执行，并进行监督；会同有关部门制定收容遣送安置工作规章；负责指导各地收容遣送站的工作，协调、处理各省、自治区、直辖市之间的工作关系。

地方各级业务主管部门管理收容遣送工作的职权是：负责本地区贯彻执行国家和上级主管部门的收容遣送安置工作的方针、政策和法规，并进行监督；拟定地方收容遣送安置工作法规和规章，负责安排实施国务院、民政部和当地党政领导下达的工作计划和任务；负责指导下级单位的收容遣送安置工作，协调处理本地区内工作中的关系。

由基层的收容遣送站具体负责收容遣送工作。在全国的大中城市、经济特区、交通要道以及流浪乞讨人员多的地方都设立了收容遣送站，收容遣送站内一般设有收容、管教、遣送、卫生等业务股室。各省、自治区、直辖市之间的遣送工作，采取对口遣送、接收的办法，因此设置了一批对口遣送接收站，其职责是：统一接收外地送回本省的流浪乞讨人员；统一向省外遣送外省籍的流浪乞讨人员。1978 年全国有收容遣送站 783 个。[1]

由生产教养院、安置农场等具体负责安置和改造工作。1949 年到 1962 年对流浪乞讨人员的安置和劳动改造，要么通过遣送回乡、安置在农业合作社进行监督改造，要么集中在生产教养院和游民改造农场进行劳动改造。1963 年为了从根本上解决长

〔1〕 民政部计划财务司：《民政统计历史资料汇编》，京新出报刊增准字第 059 号 1993 年版，第 476 页。

期流浪人员的问题，在内务部的指导下各地民政部门积极筹建安置农场。安置农场作为民政部门管理的集中安置长期流浪人员的事业单位，安置教育的对象主要是：本省籍的无家可归、原籍确无条件安置或一时弄不清真实情况的有劳动能力的长期流浪人员。到 1965 年底，全国 101 个安置农场共接收安置了 3.7 万多人，其中绝大多数稳定下来了，不再外流。[1]例如，1956 年浙江省收容安置游民 844 人，其中遣送回乡安置在农业合作社监督劳动的有 486 人，安置在农场劳动、教育和改造的有 358 人。至 1959 年底止，全省 5 所安置农场（果园）累计收容游民、乞丐、妓女 9181 人，经过学习和劳动教育，改变了游堕习气，学会了生产技能，其中有 7000 余人回原籍社队安置参加农业生产；部分无家可归的也稳定在农场陆续转为场员、农工；少数无家可归、无劳动能力的转入民政部门所属的社会福利单位安置。[2]至此，浙江省的游民改造任务基本完成。

收容遣送工作由民政部门主管，同时其他行政部门、社会团体等也积极配合民政部门的工作。公安部门主要负责收容流浪乞讨人员中有违法越轨行为的：有杀人放火行为的；严重扰乱党政军机关办公秩序和企事业单位生产、工作秩序的；严重扰乱公共秩序、交通秩序、危害公共秩序的；当众出丑、有伤风化的，影响社会安全、造成严重后果的等。公安部门还依法为遣送回原籍但户口已注销的流浪乞讨人员办理落户手续。另外，首都北京的收容遣送工作全部由公安部门负责。卫生部门积极收治收容遣送站送去的患有严重传染病或生命垂危的流浪乞

---

〔1〕 崔乃夫：《当代中国的民政》（下），当代中国出版社 1994 年版，第 158～159 页。

〔2〕 浙江省民政志编纂委员会编：《浙江省民政志》，中国社会出版社 1994 年版，第 214 页。

讨人员，还积极配合民政部门搞好收容遣送站内的防疫工作。铁道交通部门则为遣送工作提供交通方面的便利条件。计划、商业、粮食、煤炭等部门为收容遣送人员提供生活必需品的供应指标。

收容遣送站是收容遣送工作的基层组织，是流浪乞讨人员暂时停留的场所，也是管教和遣送流浪乞讨人员的特殊事业单位。收容遣送站对流浪乞讨人员的管理，遵循救援与教育相结合的原则，实行区别对待、分类管理、分别处理的方针。

首先，收容遣送站要准确收容，严格掌握收容对象的范围。民政部门的收容对象主要是城市或旅游区内的流浪乞讨人员，主要收容的人员是：走街串巷乞讨的；摆地状乞讨或骗讨的；裸露残疾肢体乞讨的；尾随他人或外宾乞讨的；利用其他方式方法乞讨的；主动投站恳求援助的。如果不属于以上范围，则不予收容，要避免错收。

其次，将收容对象收容进来后，收容遣送站要进行区别对待，分别处理。收容遣送站首先对被收容的流浪乞讨人员进行审查，摸清其真实情况，并区分成不同类型，及时进行处理。对于因灾或因生活困难而外流乞讨的，及时遣送回原籍家乡。对于无法查明地址的少年儿童、痴呆傻和精神病人，分别送社会福利院和精神病福利院，或者留站继续查找。对于地址不明确的不遣送，有重病的不遣送。对可以作遣送处理的被收容人员，都按规定送到目的地，并与接收单位办理交接手续。

再次，收容遣送站对收容对象也加强了教育。流浪乞讨人员长年累月流落街头，有的染上了不良习气，还有的有轻微的违法行为。据不完全统计，流浪乞讨人员中有轻微违法行为的人占 15%。[1]因此收容遣送站对所收容人员采取了多种形式的

〔1〕 崔乃夫：《当代中国的民政》（下），当代中国出版社 1994 年版，第 152 页。

教育，例如政治思想教育、法制教育等，并且根据不同对象因人施教，晓之以理，动之以情，导之以行，提高他们的思想认识，帮助他们克服不良习气。

最后，收容遣送站还会组织收容对象进行生产，进行劳动教育。收容遣送站组织有劳动能力的被收容人员参加生产劳动，参加劳动的主要是四种人：以乞讨作为生财之道的；好逸恶劳、流浪乞讨成性、屡遣屡返的、骗讨或强讨硬要的；既流浪乞讨又有轻微违法行为，但不够《治安管理处罚条例》处罚的。其他有劳动能力的被收容人员，在待遣期间也可以参加劳动，并以其劳动收入冲抵在站期间的生活费和遣送费的开支。按照多劳多得、奖勤罚懒的原则进行分配。劳动教育使被收容人员学会了某种劳动技能，帮助他们成为自食其力的劳动者，并且有利于改掉他们好逸恶劳的思想，树立劳动光荣的思想，也能为收容遣送站创造一定的经济效益。

三、收容遣送工作的救济福利性与管制性

以上从宏观上对全国收容遣送工作进行了历史考察，从历史角度重新梳理了收容遣送工作的发展演变，探查了20世纪50、60年代的收容遣送工作的真实状况，探查收容遣送工作的发展历史为我们今天了解收容遣送工作从发端直至被废除的过程有所裨益。因在制度上限制了公民的人身自由而违背宪法，又在实践中缺乏公正性，2003年中国的收容遣送制度已被废除。通过上文对新中国成立后收容遣送工作的发展历史进行探讨，可以追寻收容遣送工作最终走向被废除的历史根源。

（一）中国实行收容遣送政策的原因

收容遣送政策的实施，是由新中国成立后的国情所决定

的。随着政治形势的变化，国家确立了优先发展重工业的战略，进而将城市作为经济重心，收容遣送工作也随之不断收紧。

中国之所以开展收容遣送工作，一是为了稳定社会秩序、巩固新生政权。作为一个刚刚成立的新生政权，面临千疮百孔的社会和凋敝的经济，社会稳定、政权巩固、恢复和发展国民经济是新政府的首要任务。为了建立和巩固新政权，共产党通过彻底的土地改革稳定农村。对于城市中心需要“建立公共秩序，恢复生产，抑制通货膨胀，控制失业现象”。〔1〕但城市社会秩序混乱，国民党的散兵游勇、反革命分子、小偷乞丐等遍布城市，打架斗殴现象普遍，偷盗成风，扰乱城市居民的生活，直接威胁了社会治安。而盲目流入城市、生活无着的灾民、难民、失业农民等流浪人员，游荡在城市，也是社会安定的潜在隐患。因此，共产党在解放和接管城市后要真正掌握对城市的政治控制，必须首先对这些城市流浪人员进行治理。于是新中国政府采取了对城市流浪人员进行收容遣送的政策，这是新中国成立初期各大城市整顿社会秩序、进行社会治理的重要内容。新中国成立后新政府马上对这些流浪人员进行收容，大举开展社会治理工作，治理社会乱象，从而初步安定了城市的社会治安。例如，上海把在 1949 年年底之前收容的游民 1.1 万多人，大多遣送到淮北和苏北垦区去进行“生产自救”后，上海的社会秩序才算基本安定下来。〔2〕

二是由于国家选择了优先发展重工业的战略。由于受到外

---

〔1〕［美］弗雷德里克·C. 泰韦斯：《新政权的建立和巩固》，［美］J. R. 麦克法夸尔、费正清编：《剑桥中华人民共和国史》，中国社会科学出版社 1990 年版，第 64 页。

〔2〕王善中：“新中国成立初期的社会改造”，载《历史教学》1997 年第 8 期。

国敌对势力的封锁包围，国防压力增大，并且中国传统工业基础薄弱，加上受苏联工业化模式的成功范例的启发，20世纪50年代中国采取了优先发展工业尤其是重工业的战略，由此也产生了重城市、轻农村的倾向，国家通过牺牲农业来发展工业、牺牲农村来发展城市。1953年中国开始实施通过国家行政干预、重在发展工业的第一个“五年计划”，并确立了优先发展重工业的战略，决定牺牲农业利益为工业提供廉价原料和其他物质基础，国家以“剪刀差”的方式从农村汲取资金满足工业发展的需要。但实际上城市化和工业化进程受阻，农村剩余劳动力持续增加，1952年底全国剩余劳动力占农业劳动力总数的16.8%，共有4039万人。[1]城市就业压力更是陡增，1961年中国城镇的实际失业率达到了10%左右。[2]城市人口压力增大，城市就业紧张，粮食供应不足、交通拥堵等问题开始变得严重。为了缓解城市的人口压力和就业压力从而保证城市的稳定和发展，中国政府采取了越来越严格的限制农民进城的政策，以及越来越严格的遣送城市流浪人员回乡的政策。

（二）收容遣送工作政策的发展演变

随着城乡二元化格局的形成和不断强化，而城市化进程和工业化进程不断受阻，城市的人口压力不断加大，中国政府一方面采取了粮食统购统销政策、对劳动就业进行限制和计划管理制度、户籍制度等政策控制城市人口的增加，另一方面对收容遣送工作也越趋收紧，更严苛地阻止农民进城，严防新的城市流浪人员的产生，对已经进城的流浪人员则更严格地将他们遣送回乡。

---

〔1〕国家统计局社会统计司：《中国劳动工资统计资料（1949-1985）》，中国统计出版社1987年版，第89页。

〔2〕高书生：《中国就业体制改革20年》，中州古籍出版社1998年版，第3页。

第一阶段，1949-1953年，动员流浪人员返乡时期。这一时期，政府遣送受灾农民返乡的政策，是本着自愿的原则动员已经流入城市的农民返乡。1950年6月劳动部颁布的《救济失业工人暂行办法》规定：由农村进城的失业工人“应由工会根据自愿原则，组织并鼓励他们回乡生产”。[1]办法中特别强调了自愿的原则，还规定由政府发放回农村的路费和生产资金，要求帮助农民使其返乡后能够生产生存。1951年1月政务院再次发出通知，要根据自愿原则遣送失业工人回乡，并保证流民回乡后能从事农业生产。可见，这一时期国家动员城市无业农民回农村是以自愿原则为前提的，并关注失业流民回乡后的安置状况。

第二阶段，1953-1957年，劝阻流浪人员滞留城市时期。这一时期城市的人口压力有所加大，政府开始采用粮食统购统销政策与就业的限制和计划管理制度等政策措施管制人口流动。同时政府对收容遣送工作有所收紧，但态度与方式依然是“劝止”，以“劝”和“防”为主。

1953年4月政务院发出《关于劝止农民盲目流入城市的指示》：“已经进城的农民，除为施工单位所需要者外，动员其还乡。”[2]提出了“盲流”的概念，第一次以政府名义阻止农民进城，对进城农民进行计划管理，各地发起了将不能就业的进城农民送回原籍的运动，但政府依然采取的是“劝止”的态度。1957年中共中央、国务院先后下发《关于防止农村人口盲目外流的补充指示》《关于制止农村人口盲目外流的指示》等，责令

---

〔1〕 中国社会科学院、中央档案馆：《1949-1952中华人民共和国经济档案资料选编·劳动工资和职工福利卷》，中国社会科学出版社1994年版，第65页。

〔2〕 政务院：“关于劝止农民盲目流入城市的指示”，载《人民日报》1953年4月18日。

各级政府将盲目流入城市和工矿业的农民遣返原籍，并严禁他们乞讨；还要求各铁路沿线和交通要道严格检验车票，设立劝阻站以加强劝阻工作。从有关的遣返政策来看，政府文件用语有“劝止”“防止”“制止”，遣返工作有所加强，但依然是以劝和防的态度为主。

第三阶段，1958-1966 年，制止流浪人员滞留城市，一律遣送回乡时期。这一时期政府对遣返流入城市灾民的态度更加严厉了，明显提出“制止”的政策，在法律上实行城乡隔离的户籍管理制度。1959 年 2 月 4 日，中共中央下发了《关于制止农村劳动力流动的指示》，指示各企业、事业、机关一律不得再招用流入城市的农民，已经使用的应立即进行一次清理，已有固定工作确实不能离开的，必须补订包括企业、人民公社和劳动者本人三方面同意的劳动合同，其余的应在做好政治思想工作以后，一律遣送回乡。1959 年 3 月 1 日，中共中央又下发了《关于制止农村劳动力盲目外流的紧急通知》，强调指出所有未经许可即离开乡土、“盲目流入”城市的农民都是“盲流”。1962 年 12 月公安部三局下发的《关于加强户口管理的工作意见》规定：“公民由农村迁往城市（包括县城镇），应当根据农村人口盲目外流的有关规定，严格加以控制。”这一时期政府明确提出以“制止”的方式禁止农民留在城市，如果滞留在城市，就是“盲流”，而对“盲流”严格加以控制，一律遣送回乡。

从收容遣送制度的发端来看，它是计划经济的产物，20 世纪 50 年代国家实行优先发展重工业的战略，于是执行计划性的重城市、轻农村的路线。为了保证城市的稳定和发展，国家强制性地执行控制人口流动的政策，为此先后采取了粮食统购统销政策、就业限制和计划管理制度以及户籍管理制度等。这些计划性的制度一度强制性地把从农村流入城市的人口遣送回农村。但是随着市场经济的发展，人口自由流动是必然的，只有允许人口流动起来，才能提高人口素质，也才能实现人力资源的优化配置，最终才能促进经济的发展。尤其是20世纪80年代以来，随着经济的快速发展，国家仍然采取强制性的计划措施阻止人口自由流动，受到了大量的质疑。收容遣送制度阻碍了人口的自由流动，限制了经济社会的良性发展，是一项不合理、不公平的制度。随着市场经济的发展，收容遣送制度的废除也是必然的。

（三）收容遣送工作的救济福利性与管制性

新中国成立后收容遣送工作作为一项具有救济福利性的社会行政管理工作，既有救济福利的功能，又有行政管制的功能。收容遣送工作从目的上看，既要造福社会，又要改造社会、维护社会秩序；从措施上看，通过收容救济流浪人员，既要使他们得到适当的安置，又要改造其中一些人的游惰习惯。因此，收容遣送工作中既有救济福利性，又有管制性。在党对社会主义的探索和实践时期，纵观收容遣送工作的开展，救济福利性体现得更明显一些。

首先，收容遣送工作中的救济福利性。从收容遣送的组织系统来看，中国的收容遣送工作由民政部负责。公安部门、卫生部门、铁道交通部门等只是配合民政部门的工作。除了对有严重违法越轨行为的人员和首都北京的收容遣送工作全部由公安部门负责外，对其他人员和其他城市的收容遣送工作都是由民政部门负责和领导的。收容遣送站的设置、撤销，也要报民政部备案。1961年11月中共中央批转公安部《关于制止人口自由流动的报告》，决定在大中城市设立“收容遣送站”。报告中明确提出，收容遣送的工作以民政部门负责为主，将盲目流入城市的人员收容起来，由公安部门负责对被收容对象进行审查和鉴别，然后由民政部门将其遣返回原籍。规定很明确，民政部是收容遣送工作的主要负责部门，并具体承担收容和遣送回乡的工作。民政系统建立了一套自上而下的管理体系来管理和执行收容遣送工作的职能，国务院下设民政部，负责管理、协调、监督全国的收容遣送安置工作。各省、自治区、直辖市的民政厅（局），地、市、县各级政府的民政局、处负责管理本地区的收容遣送安置工作。各级业务主管部门设有同工作任务相适应的收容遣送安置管理机构或配备专职工作人员。由民政部门负责收容遣送工作，而民政部门并不具有行政执法功能，虽然在实际操作的过程中，民政部门有时会逾越权限，也执行执法功能，但当时民政部门更多的是执行救济福利职能。

从收容遣送的对象来看，20 世纪 50、60 年代收容遣送的基本上是城市的流浪乞讨人员，而不像 20 世纪 90 年代对所有流入城市的农民工、只要没有带身份证件就可能被收容。20 世纪 50、60 年代的流浪乞讨人员大多属于流离失所、生活无着的人。对这些没有固定食宿来源的人来说，首先收容遣送站为他们提供了及时的救助，例如食物和住所，从而保障了他们的基本生存条件，具有救济福利性质。然后将他们送往劳动教养所等地进行教育、劳动和学习，甚至进行技艺培训，或者采取动员、教育和提供资助的方式将他们送回原籍劳动，最后帮助这些人妥善安置到合适的生产岗位上。这些对流浪乞讨人员来说，应该是救济福利功能大于管制功能的。

从收容政策和措施来看，救济福利性较明显。收容遣送的过程，先收容到收容遣送站，进行紧急救济，保证收容人员的基本生存，然后再根据是否有家可归的情况进行遣送或安置。如果是有家可归的，进行动员并遣送他们回乡参加生产，对无家可归的屡遣屡返的人员，分别安置在农村或城市的国营农场，并发给每人 100 元的安置、生活补助费。在遣送过程中路费有困难的，由民政部门给予帮助，发给路费。遣送的方式也主要是一些温和的方法，如采取动员、教育、耐心劝阻的方式把他们遣送回籍，较少采取强制性措施。安置的措施要么是送到教养院、福利院进行妥善安置，要么是送到安置农场进行集中安置等。对无家可归、无依无靠、无劳动能力的人员，例如孤寡老人、弃婴孤儿、残疾人员、伤残军人、流浪儿童等，将它们送到社会福利院、儿童福利院等社会福利机构进行收养，这种安置措施更是带有明显的救济福利性质。从新中国成立到 20 世纪 80 年代，收容遣送工作的政策和措施更多地承担的是一种救助和安置的性质，强制性的行政功能还没有强化。

20 世纪 50、60 年代收容遣送的政策和措施中也有强制性和管制性，但更多的是一种救助和安置的性质，强制性的行政功能还没有特别强化。后来收容遣送工作受到诟病直至被废除，那是由于在之后的实践中，尤其是 20 世纪 90 年代以来的收容遣送工作偏离了收容遣送福利性的本来目的，更多地行使了管制的职能。例如，1991 年国务院发布《关于城市遣送工作改革问题的意见》，将收容遣送的对象扩大到三证即身份证、暂住证、务工证不全的流动人员。意见要求居住 3 天以上的非本地户口公民必须办理暂住证，否则视为非法居留，将被收容遣送。该意见与 20 世纪 50、60 年代主要收容食宿无着的流浪乞讨人员相比，扩大了收容遣送的范围，加上地方执行标准混乱，随意收容，并且在收容遣送工作的实践中，一些收容机构构盲目收取各种费用，常常实行带有惩罚性的强制措施，例如非法拘禁、殴打、强制劳动等，严重威胁人权，从而使收容遣送工作受到广泛的诟病。

其次，收容遣送工作中的管制性。当然，1949–1956 年的收容遣送工作在具体实施的过程中，也体现了行政管制的功能，出现了收容遣送工作人员违规、工作作风粗暴等现象，导致收容人员身心受损。20 世纪 90 年代收容遣送工作严重脱离福利功能，只重视强制性的管制功能，从而遭到了社会的非难，在历史上也可以找到一些端倪。

在收容遣送工作的改造和安置工作中，存在着要求收容遣送对象进行过重劳动的现象。即使是对于流浪儿童的改造和安置，上海市政府虽然规定要以“教育为主，结合劳动”，但在具体操作的过程中，教养所或垦区常常认为普通的教育改造不了儿童，必须采取劳动生产的方式才能对改造流浪儿童有效果。苏北垦区就一度认为：“对流浪儿童，过去以一般国民教育来办是错误的，事实证明了文化教育不能解决问题。”“为达到教育目的，也必须采取劳动改造的方针——以劳动为主与教育相结合。而且我们认为劳动本身即是很好的教育。”〔1〕因此垦区决定取消小学，将儿童编入成人队伍一起强制劳动。〔2〕教养单位通过强制劳动来改造流浪儿童，容易伤害儿童的身心健康。而教养机构、安置单位等之所以重视劳动改造，对收容对象要求进行过重劳动，与当时这些机构较重的经济负担有关。另外，教养安置机构也认为所收容的是流浪人员，不管是流浪的成年人，还是儿童，很多存在偷抢、爱打架、不服管、懒惰等劣性，难以管理，也难以通过一般教育的方式把他们改造好。而通过劳动改造的方式把他们集中约束起来，有利于培养这些人的纪律性和爱劳动的观念，也有利于减轻管理的负担。这也从另一个角度说明当时的教养安置机构并没有把收容遣送对象当作平等

〔1〕《苏北垦区改造游民犯人的几点体会》，沪档：B1-1-39。

〔2〕阮清华：《上海游民改造研究》（1949-1958），上海辞书出版社 2009 年版，第 123 页。

的主体，依然存在着歧视性。

在对流民进行收容遣送的过程中还存在很多违法违纪行为，如打、骂、跪等暴力行为常有发生。据1953年4月20日《内部参考》的《上海救济分会违法乱纪情况严重》中记载：上海市救济分会在其所管辖的病民所、难民所以及儿童教养系统中，经常发生打、骂、绑、关、跪、背石头、罚劳役等暴力惩罚形式，还有将病人直接关进太平间的“严重侵犯人权的行为”。在游民改造中甚至有枪毙游民的事情发生。〔1〕另外，在对游民的教育中，“打骂捆绑" 的方式经常在会议上受到批评或在报告中强调需要被废除，但这种经常性的强调反过来正好说明这种方式使用频率相当高。可见，20世纪50、60年代的收容遣送工作中也不乏暴力行为。〔2〕

一些收容遣送机构物质条件差，生活水平偏低。由于收容游民的数量太多，而国家财政经费紧张，很多收容所的生活条件比较差。收容遣送单位的人手也很紧张，人员素质参差不齐。一些管理干部自己都是文盲，根本无力对游民进行好的教育，很多教养所对游民的教育都流于形式。例如，上海市通州路妇女劳动教养所在1952年9月第二次大收容的时候，由于收容人数过多，宿舍不够用，于是将教室改作宿舍。上海市民政局所属各教养所最高收容总额为9500人，而实际最多的时候却收容了12 000人，远远超过了最高收容额。〔3〕狭窄的空间收容如此之多的游民、乞丐，住宿条件很差，生活水平较低。收容遣送工作中的劳动教育改造既是一种劳动教育的形式，也是一种强

---

〔1〕《苏北垦区改造游民犯人的几点体会》，沪档：B1-1-925。

〔2〕阮清华：《上海游民改造研究》（1949-1958），上海辞书出版社2009年版，第123页。

〔3〕阮清华：《上海游民改造研究》（1949-1958），上海辞书出版社2009年版，第122页。

制性的改造。例如，被收容遣送对象能从劳动改造中学到的劳动技能有限，改造和安置收容遣送对象的安置工厂、安置农场等，其劳动形式大多是一些简单的劳动操作，技术含量低，例如种田、种果树、编织、缝纫、制鞋等。大多数流浪人员经过改造后还是难以掌握一门有技术含量的技能，具有较高技术水平的人的比例是很少的，大多数人出去以后还是很难找到理想的工作。据民政部门举办的教育和安置长期流浪人员的21个安置农场的统计，从20世纪60年代初到1986年，共接收安置了9.32万人，其中有2832人思想进步，有相当的生产技术，经所在省民政厅劳动局批准，转为农场的正式农业工人，所占比例只有3%。[1]在上海总共7万左右的收容人员中，最终仅有1631人转变为国家的正式工人，不到总数的2%。[2]这从另一个角度说明，游民在教育和劳动改造的过程中学到的东西很少，劳动技能提高的不多，这个教育改造过程对他们来说更多的是一种改造。

四、收容遣送工作充分发挥社会动员的作用

新中国成立初期中国有几百万的灾民、难民、游民、乞丐、失业“盲流”等流浪人员需要收容遣送，这些流浪人员长期滞留城市，过着游手好闲的游荡生活，有的还有不轨行为，威胁了社会的安定。因此将这些流浪人员尽快收容起来，经过教育改造遣送回籍或安置下来，消除隐患进而巩固政权，是中国政府急需完成的社会任务。但是这个任务十分艰巨。因为游民长期游荡，开始不习惯受集体约束，不守纪律、不讲卫生、不爱

---

〔1〕 崔乃夫：《当代中国的民政》（下），当代中国出版社1994年版，第164页。

〔2〕 阮清华：《上海游民改造研究（1949–1958）》，上海辞书出版社2009年版，第136页。

劳动、打架斗殴等现象较严重，甚至翻墙逃跑的事情时有发生。而且游民出身成分不同，思想复杂，对政府的收容工作抱有不同程度的抵触和恐惧心理，对于收容机关的新生活也很难习惯，心情烦躁，容易出现越轨行为。加上少数国民党军、政、警、宪人员和农村逃亡的地主、富农分子混杂其中，造谣破坏，煽动闹事，有的改名换姓，有的隐瞒政治历史和籍贯、家庭住址，有的装疯卖傻数年。因此，对流浪人员的收容、遣送、改造和安置是一项十分艰巨的工作。

中国共产党历来重视社会动员这种调动人员参与社会活动的方式。在革命战争时期毛泽东对于如何获得战争的胜利，就提出："动员了全国老百姓，就造成了陷敌于灭顶之灾的汪洋大海，造成了弥补武器等等缺陷的补救条件，造成了克服一切战争困难的前提"。[1]认为有效动员民众是战争获胜的前提，从而形成了社会动员的多种方式，为社会动员积累了丰富的经验。在新中国成立后，中国共产党依然将社会动员作为一种重要的工作方式。新中国成立后，党建立了较完备的党政领导系统，社会动员的组织机构越来越完备，在抗美援朝运动、土地改革运动、镇压反革命运动等工作中都大量采用了社会动员的工作方式。新中国成立后面对着几百万需要收容遣送的灾民、难民、流民等，政府自上而下地尽力采取行政手段对流浪人员进行收容遣送。但是面对着收容遣送对象的抵触和反对，加上当时中国的经济社会发展水平低下，财政资源紧张，政府的人力物力财力均有限，而社会稳定和政权稳固又是政府必须考虑的大局问题。在这样的情况下，出于效率优先的原则，中国政府充分发挥社会动员的作用，通过社会动员这种成本相对较低的方式

---

〔1〕《毛泽东选集》(第2卷)，人民出版社1992年版，第480~481页。

来教育和发动流浪人员接受收容遣送的政策、积极参与改造安置工作。可见对流浪人员的社会动员是收容遣送工作中的重要一环。

（一）收容遣送社会动员方式

首先，采取宣传教育的动员方式。对流浪人员进行政策宣传和政治教育是动员的一种最常用的方式，政府常常通过大会、广播、报纸等形式宣讲收容遣送政策。例如，1950 年 3 月上海市民政局召开动员大会，宣讲遣送苏北垦区的政策，动员收容在所的几千人到苏北垦区去参加劳动。[1]收容遣送站、安置农场等采取多种形式的教育，教育内容从讲理想、讲前途、讲法制、讲道德，到讲无政府主义的危害性，并且根据不同对象因材施教，晓之以理，动之以情，导之以行。

收容安置机构的教育非常重视政治时事教育，常常通过报告讨论、个别谈心、会议等形式，宣传共产党领导全国人民打倒国民党反动派，建立了新中国的大好形势，从新旧两种不同的社会制度的对比中提高他们的阶级觉悟。还结合抗美援朝、镇压反革命、土地改革等政治运动，对游民开展爱国主义教育、社会主义教育，帮助他们划清敌我界限，解除思想顾虑，自觉交代自己的历史和错误行为，放下包袱，大胆揭露犯罪分子的行为。通过教育，一些流浪乞讨人员提高了思想意识，说出了真心话。在 1987 和 1988 年里，上海和武汉两个收容遣送站有近 200 名混杂在流浪乞讨人员中的违法犯罪分子，主动交代了自己的违法犯罪行为，还有一批假报家庭地址和姓名或装聋作哑的人，也开了口，说了真话。[2]

各收容遣送机构还开展了以前途为内容的教育。例如，杭

［1］ 载《解放日报》1950 年 3 月 19 日。

［2］ 崔乃夫：《当代中国的民政》（上），当代中国出版社 1994 年版，第 154 页。

州市救济分会经过群众讨论，制定了“院民公约”和规章制度。根据1952年11月中央内务部发布的《关于生产教养院生产员改变游民成分问题批复》，杭州市救济分会拟定了改变游民成分的标准，规定：（1）能积极劳动，养成劳动习惯；（2）努力学习，爱护公共财产，遵守制度和纪律，树立守法观念；（3）改造期限一般定为3年，提前达到标准的可以缩短，满3年而未达到标准的适当延长。从1954年起花坞果园通过评思想认识、评劳动表现、评生活作风的“三评”，对表现好的游民分批改变游民身份，由生产员转为场工，劳动报酬由供给加津贴制，改为评工计分计酬制。为了考核改造程度，督促进步，每半年进行鉴定一次。花坞果园于1954年首批宣布改变游民成分的有薛阿狗、胡宗合、胡杏生、张福生等4人，为改造树立了榜样，推动了游民的改造工作。〔1〕1958年杭州市民政局宣布游民改造任务完成。1958年12月，杭州市生产教养院将收容的游民分批宣布改变成分，对其他收容人员也宣布不以游民对待，转为场工，享受全民企业正式职工待遇，工资按劳付酬。石家庄市生产教养院也举行了院民学徒技术考试，规定合格者提升为临时工人，从而破除了院民感觉在教养院无前途的思想。〔2〕前途教育是以实际利益为前提，对福利对象进行引导教育，增强他们接受改造的动力，获得了良好的教育效果。

其次，采取诉苦运动的动员方式。美国学者裴宜理认为通过情感的模式进行动员具有良好的效果：“激进的理念和形象要转化为有目的和有影响的实际行动，不仅需要有益的外部结构条件，还需要在一部分领导者和其追随者身上实施大量的情感

〔1〕 杭州市民政局：《杭州民政志》，内部发行1993年版，第294页。

〔2〕 石家庄市民政志编纂委员会编：《石家庄市民政志》（公元前1200年–公元1991年），中国社会出版社1993年版，第364~371页。

工作。”[1]诉苦运动就是一种情感动员的模式，诉苦运动往往是让诉苦对象哭诉自己过去的苦难生活，讲述自己现在的美好生活，通过新旧对比来控诉旧制度、赞美新制度。这种形式在土改运动、抗日战争、解放战争、抗美援朝战争中是一种重要的动员方式。而在新中国成立后的收容遣送工作中，诉苦运动作为一种重要的动员方式也被广泛运用。收容遣送工作中的诉苦运动，也是让收容改造对象回忆自己过去的苦难生活，与现在经过收容改造后的好生活进行对比，表达对收容遣送、改造安置工作的认同。

杭州市花坞果园的一名叫作薛阿狗的人员，原来以乞讨为生，后来经过劳动改造转为场工。1956 年他在加入工会以后就参与了一次诉苦运动。他首先回顾了新旧两种社会的不同遭遇。他幼小失去双亲，到地主家放牛，木匠铺里当学徒，受尽了欺凌，后被国民党抓去当兵，抗战胜利后因伤残被部队一脚踢出，流落街头，以乞讨为生，贫病交加，骨瘦如柴。解放初被人民政府收容，获得了新生，现在成了园艺工人，参加了工会，并担任了工会委员。通过新旧社会的遭遇对比，他认识到旧社会制度的害人的罪恶性和新社会带来的新生，表示进入收容遣送站和安置农场后，他在思想上发生了大的进步、生活上急剧好转，因此由衷感谢党和社会主义制度。他的诉苦也感染了其他改造者。[2]

石家庄市生产教养院收容的一个儿童——刘锁柱参加过一次诉苦运动。他被收容前是一个流浪街头的小偷，刚被收容时，拼命逃脱不想进来，进来后也哭着想跑。但在生产教养院经过一段时间的生产与政治教育，刘锁柱改变了想法，有了很大的

[1] 裴宜理：“重访中国革命：以情感的模式”，载《中国学术》2001 年第 4 期。

[2] 杭州市民政局：《杭州民政志》，内部发行 1993 年版，第 299 页。

进步。在生产教养院组织的检讨会上，他进行了一次诉苦，说：“三岁上跟着父母姐等六人逃灾荒而来到石门，又因人多（父母、四个姐姐和自己）来到这里仍是挨饿受冻，母亲每天给人家缝衣服维持全家生活，不想警察们连这样的生活也不让过，还强迫出门，逼得全家叫苦，只得把自己四个姐姐给卖了当人家童养媳去了，姐姐们在人家家里挨打受气，父哭母叫，过上了悲惨的生活，就这样老父亲反抽上白面了，抽的结果死去了，母亲也找不着活了，这时我即开始要了饭，后来警察一定叫走，不得已母亲只能离开石门，自此母子二人又散离了。”说到这里他说不上来了，等一会他又接着说，“我的胆子自此大了，要饭要不上只好学偷东西，谁知偷东西还受剥削（警察要钱），自此我即变成了小偷，要不是解放石家庄永远也不会得到幸福，八路军早来一天就少悲惨一天，若八路军早来2年，我姐姐，我父母，唉……”〔1〕刘锁柱的诉苦不但讲述了他一家人在旧社会的苦难，更表达了他对八路军的感激之情。而且他在教养院内诉苦，使教养院其他人都有所触动，产生了较大的反省效果，促动了流乞惯偷决心改错的勇气，促进了他们的思想转化。

通过诉苦运动，接受教育改造的流浪人员诉说自己在旧社会的苦难遭遇，引发了情感上的剧烈激荡，让他们从感性上继而到理性上认识到自己在旧社会沦为游民乞丐的根源是人剥削人、人压迫人的社会制度，进而从内心认可社会主义制度，接受收容遣送这种工作方式。

最后，采取开展竞赛的动员方式。收容遣送、改造安置机构还通过竞赛这种形式动员收容遣送对象积极投入到改造安置工作中，例如各地多次以开展劳动竞赛、生产竞赛的形式激励

〔1〕 石家庄市民政志编纂委员会编：《石家庄市民政志》（公元前1200年-公元1991年），中国社会出版社1993年版，第365页。

收容者参与改造和安置。

1954 年杭州花坞果园农场提出了“抢垦抢种”“边开荒边生产”的口号，全场开展了社会主义劳动竞赛。并结合形势进行时事教育和“劳动创造世界”的社会发展史教育，提高了游民的思想觉悟，帮助他们树立了劳动光荣感，激发了他们的劳动热情。在劳动竞赛的形式下，许多游民自觉参加，双手磨出了血泡也不休息，小病仍坚持上工。不到 3 个月完成垦荒 323 亩，种植果树 1800 株，全年开垦荒地 882 亩，种植果树 9751 株，种植油菜、小麦、蚕豆等作物 605 亩。原本是一片坟地荒地的花坞果园，游民通过劳动，开荒 1 千亩，栽植了桃梨树 3 万余棵，将之变成了杭州市大型的水果生产基地。[1]

石家庄市生产教养院也在组织院民的生产中发动了爱国主义生产竞赛，使全院职工（干部和院民）都投入到捐献运动中。经过院民的积极劳动，扩充了砖窑生产，从而树立了院民的劳动观念，又增加了财政收入。[2]

（二）收容遣送社会动员的特点

首先，收容遣送社会动员常常与群众运动相结合，一方面运用和借助群众运动进行社会动员，另一方面，有的社会动员本身就是一种群众运动的形式。

20 世纪 50、60 年代，也正是中国政治运动频繁的历史时期，在收容遣送工作中常常采用群众运动的方式解决许多政治、经济、文化、社会问题等。在收容遣送工作中进行社会动员，普遍结合运用了其他群众运动。例如土地改革运动、镇压反革命运动、抗美援朝运动、爱国增产运动等，在这些运动中结合

〔1〕 杭州市民政局：《杭州民政志》，内部发行 1993 年版，第 294~298 页。

〔2〕 石家庄市民政志编纂委员会编：《石家庄市民政志》（公元前 1200 年–公元 1991 年），中国社会出版社 1993 年版，第 371 页。

运动内容对收容遣送对象开展相关教育，例如结合抗美援朝运动开展爱国主义教育，结合土地改革运动开展社会主义教育，通过群众运动与社会动员相结合，在其他群众运动中推动收容遣送社会动员运动的深入。同时，在收容遣送的社会动员工作中，也一直贯穿着群众运动的形式，例如社会动员方式除了上面论及的诉苦运动外，还开展了坦白运动，也就是引导收容遣送对象坦白自己的错误，先寻找积极分子做典型坦白，然后引导其他人一起坦白，使坦白行为由点到面铺开。此外，还展开了捐献运动、清洁卫生运动等。1949 年 6 月石家庄市教养院在卫生局的协助下，开展了院民间的清洁卫生运动，改善了院民的生活环境并保证了其身体健康。[1]以群众运动为载体、用群众运动的方式进行动员，这也是收容遣送工作社会动员的一个特征。

其次，在收容遣送社会动员中情感导向明显，虽然也有一些以利益为引导的动员措施，但收容遣送工作中更多的是采取情感动员方式，通过情感引导来进行动员。

由于收容遣送工作具有一定的强制性，加上改造和安置条件艰苦，一开始收容遣送对象的抵触反对情绪是比较强烈的。并且收容遣送工作可以许诺的利益就是改变游民身份转为场工，这种利益还需要经过一段时间的艰苦努力才可能达到，利益的诱惑力并不像土地改革运动那么强大。因此，收容遣送工作的社会动员虽然也有利益导向的引导，但是更多的还是情感导向的引导。收容遣送社会动员工作，首先的步骤就是安定收容遣送者的情绪。因为被收容遣送对象刚被政府强制收容时，一般都有抵触情绪，社会动员首先就是要通过思想教育工作，反复

〔1〕 石家庄市民政志编纂委员会编：《石家庄市民政志》（公元前 1200 年–公元 1991 年），中国社会出版社 1993 年版，第 371 页。

说明为什么要收容他们、将怎么对待他们等，使他们在情感上不再强烈抵触。另外，从动员方式上看，也始终贯穿着情感导向，例如上述的诉苦运动，就是明显以情感为导向的动员。此外，宣传教育这种动员方式不但讲究以理服人，还注重以情动人。以情感为导向的动员，通过激发民众的情感，激起收容遣送对象对党和政府的感激之情和对旧社会旧制度的仇恨之情，继而引发他们行动的结果。就像学者李里峰所说："这个时候，农民的感性特征往往会爆发出比理性计算更为强大的革命力，使中共得以在短时间内实现其乡村动员的目标。"[1]收容遣送对象在情感上接受了党的执政，认可了收容遣送政策，在行动上他们自然也就能自愿接受并参与改造安置工作了。

（三）社会动员的效果

新中国成立后在收容遣送工作中采用社会动员的方式，有利于消解被收容遣送人员对收容遣送工作的抵触情绪，使他们内心接受收容遣送政策，并积极参与教育、改造和安置工作，推进了收容遣送工作的顺利进行。

首先，收容遣送工作通过社会动员，有利于提高收容遣送人员对国家政策的了解和认同。收容遣送人员对收容遣送工作一开始往往持有抵触的态度，通过宣传教育、诉苦运动、开展竞赛等动员方式，向收容遣送对象宣传收容遣送政策、政治形势、其他政策等，通过动员这一过程使他们对收容遣送政策和其他国家政策有了更直观具体的了解，从而使他们能够接受政策。例如，收容遣送对象关于劳动的观念意识增强就很明显，有人深有感触地说："劳动洗刷了头脑中好吃懒做的寄生思想，

[1] 李里峰："中国革命中的乡村动员：一项政治史的考察"，载《江苏社会科学》2015年3期。

劳动使我学会了一门谋生的技能。”〔1〕北京市的乞丐意识到：“在新社会里，坐吃等穿不劳而食是不能存在的。终究要被社会所淘汰。”〔2〕通过对政策的了解，他们更容易从内心接受和认可收容遣送工作政策，从而认可党的执政方式。

收容遣送社会动员有利于调动收容遣送对象的积极性，从而更积极地接受和参与教育、改造和安置。通过社会动员，大多数被收容遣送对象能自愿接受教育、接受改造。例如杭州市花坞果园农场，虽然劳动任务繁重，但是收容人员的劳动积极性很高，无论在炎夏或寒冬，生产人员的出勤率均达到了90%以上。许多生产人员在烈日下，冒着开馆尸体腐烂的臭气，挥动12磅的大榔头，砸开坚固的灰椁，汗流浃背，双手磨出血泡，也不叫苦。〔3〕上海市游民经过教育和改造，思想水平提高很快，例如收容所的一部分儿童积极参加改造，后来有97人参军，他们从教养所走向了新生，是新社会成功救助和改造游民的典范。〔4〕北京平民习艺所儿童张某某，到收容所时情绪不稳定，总想逃走，自从学习了“劳动是光荣、不劳动是耻辱后”，决心参加劳动大队。干部们劝他年纪小不适合这种工作，但他拍着胸脯说：“我有力气，一定参加劳动大队，为人民服务。”〔5〕经过社会动员，收容遣送对象自觉接受政策指导和政府领导，从而在行动上积极参与改造安置工作。

总之，新中国成立后党和政府为了巩固政权、稳定社会秩序，又限于执政资源的有限性，例如机构、人员、资金等不足，

〔1〕崔乃夫：《当代中国的民政》（下），当代中国出版社1994年版，第155页。

〔2〕北京市档案馆：《北京和平解放前后》，北京出版社1988年版，第389页。

〔3〕杭州市民政局：《杭州民政志》，内部发行1993年版，第298页。

〔4〕阮清华：《上海游民改造研究》（1949-1958），上海辞书出版社2009年版，第141页。

〔5〕北京市档案馆：《北京和平解放前后》，北京出版社1988年版，第389页。

在收容遣送工作中充分发挥了社会动员的作用。这种方式以较少的成本、较快的速度，使灾民难民、游民乞丐、盲流人员等从内心认可收容遣送政策，并自愿接受收容遣送、积极参加教育改造等，引导被收容遣送人员主动认可改造安置工作，内心接受改造安置环境条件的艰苦性，使他们安定下来，从而有效地消除流浪人员在城镇游荡的社会隐患，进而有效地推动了收容遣送工作的进行。但是，作为一种强制性行政措施，缺乏正义的法理支撑、缺乏完善的制度规范的收容遣送制度，仅依靠社会动员的方式来推动收容遣送工作注定是走不远的。

第五章

我国社会主义民政福利建设的影响与启示

新中国成立后社会主义民政福利建设在福利思想和福利制度建设方面有较大的进步性，在福利实践方面取得了较大的成效。初步建立了与基本国情相适应的、与经济社会发展水平相协调的、有中国特色的社会主义社会福利体系。这个福利体系体现了具有坚持以民为本、坚持公平正义、坚持统筹兼顾、发挥集中力量办大事等优势的社会主义制度的优越性。受制于特定的政治经济形势，新中国成立后社会主义民政福利思想也有一定的历史局限性，还没有完全树立平等的福利权利观，还没有建立健全专门的福利制度，福利发展逐步趋向非社会化。尽管新中国成立后的民政福利建设探索曲折，但依然推动了中国社会主义建设事业的进行以及社会主义社会的和谐稳定，也为改革开放后的社会主义实践积累了条件。不但促进了社会秩序的稳定，也以此提高了民众对共产党执政的认同，巩固了政权，还推动了社会新风尚的形成，促进了国民经济的恢复和发展。新中国成立后社会主义民政福利事业建设是当前中国福利事业发展的历史基础，这一时期的民政福利建设，为当前社会福利事业的发展积累了重要的福利思想、物质、制度条件，并且在探索和实践中积累了正反两方面的经验，为当代中国社会福利制度的改革和社会福利事业的建设提供了重要的启示。如中国社会福利制度的改革在思想认识上要高度重视中国特色社会主义社会福利事业，在思想观念方面要确立科学的中国特色社会主义福利思想，要处理好社会福利与经济发展的辩证关系，要进一步推进中国特色社会主义社会福利的社会化发展，要加强和完善有中国特色社会主义社会福利制度的建设。

第一节　我国社会主义民政福利建设的重要影响

一、初步形成了有中国特色的社会主义民政福利体系

从新中国成立到改革开放前党和政府在社会主义革命和建设的探索中，对如何建设社会主义的福利也进行了广泛深入的实践，并初步建立了与基本国情相适应的、与经济社会发展水平相协调的、有中国特色的社会主义民政福利体系。这个社会福利体系以社会福利事业、社会福利企业、收容遣送为主要内容；以政府计划管理为核心；在功能定位上坚持保障基本；在体系框架上以家庭为基础、以机构为支撑。

民政福利体系主要包括社会福利事业、社会福利企业、收容遣送三项内容。社会福利事业是由社会福利机构集中收养无家可归、无依无靠、无生活来源的“三无”老人、儿童、残疾人（包括精神病人）等，为他们提供衣食住等基本生存保障。社会福利机构按接收对象不同，具体可分为三类：第一类，社会福利院和养老院，主要接收老人，社会福利院也收养一些残疾人和孤儿；第二类，儿童福利院，主要接收孤儿和弃婴；第三类，精神病人福利院，主要接收“三无”人员和退伍军人中的精神病人。社会福利企业是为安置具有一定劳动能力的残疾人员劳动就业而兴办的企业，由国家给予减免税等优惠政策。社会福利企业以安置残疾人就业为主要目的，让残疾人享受劳动的权利，平等地参与社会生活。收容遣送则是由民政部门主管的针对流浪人员的一项带有救济福利性质的工作。新中国成

立后针对城市中出现的大量流浪乞讨人员，由民政部门设立相应的收容遣送管理机构和专职工作人员，由基层组织（即收容遣送站）具体负责收容遣送工作。首先对流浪人员进行收容救济，其次进行教育改造工作，改造其中一些人的游堕习性，另外还遣送他们回乡生产或就业，使他们得到适当的安置。而对于无家可归的和屡遣屡返的长期流浪人员则送往安置农场集中安置。

以上三项社会福利服务，福利服务的对象不同，采取的福利措施也有所不同，政府采取分类指导的方式进行管理。无家可归、无依无靠、无生活来源的“三无”人员，区分为孤寡老人、孤儿弃婴、残疾人等，享受政府直办直管的社会福利机构提供的福利。对于不属于“三无”对象而又具备部分劳动能力的残疾人，则采取组织起来集体就业、发展福利生产、政府提供减免税的方式获得福利。而对于在城镇的流浪人员由收容遣送站、安置农场工厂等进行收容遣送，先是收容，然后进行教育改造，再遣送回乡安置，对于无家可归的或长期的流浪人员则送到安置农场和安置工厂进行安置，收容遣送期间由政府救济、提供基本的生存需要和路费等。这三项福利服务，覆盖了中国的特殊困难群体如“三无”孤老残幼，还有其他特殊困难群体如有劳动能力的残疾人、流浪人员等，为他们提供了基本的生存保障，帮助他们摆脱了生存危机。这是中国历史上体系比较健全、结构比较合理、符合当时中国实际国情的、趋于制度化的社会福利体系，促进了当时中国的生产力发展和社会稳定。

随着对生产资料私有制的改造完成和优先发展重工业战略的确立，中国建立了以公有制为基础的计划经济体制，经济上由政府实行高度集中的计划管理模式，在福利事业方面也同样采取了政府计划管理的模式。中国的民政福利事务由政府进行领导和主管，并且实行政府管办合一的行政管理体制。所有的民政福利事务由民政部门直接办理或直接举办，并由民政部门直接进行管理和监督。政府还将所有的民间力量和外国资金排斥出去，政府成为福利建设的唯一资金来源。政府包揽了民政福利事务的全部供给责任和经济责任。这种由政府统揽一切民政福利事务的计划管理模式，是改革开放前民政福利建设的核心思想。由于中国政府建立了自上而下的科层制组织结构，确立了强大的政治控制力，政府依靠强大的社会整合能力和政治动员能力，进行高度统一的管理。政府包办福利的好处是，只要中央下令，整个政治系统就会投入到福利事务中，从而可以快速高效地将社会福利政策执行下去。并且由政府统揽一切福利资源，可以集中一切人力、物力、财力投入到福利事业中，提高社会福利政策的执行效率。由人民政府统揽一切社会福利事务，还有利于保证社会公平，保持社会稳定。这种政府集中进行计划管理的模式在当时起到了一定的积极作用。当然这种政府高度集权的计划管理模式，也容易出现决策失误、职责不清、监督缺失的问题。

民政福利在功能定位上，实行政府保障基本的方式。民政福利全部由政府提供，而政府提供的福利保障是一种基本保障。首先，民政福利只给特殊困难群体提供福利。这些特殊困难群体主要是指无家可归、无依无靠、无生活来源的“三无”老人、未成年的孤儿弃婴、残疾人（包括精神病人），还有其他特殊困难群体，如有劳动能力的残疾人以及游民、乞丐、盲目流入城市而生活无着的农民等流浪人员。社会福利事业针对的是无家可归、无依无靠、无生活来源的“三无”孤老残幼人员，而不是所有的孤寡老人、残疾人、弃婴儿童。社会福利企业面向的是有劳动能力的残疾人，而无劳动能力的人则不能享受福利生产这种权益。收容遣送工作针对的则是衣食不保、居无定所的城镇流浪人员。当然，由于这些特殊困难群体缺乏家庭支撑，失去了其他依靠和生活来源，他们迫切需要政府提供福利救助。由于国家的福利资源有限，把有限的福利资源用于有最迫切需要的人，这也是合理的。但是，改革开放前中国的社会福利只能由政府提供，民间力量被完全排斥，政府提供的福利数量和质量不足，大量有家庭的、有生活来源的人也有福利需求，但他们的福利需求难以得到满足。据统计，残疾人约占总人口的5%，孤寡老人、孤儿弃婴约占总人口的0.5%，新中国成立后这两类人加起来就有2000多到3000多万。但实际上，社会福利机构只面向无家可归、无依无靠、无生活来源的孤老残幼，一年最多收养十几万人，社会福利企业一年最多也就安置几万人，数量不到10万。1959年社会福利企业安置残疾人员7124人，1961年安置残疾职工为22 333人。[1]也就是说，参与社会福利企业的残疾人占整个3000多万残疾人的比例只有0.02%到0.07%，比例极低。收容遣送工作最多一年安置300多万人，民政福利真正覆盖的人口不到1000万人，占总人口的比例不足1%，数量非常有限。[2]其次，政府只给城镇人员提供福利保障，社会福利事业针对的是城镇“三无”人员，社会福利企业也基本只给城镇残疾人员提供就业机会，收容遣送工作只面向城镇的流浪人员。民政福利没有覆盖到农村人口。据测算，在福利项目支出方面，占全国人口20%左右的城镇居民的福利性支出占全国财政性福利支出的95%以上，占全国人口75%以上

〔1〕 民政部计划财务司编：《民政统计历史资料汇编（1949－1992）》，中国统计出版社1993年版，第200、291页。

〔2〕 郑功成：《中国社会保障制度变迁与评估》，中国人民大学出版社2002年版，第331页。

的乡村居民的财政性福利份额不足5%。[1]最后，民政福利提供的是最基本的生存保障，满足其基本的生活需求，福利待遇水平较低。无论是在社会福利事业，还是社会福利企业，或是在收容遣送工作的过程中，被收容收养的人获得的仅仅是能满足基本生存需要的食宿。医疗、康复、文化教育、娱乐等福利权利难以得到实现。

民政福利在体系框架上，坚持以家庭为基础、以机构为支撑。从新中国成立到改革开放前，中国民政福利的对象很大一部分局限于无家可归、无依无靠、无生活来源的“三无”人员，社会福利机构收养的基本上是“三无”人员。也就是说，只有失去家庭依靠的人员才能进入社会福利机构、享受福利权利。可以看出，当时政府将家庭作为满足民众福利需求的最先、最重要的提供者，家庭责任为国家所首先倚重。如果要入住政府举办的福利院，其前提条件就是要缺乏家庭的扶助。在失去家庭照顾的前提下，也就是在无依无靠，无法定抚养人或法定扶养人无抚养能力的情况下，福利的功能才会交给社会福利机构。社会福利机构只接受“三无”人员。福利以家庭为基础，这符合了中华民族自古以来的家庭赡养传统，也能发挥家庭在提供情感交流、精神慰藉等方面的积极作用。世界上有很多国家采用了这种家庭赡养的方式。当然，有的家庭面临福利能力不足的困难，有的老年人、残疾人、孤残儿童等不宜接受家庭照料，家庭的照料还缺乏专业能力，将所有有家庭的老年人、残疾人、孤残儿童等交给家庭，也存在一定的局限性。但是当时中国社会福利机构的数量和收容量十分有限，即使是社会福利事业发展的高潮阶段，社会福利机构数量较多的1964年，中国社会福

〔1〕 郑功成：《中国社会保障制度变迁与评估》，中国人民大学出版社2002年版，第333页。

利机构的数量只有1528个，收养人员也只有13.9994万人。[1]由于当时中国的国情是社会经济水平所限，福利机构数量不多、收容量不足，因此民政福利只能更多地依靠家庭。

虽然，新中国成立后的民政福利体系还有一定的局限性，存在着福利数量不够多、福利水平不高、难以满足所有民众的福利需求等问题，但是中国的民政福利建设是在当时特定的经济社会环境中进行的，所形成的民政福利体系是与基本国情相适应、与经济社会发展水平相协调的。

首先，中国的人口多，福利需求量大。人口基数大，对应的孤寡老人、残疾人、孤儿弃婴、流浪人员等特殊困难群体的数量也大，对福利的需求数量大。据统计，中国的总人口1949年为54 167万人，1952年为57 482万人，1954年为60 266万人，1959年为67 207万人，1963年为69 172万人，1964年为70 499万人，1966年为74 542万人。[2]也就是新中国成立后中国的总人口最少在1949年也有5亿多人，1954年后有6亿多人，1964年后有7亿多人。[3]通过1987年和2006年的调查可知，1987年残疾人口占全国总人口的5.49%，2006年残疾人已经上升到6.34%。[4]也就是说，中国残疾人的占比一般在5%以上。以此比例推算，20世纪50、60年代仅残疾人一年大约就有2000多万到3000多万。孤寡老人孤儿弃婴一般占总人口0.5%左右，20世纪50、60年代每年大概也有200多万到300多万，

〔1〕崔乃夫：《当代中国的民政》（下），当代中国出版社1994年版，第211页。

〔2〕国家统计局：《中国统计年鉴》，中国统计出版社1985年版，第552页。

〔3〕郑功成：《中国社会保障制度变迁与评估》，中国人民大学出版社2002年版，第331页。

〔4〕中国网："残疾人比例达6.34%未来残疾人口发生率仍高增长"，载http://www.china.com.cn/news/2008-12/15/content_16952488.htm，访问日期：2016年5月23日。

另外每年还有几十万到上百万不等的流浪人员。加起来，每年需要福利救助的人员有3000多万。这是一个非常庞大的需求量，要满足所有3000多万人员的福利需求，对于刚成立不久、经济水平有限的中国来说，确实很难做到。因此，政府只能选择满足需求最迫切的人群，例如城镇的“三无”人员。

其次，中国的底子薄，社会经济落后。新中国建立在一穷二白的基础上，经济基础极为薄弱，社会经济水平落后。1949年国民收入358亿元，人均国民收入只有66元。[1]与世界经济强国相比，尤其差距显著。1952年中国的人均国民收入只相当于美国的2.3%，法国的4.7%，英国的5.2%，西德的6.9%，日本的22%。[2]而且国家财政支出很大，国民经济的恢复和重工业的发展、尚在进行的解放战争和随之而来的抗美援朝战争等，都需要大量资金的投入，国家财政紧张。1949年人民政府的财政收入相当于303斤小米，财政支出却达到了567斤小米，国家财政收支严重不平衡，国家的财政压力非常大。[3]1952年国民收入589亿元，消费额就达到了477亿元。1963年国民收入为1000亿元，消费额达到了864亿元。[4]社会福利救济事业依赖于国家的财政拨款，而国家能够用于福利支出的资源却极为有限。所以，当时中国落后的生产力与紧张的财政状况，使得中国只能采取最基本的福利救助，只能更多地依靠家庭福利，更需要政府强大的政治控制力以快速高效地调动一切福利资源，而不可能实行西方式的“高福利”。

最后，新中国成立初期，社会秩序不稳，人民生活不安定，

---

〔1〕 国家统计局：《中国统计年鉴》，中国统计出版社1985年版，第33页。

〔2〕 董志凯：《1949–1952年中国经济分析》，中国社会科学出版社1992年版，第320页。

〔3〕 武力：《中华人民共和国经济史》，中国经济出版社1999年版，第179页。

〔4〕 国家统计局：《中国统计年鉴》，中国统计出版社1985年版，第33、38页。

快速有效地稳定社会秩序是党和政府的重要任务。新中国成立后，各个大中城市充斥了灾民、难民、乞丐、妓女、散兵游勇、失业者等，他们游荡在城镇的大街小巷中，严重地威胁了社会的安定。其中的小偷惯犯、反革命分子以及其他社会不良分子直接威胁着新生政权。滞留于城市的灾民、难民、失业者、无家可归者成为流浪人员，当时也被称为“社会游民”，他们严重影响着社会治安。这些滞留于城市的流浪人员由于食宿无着，居无定所，常常有打架斗殴、偷盗抢劫等越轨行为，使得整个城市生活不得安宁。长期饱受战乱之苦的民众希望获得有序的社会和安定的生活，而党和政府也需要在城市稳固政权、恢复经济发展。必须治理社会乱象，这是新中国成立初期党和政府快速整顿社会秩序、巩固新政权刻不容缓的任务。而要快速治理这些社会乱象，就必须收容并改造这些流浪人员，将他们安置好，使他们成为社会的安定分子；并且还必须借助于政府强大的政治组织力和动员力，通过政府统揽一切的计划管理模式才能快速地完成社会治理的任务。

另外，确立优先发展重工业的战略是当时中国发展的客观需要。新中国成立初期中国受到外国敌对势力的封锁包围，尤其是朝鲜战争的爆发，中国的国防压力增大。通过发展重工业，从而建立现代的国防工业，才能抵御外敌侵犯，这是当时国家的现实需要。苏联采取了优先发展重工业的模式，从而实现了工业化，并取得了较大的成功。苏联工业化模式的成功范例，为中国所借鉴。但中国传统工业基础薄弱，新中国成立前民族资本主义以发展轻工业为主，导致工业比例失调，国家资源不足，新中国急需提高工业水平，制造出全部工业、农业、交通运输业所需要的机器设备，从而促进轻工业、农业、运输业等的发展，以提高国家总体的经济实力。1953 年中国开始实施通过国家行政干预将重点放在发展工业的第一个“五年计划”，并确立了优先发展重工业的战略。要快速发展重工业，就需要积累，而中国的资源极其匮乏，国家决定牺牲农业利益为工业提供廉价原料和其他物质基础，以“剪刀差”的方式从农村汲取资金以满足工业发展的需要。当时中国选择优先发展重工业的战略，在经济基础薄弱、国家财力、物力不足的情况下，有利于推进国家的工业化进程，并促进生产力的发展。20 世纪 50 年代中国采取了优先发展工业尤其是重工业的战略，由此也产生了重城市、轻农村的倾向，国家通过牺牲农村、从农村汲取资源的方式来发展城市。在福利领域，同样也要倾向城市，倾向城市人员，这样城市和重工业才有可能得到更多的保障，从而获得更快的发展。

每个国家的历史基础不同，具体国情不同，将西方国家的福利模式照搬到中国，是不现实的。马克思说：“人们自己创造自己的历史，但是他们并不是随心所欲地创造，并不是在他们自己选定的条件下创造，而是在直接碰到的、既定的、从过去继承下的条件下创造。”〔1〕正是在当时中国特定的国情下，才形成了有中国特色的民政福利体系。对此，我们要理性地对待、正确地评价。正如习近平总书记所说：“不能用今天的时代条件、发展水平、认识水平去衡量和要求前人，不能苛求前人干出只有后人才能干出的业绩来。”〔2〕新中国成立后建立的有中国特色的民政福利体系，虽然还有局限性，但是是适应于当时特定的社会经济条件的。在社会经济落后、福利资源匮乏的情况下，

〔1〕［德］马克思、恩格斯：《马克思恩格斯选集》（第 1 卷），人民出版社 1995 年版，第 14 页。

〔2〕中共中央宣传部编：《习近平总书记系列讲话读本》，学习出版社、人民出版社 2006 年版，第 32 页。

面对巨大的福利需求，面对国民经济恢复和巩固政权的迫切需要，国家确立了优先发展重工业的战略，从而形成了有中国特色的社会福利体系，这是历史的必然。中国的社会福利发展应在中国国情的基础上，继续发扬中国尊老爱幼、扶危济困等传统美德，继续发扬中华民族的民族特点，发挥家庭的功能，发挥社会主义制度的优越性，继续建立和完善有中国特色的社会主义福利制度。

改革开放后的社会福利建设是在改革开放这一历史新时期开创的，也是在新中国成立后20多年的福利建设基础上开创的。改革开放前中国的民政福利建设经历了长期的探索和实践，为改革开放后的中国福利建设积累了重要的思想、物质、制度条件，并积累了丰富的经验，从而推动了改革开放后社会福利事业建设的进行。改革开放后的社会福利建设是对改革开放前的社会福利建设的坚持、改革和发展。

在思想上，改革开放前党和政府的民政福利思想以马克思主义为指导，以党的根本宗旨为出发点，形成了一套有先进性和积极性的思想体系，体现了社会主义社会的本质要求和社会主义制度的优越性。党的福利指导思想立足于为人民服务，重视民生，以为人民大众谋福利为宗旨，强调福利事业的服务对象是人民大众，政府开展福利事务就是要为人民大众的利益而服务，同时又要发挥人民在福利建设中的主体作用。国家通过教育、发展生产、劳动改造等方式提高收养人员自身的生存能力，发挥人民的自主性和创造性来发展福利事业，体现了以民为本的思想。福利对象是面向全体民众的，福利事业是要保障所有民众的生存权利、解决所有民众的生存困境。对于任何面临生存困境的民众，不分年龄、性别、种族、民族等，政府都有责任提供救济福利，国家倡导“不让一个人饿死”的政治理念。福利事业从人民群众的利益出发，运用社会福利制度的分配和再分配调节功能以及利益均衡原则，为有生存困境的民众提供保障，消除贫困，从而实现经济和社会上的公平，“反对过分悬殊”，避免出现两极分化的现象。福利事业体现了公正公平的思想理念。在处理经济发展和社会福利发展的关系上，党和政府形成了统筹兼顾的辩证思想，提出经济发展是福利发展的前提，经济发展水平决定了福利发展水平，同时社会福利的发展也会反作用到经济发展上，如果福利发展滞后于或超前于经济发展的水平，则都会损害经济的发展。这些思想包含了先进的理念，蕴含了对社会主义福利建设的一般规律的认识，对建立和完善社会主义市场经济有着重要的参考价值，改革开放以后为社会福利事业建设所继承并发展。

改革开放前所建立的民政福利的组织机构、工作人员等组织体系，是改革开放后福利建设的组织体系的基础。这些组织体系在改革开放后重新恢复建立，如 1978 年国家重新设立了民政部管理福利事务，地方民政系统也相继恢复。这些组织机构是改革开放后社会福利建设的组织保证。改革开放前所建立的社会福利机构、社会福利企业、收容遣送站等基层设施，经过整顿，也成了改革开放后社会福利建设的重要基石。

改革开放前民政福利建设中所运用的政策体系、管理体制等是改革开放后福利建设的制度基础，改革开放后在有所继承的基础上进行了相应的改革。当前中国的社会福利体系主要由三部分组成：老年人福利、残疾人福利、儿童福利，这三个大的框架体系仍然是改革开放前社会福利事业体系的重要组成部分。三个框架体系内的内容与改革开放前相比也有很多继承性，例如，老年人福利依然面向“三无”老人，残疾人福利依然以社会福利企业安置残疾人就业为主要形式，对孤儿弃婴依然以社会福利机构集中收养和分散领养为主要形式。当然，这三个框架体系的具体内容也有了一些变化和进步，例如，在老年人福利方面，养老服务的对象已经由传统的“三无”老人拓展到全社会有需求的老年人，对残疾人的康复覆盖范围扩大、康复水平也有了很大的提高，对孤儿弃婴的教育水平大大提高。改革开放前提出的一些正确主张，当时没有得到真正落实，改革开放后则得到了真正贯彻。例如，20 世纪 50、60 年代的党和政府虽然在思想上强调对待不同政治出身的人在福利待遇方面要同等对待，但在某些地方的实际实施过程中却被忽视。改革开放后，政府就坚持落实了这种平等思想，在社会福利实践中不再因政治出身而区别对待。

二、充分展现了社会主义制度的优越性

（一）新中国成立后社会主义民政福利建设坚持以民为本的原则

社会主义民政福利建设坚持了“人民的利益高于一切”的社会主义原则，民政福利建设事业将党全心全意为人民服务的根本宗旨具体化，体现了党和政府以民为本的原则。

党和政府的救济福利指导思想的总方针是：“我们新民主主义国家的救济福利事业，应该是在人民政府领导之下，以人民自救自助为基础而进行的人民大众的救济福利事业。”[1]这个总方针明确提出，救济福利事业是“人民大众的”，“以人民自救自助为基础”的。也就是说，救济福利事业的服务对象是人民大众，要为人民大众的利益而服务，同时又要发挥人民在福利建设中的主体作用，通过发挥人民的自主性和创造性来发展福利事业，这个总方针充分体现了以民为本的理念。

〔1〕 董必武：“新中国的救济福利事业”，载《人民日报》1950 年 5 月 5 日。

新中国成立后社会主义民政福利事业建设坚持为人民的利益而服务，服务对象是广大人民大众，“中国的救济福利事业，必以人民大众为对象”。[1]党的福利指导思想始终以为人民服务为出发点，立足于民众，贯彻了为民服务的民生理念，所有的民众遇到生存困境都可以获得国家提供的福利救助。中国共产党把推翻剥削阶级、为广大人民群众争取解放和谋取福利作为重要的政治任务和工作职责，坚持人民的利益高于一切，努力为人民群众争取利益，而人民的生存就是最根本的利益。民政福利建设就是要保障人民最根本的生存条件。不管是对于吃不饱、穿不暖的孤寡老人和儿童，还是居无定所的流浪人员，或者是生存处于困境中的残疾人员，政府通过社会福利机构进行收养、通过收容遣送工作进行安置、通过社会福利企业提供就业机会，这些民政福利工作保障了人民的基本生存权利。

共产党和政府是民政福利建设事业的领导者和建设者。在对社会主义的探索和实践中，党和政府制定的福利政策必须以人民群众的利益为出发点，“每项政策，都要适合人民的利益”。[2]“时刻想到自己的政策措施一定要适合当前群众的觉悟水平和当前群众的迫切要求。”[3]评价党和政府的工作包括社会福利工作的标准，就是要看是否符合人民的最大利益，是否能得到广大人民群众的支持。如果是不符合人民利益、遭到人民反对的政策，就不是一项合格的政策。并且强调为人民谋福利不能是空话，而应该是“看得见的物质福利”，是人民的实际生活，“一切群众的实际生活问题，都是我们应当注意的问题”。要解决人民的实际生活问题，就要发展福利事业，保障人民的生存安全，

---

〔1〕 董必武：“新中国的救济福利事业”，载《人民日报》1950年5月5日。

〔2〕《毛泽东选集》（第4卷），人民出版社1991年版，第1128页。

〔3〕《毛泽东文集》（第8卷），人民出版社1999年版，第33页。

解决人民的生存困境问题，最终使人民群众的生活水平得到普遍的提高。

对于如何实现人民的福利，如何发展福利事业，党和政府不但要主动承担责任，还提出要依靠人民自身，认为人民是福利发展的主体，要让人民成为建设福利事业的主体，通过发挥人民的积极性和创造性为社会福利事业作贡献。社会福利工作由党和政府领导，同时广大人民群众参与建设，将党的领导与人民群众的创造相结合。中国的社会福利事业是人民大众的福利，而不仅仅是由国家包办的福利。“这个救济福利事业之所以要以人民自救自助为基础，是因为人民大众的救济福利事业，必须依靠人民自己，才能得到解决，绝不是依靠人民以外的任何救济，能够解决什么问题。”政府不仅仅通过紧急救济的方式为困难群体提供帮助，也不仅仅只是供养，而且还试图通过教育、劳动改造等方式让被收养人员自力更生，并提高他们自身的生存能力，以一种积极的方式解决弱势群体的基本生存问题。相比于只是单纯的“养”“救”等，这种靠民众自己发展福利事业的方式，能将人民自身的主动性和创造力调动起来，让人民觉得自己就是解救自己的主人，从而摆脱被施舍、被恩赐的心理，有利于提高被收养者自身的发展能力，更能培养他们自立自强、自主自信的精神。

马克思主义唯物史观认为，人民群众是历史的创造者，是真正的英雄，人民群众是社会实践和认识的主体，是社会物质财富和精神财富的创造者，也是推动社会发展、实现社会变革的决定力量。一切为了群众、一切相信群众、一切依靠群众是我们党重要的工作方法，要承认人民群众在历史发展中的重要作用，尊重和发挥人民群众的创造性。在民政福利的建设中，党和政府将人民群众作为真正的主体，引导群众充分发挥自己的主动性和创造性。“对中国的社会建设，我们需要人民的力量，只有人民的力量才是无穷的。”〔1〕政府通过以工代赈、发展生产、劳动改造等方式引导人民参与社会福利事业，让收养者通过自己的努力而提高福利水平。因此，在20世纪50、60年代的民政福利政策中，对于残疾人、流浪人员包括有劳动能力的老人、儿童等，国家在收养的同时往往鼓励和引导他们进行劳动生产，无论是生产教养机构，还是社会福利院、儿童福利院，或者安置农场、安置工厂，或者社会福利企业，都普遍引导被收养者参加劳动，在中国的民政福利建设中充分体现了人民自己的创造力。

要让广大人民群众成为社会福利建设的主体，还包括要把社会各阶层团结在自己的周围，团结一切可以团结的人来参与社会福利建设，“我们一定要把党内党外、国内国外的一切积极的因素，直接的、间接的积极因素，全部调动起来，把我国建设成为一个强大的社会主义国家”。〔2〕在国家经济水平落后、社会福利资源不足的情况下，毛泽东提倡调动国内外一切积极因素为社会主义建设事业服务。新中国成立初期，中国政府正是在这种思想的指导下，与外国资助的、民间出资的社会福利机构进行团结合作，把民间力量也调动起来参加福利建设。

（二）新中国成立后社会主义民政福利建设坚持公平正义的原则

公平正义是社会主义社会的本质要求和基本价值目标。中国共产党吸收了马克思主义唯物史观和剩余价值理论，认为私有制和阶级剥削是导致社会不公正的根源，社会主义革命推翻

〔1〕毛泽东：《毛泽东著作专题选编》（下册），中央文献出版社2003年版，第2162页。

〔2〕《毛泽东文集》（第8卷），人民出版社1999年版，第306~307页。

了剥削阶级和私有制，建立了公有制，为实现公平正义奠定了前提。毛泽东思想强调中国革命的出发点和目的就是要推翻封建剥削和私有制，社会主义新中国就是要建立公平社会。

社会主义制度的公平正义，就是要建立社会主义公有制，实现人民当家作主，确立按劳分配制度，满足广大人民群众的需要，为人民谋福利等。而社会主义福利事业是体现社会主义公平的一种方式。社会主义福利事业从人民群众的利益出发，运用社会福利制度的分配和再分配的调节功能以及利益均衡原则，为生存有困境的民众提供保障，消除贫困，实现经济和社会上的公平，“反对过分悬殊”，避免出现两极分化。为保障全体人民享有平等的福利权益，国家制定了相关的政策制度，例如生产资料公有制、按劳分配制度、计划管理体制等，《宪法》也进行了相关规定：“中华人民共和国公民有劳动的权利和义务”，“国家和社会帮助安排盲、聋、哑和其他公民的劳动、生活和教育”。这些社会主义基本制度为实现社会主义福利制度的公平公正提供了物质基础和政治保证。

公平通常指一种基于一定标准或原则而对待人和事的不偏不倚的态度，正义则主要指制度和行为结果中应然体现的原则，公平正义涉及机会公平、权利公平、规则公平等。中国的福利事业在一定程度上体现了机会公平、权利公平、规则公平等。社会福利对象是面向全体民众的，国家的救济福利事业是要保障所有民众的生存权利，解决所有民众的生存困境。任何民众面临生存困境，政府都有责任提供救济福利，国家倡导“不让一个人饿死”的政治理念。中国的民政福利事务有全民性的一面。虽然，实际上只有无家可归、无依无靠、无生活来源的“三无”人员才能获得福利，要获得国家提供的福利也要经过政府一定的审批、审查程序，但是不分性别、年龄、种族、民族、宗教信仰等情况，只要你是生存无依、食宿无着、生存无保障的困难群体，国家就要提供福利帮助，福利对象具有全民性和普遍性的一面。这在一定程度上体现了公平公正的福利理念。在经济落后、资源紧张的情况下，针对社会上有生存困境的老弱病残等人员，政府仍然竭尽全力实施了一系列的福利政策，采取了大量的福利措施来保障人民的生存权利，这些举措都体现了中国政府在社会福利救助方面的公平公正思想。

对于不同政治出身的人，党和政府也强调在福利救助方面要采取平等的态度，即使是对于国民党政府的党政军人员也要平等地提供福利救助。为此，毛泽东专门讲到这个问题，多次要求政府工作人员注意这个问题。毛泽东曾指示地方党组织和军队："对于国民党的旧工作人员，只要有一技之长而不是反动有据或劣迹昭著的分子，一概予以维持，不要裁减。十分困难时，饭匀着吃，房子挤着住。已被裁减而生活无着者，收回成命，给以饭吃。国民党军起义的或被俘的，按此原则，一律收留。凡非首要分子，只要悔罪，亦须给以生活出路。""国民党的一千万党、政、军人员我们也要包起来，包括绥远的在内，特务也要管好，使所有的人都有出路。没有这一条不行，眼睛里只看到绥远解放区80万人民就会弄错事情。湖南有10万失业军政人员和广大的孤寡没有人管，如果只管共产党的孤寡就会出乱子。"[1]毛泽东反对对旧政权留下的党政军人员在福利救济方面有歧视的做法，甚至认为如果这样做就会导致社会动乱的后果，他提出社会救济福利要保持公平，要面向所有人，包括公平平等地对待国民党军政人员。

另外，相比于中国古代的社会福利实践，新中国成立后中

〔1〕《毛泽东文集》（第6卷），人民出版社1999年版，第14页。

国的民政福利思想在公平公正性上有较大的进步。中国古代社会对接受福利的对象有着严苛的道德要求，违背伦理纲常、道德规则的人往往难以得到社会的同情与帮助，对于违背三纲五常、有道德瑕疵的人，政府和社会在救济福利方面往往采取歧视的态度。新中国政府对弱势群体的福利供给已经摆脱了中国传统社会的道德要求，有偷盗行为、不轨行为的儿童、流浪者等都能得到收容救济，这也说明中国共产党具备了一定程度的民主与平等理念。

（三）新中国成立后社会主义民政福利建设坚持统筹兼顾的原则

统筹兼顾是中国共产党在长期的革命和建设实践中积累的一个思想方法和宝贵经验，也是新中国成立后社会主义建设的重要方针。毛泽东强调："我们的方针是统筹兼顾、适当安排"。[1]新中国成立后党和政府对于经济社会发展的各项工作均采取统筹兼顾的方针，在处理福利发展和经济发展方面也坚持了统筹兼顾的原则。中国共产党认为福利与经济二者是相互制约、相互促进的关系，经济发展是福利发展的前提，经济发展水平决定了福利水平，福利发展也会反作用于经济发展，适当地提高福利能调动人民的生产积极性进而带动经济发展，福利水平滞后于经济发展则会损伤人民的积极性而不利于经济发展。根据中国的国情，政府既重视经济建设，也重视为人民谋福利，发展福利与发展经济统筹兼顾。毛泽东提出，经济建设与福利发展是一对辩证关系，发展经济与发展福利二者都是社会主义中国必须解决的问题，"发展生产和改善人民生活二者必须兼顾。福利不可不谋，不可多谋，不谋不行"。[2]社会主义政权既要发

〔1〕《毛泽东文集》（第7卷），人民出版社1999年版，第228页。

〔2〕《毛泽东选集》（第5卷），人民出版社1977年版，第92页。

展经济、提高生产力水平，又要发展福利事业、为人民谋取福利利益，二者均是社会主义的题中之意，对于二者的发展党和政府采取了统筹兼顾的方式。

经济发展和福利发展的统筹兼顾，国家首先将重点放在国民经济的发展上面，强调在发展生产的基础上兼顾发展人民的福利事业，“关于改善工人生活的问题，我们的重点必须放在发展生产上”。[1]必须通过发展经济、提高经济水平，才能实现福利的发展。“工人之福利必须于发展生产、繁荣经济中求之。”[2]尤其强调工业发展是实现人民福利的前提，“没有工业，便没有巩固的国防，便没有人民的福利，便没有国家的富强”。[3]新中国成立后国家首先着力于恢复和发展国民经济，经过三年的发展，到1952年经济有所恢复，工业发展较快，工业总产值占工农业总产值的比重已由1949年的30%上升到43%。[4]正是在经济有所发展的情况下，20世纪50年代后期社会福利事业进入了快速发展阶段，社会福利单位的数量和收养人数都有了较大幅度的增多。同时，国家强调，由于中国的社会生产力水平还不高，所以人民福利水平的提高是一个长期的过程，社会福利的发展要量力而行，社会福利水平不能提高太快，因为“人民的需要是逐步满足的”。[5]“工人福利问题，必须解决，但又必须解决得合乎实际的经济情况，不能太低，但又决不可太高。”[6]所以中国没有出现像有的西方国家那样片面发展福利，盲目追

〔1〕《毛泽东选集》（第5卷），人民出版社1977年版，第92页。

〔2〕《毛泽东文集》（第4卷），人民出版社1996年版，第302页。

〔3〕《毛泽东选集》（第3卷），人民出版社1991年版，第1080页。

〔4〕朱佳木：“毛泽东对计划经济的探索及其对社会主义市场经济的意义”，载《中共党史研究》2007年第2期。

〔5〕《毛泽东文集》（第8卷），人民出版社1999年版，第136页。

〔6〕《毛泽东文集》（第6卷），人民出版社1999年版，第203页。

求“高福利”的情况。

在经济发展的基础上，党和政府提出也要适当地提高人民的福利。毛泽东在《论十大关系》中论及国家、生产单位和生产者个人的关系时，指出：“拿工人讲，工人的劳动生产率提高了，他们的劳动条件和集体福利就需要逐步有所改进。我们历来提倡艰苦奋斗，反对把个人物质利益看得高于一切，同时我们也历来提倡关心群众生活，反对不关心群众痛痒的官僚主义。”〔1〕如果不提高人民的福利、不让人民获得利益，就会损伤人民的生产积极性，不利于经济的发展。只有适当地提高福利，才会有利于调动人民的劳动热情进而促进经济的发展。所以，政府要依据经济的发展情况渐进地提高人民的福利水平。随着国民经济的恢复和发展以及第一个五年计划的实现，经济水平有所提高，20 世纪 50 年代中期以后中国政府加大力度推进社会主义民政福利建设，社会福利事业机构和社会福利企业数量快速增加，所收养安置的人数也大量增加。新中国成立后中国政府在发展工业、发展生产的基础上尽力满足人民最迫切的福利需要，解决特殊困难群体的生存问题，尽量使社会福利水平与社会经济水平相适应。

中国人口众多，在经济基础薄弱的情况下进行社会主义建设，存在着各种复杂的经济关系、利益关系等。“这里所说的统筹兼顾，是指对于 6 亿人口的统筹兼顾。我们作计划、办事、想问题，都要从我国有 6 亿人口这一点出发，千万不要忘记这一点。”〔2〕通过统筹兼顾，协调各方，可以妥善地处理各种利益关系，从而平衡各种矛盾，在照顾总体利益和长远利益的前提下，也能兼顾其他利益，使各方面各得其所，并在总体上使国家社会经济平衡、协调地发展。统筹兼顾还可以总揽全局，着

〔1〕《毛泽东文集》(第 7 卷)，人民出版社 1999 年版，第 28 页。
〔2〕《毛泽东文集》(第 7 卷)，人民出版社 1999 年版，第 227~228 页。

力加强社会经济发展中的薄弱环节，调动一切可以调动的积极因素、团结一切可以团结的人，为社会主义建设事业服务。中国共产党立足于为全体人民服务的宗旨，社会主义政权也具有强大的社会整合能力和组织动员能力，能够做到为全民利益服务，并充分了解国情和民情，从而总揽全局、统筹谋划、兼顾全面。统筹兼顾是中国共产党的一个重要的思想方法和工作方法，是社会主义建设的重要战略方针，对福利发展和经济发展的统筹兼顾突出体现了社会主义制度的优越性。

（四）新中国成立后社会主义民政福利建设发挥了集中力量办大事的优势

邓小平说过，中国社会主义制度的明显优越性是“集中力量办大事”。习近平也指出：“我们最大的优势就是我国社会主义制度能够集中力量办大事，这是我们成就事业的重要法宝，过去我们搞‘两弹一星’等靠的是这一法宝，今后我们推进创新跨越也要靠这一法宝。”[1]社会主义的制度优势明显，其中最大的一个优势就是集中力量办大事。新中国成立后社会主义民政福利建设也体现了党和国家能够集中力量办大事的优势。

从民政福利制度的体系来看，我国实行的是政府统揽一切民政福利事务的计划管理模式。在这种模式下，民政福利的组织主体是人民政府，实行政府管办合一的行政管理体制。政府是民政事业的唯一资金来源，对民政福利事业的管理权力完全集中到政府，由政府对民政福利大包大揽。新中国成立初期社会问题严重，有几千万民众面临生存困境，几百万流浪人口在社会游荡，严重威胁着社会的安定，社会福利任务繁重。并且新中国的经济基础薄弱，在较长的一段时间内经济水平低下，

〔1〕 人民网：http://politics.people.com.cn/n1/2016/0717/c1001-28560463-2.html.

政府财政紧张、资源有限。这两方面的客观形势都需要政府集中力量，才有可能解决几千万人的生存保障问题，从而巩固政权、稳定社会秩序。这两方面的客观形势，都要求政府集中力量来处理社会福利事务。中国政府建立的由政府统揽一切民政事务的高度集中的计划管理模式，适应了当时的国情，有利于国家和政府调动一切资源完成紧急的、繁重的社会福利任务。

新中国政权建立在多年战争的废墟上，社会千疮百孔，旧社会遗留下来的各种社会问题十分严重，自然灾害频繁，大量民众的生存问题难以保障，社会不安定。社会上出现了大批灾民、难民、失业者、散兵游勇等，他们游荡在社会上，衣食不保，居无定所，严重威胁着社会秩序。例如，1949 年 4 月国民政府紧急撤离南京、迁入广州，庞大的党政机关和军队进入广州城，灾民、难民随之而来，广州市人口激增，社会经济压力加大，广州市“灾民遍地，失业众多，贪污风行，土匪烽起”。1949 年 10 月国民政府在破坏了一些重要的交通如炸毁珠江大桥后撤离广州，广州城内破败不堪，留下了几十万需要安置的灾民、难民。新中国成立后因局势动荡和战争不歇，全国的失业情况非常严重。截至 1950 年 9 月底的统计显示，全国城镇的失业人员为 472.2 万人，失业率为 23.6%。[1]这些失业者生活困难，有的因生活无就而沦为流民乞丐。新中国成立初期，流浪在城镇的灾民、难民、失业者、散兵游勇等就有几百万人。这些流浪人员中，还有大量的游民乞丐、妓女等，他们对社会的威胁更为严重。此外，还有两三千万的孤寡老人、孤儿弃婴、残疾人员也面临着生存困境。如果不快速采取有效的措施进行治理，那么刚建立起来的新生政权就会面临威胁。正是由于新

〔1〕 国家统计局社会统计司：《中国劳动工资统计资料（1949－1985）》，中国统计出版社 1987 年版，第 109 页。

中国成立后几千万民众的生存不保，社会秩序不稳，严重威胁着政权的稳固，在这样的紧急形势下，客观上才需要国家集中力量进行处理安置。

新中国成立初期由于长期战争的破坏性影响，中国积贫积弱，国民经济几近崩溃。1949 年国民收入 358 亿元，人均国民收入只有 66 元。[1]社会经济水平极为落后，国家财政紧张，社会福利资源极为有限，而国家的财政支出很大，国民经济的恢复和发展、尚在进行的解放战争和随之而来的抗美援朝战争等，都需要大量资金的投入。1949 年人民政府的财政收入相当于 303 斤小米，财政支出却达到了 567 斤小米，国家财政收支严重不平衡，财政状况紧张。[2]1952 年国民收入 589 亿元，消费额就达到了 477 亿元。[3]社会福利救济事业必须依赖于国家的财政拨款，而国家能够用于福利支出的资源极为有限。国家财政紧张、资源有限的状况，要求国家只有集中力量才能够解决对民众的生存保障问题。

新中国成立后中国政府不但有必要发挥集中力量办大事的优势，而且有条件发挥集中力量办大事的优势。新中国成立后中国政府形成了强大的政治组织力和社会动员能力，依靠高度集中的计划管理模式，可以快速高效地落实社会福利政策。中国政府建立了自上而下的科层制组织结构，确立了强大的政治控制力。因为“制度化是组织和程序获得价值和稳定性的过程”。[4]这种科层制的制度使党和政府树立了权威，国家的权力不断扩大。“以单一的、世俗的、全国的政治权威来取代传统

---

〔1〕 国家统计局：《中国统计年鉴》，中国统计出版社 1985 年版，第 33 页。

〔2〕 武力：《中华人民共和国经济史》，中国经济出版社 1999 年版，第 179 页。

〔3〕 国家统计局：《中国统计年鉴》，中国统计出版社 1985 年版，第 38 页。

〔4〕 ［美］亨廷顿：《变革社会中的政治秩序》，李盛平等译，华夏出版社 1988 年版，第 12 页。

的、宗教的、家庭的种族的等等五花八门的政治权威。”[1]在中国科层制的社会制度中政治机构级别越高，权力越大，下级必须服从上级，地方必须服从中央，只要中央一声令下，自下而上的所有政治机构都要投入到救助福利事业中去。新中国成立后，国家还抓紧新建基层政权，使国家权力深入到地方基层。国家建立了各级党组织、政权组织、群众组织等，将社会成员组织化。国家还建立了集中的财税制度，实现了财权的统一，从而实现了国家与社会的高度一体化，进一步提高了政府的政治控制力。党在革命战争年代，例如抗日战争、土改运动中就积累了丰富的社会动员经验。政府在新中国成立后的社会福利建设中也常常采用社会动员的方式，充分发挥社会动员的作用，将民政福利建设工作中的一些环节与群众运动结合在一起，通过社会动员能更高效地调动民众参与民政福利工作。

随着高度集中的计划经济体制的建立，政府包办福利，可以统揽一切福利资源，集中一切人力、物力、财力投入到福利事业中，这种集中管理的模式可以高效地完成民政福利工作，尤其是一些紧急的福利事务。中国政府在强调为什么要将救济福利事业置于人民政府的领导下时，也清楚地表明不只是因为人民政府是为人民服务的，还因为只有人民政府才能动员人民的力量和调度所有的人力、财力、物力，“这个救济福利事业之所以要在人民政府的领导下，是因为人民政府是依靠人民，又为人民服务的。只有它，才能够动员全体人民，组织人民力量，从事救济福利事业……这是新民主主义国家必须采取的民主的集中制度，救济福利事业亦不能例外。”[2]政府的强大政治动员

〔1〕［美］亨廷顿：《变革社会中的政治秩序》，李盛平等译，华夏出版社 1988 年版，第 32 页。

〔2〕董必武：“新中国的救济福利事业”，载《人民日报》1950 年 5 月 5 日。

力和组织力可以集中有限的资源来迅速地完成福利建设。例如，1950年面对几百万灾民、难民、散兵游勇、无业人员等滞留城市的情况，中央要求尽快完成收容遣送工作，这项工作由民政部主管，在中央的要求下，其他行政部门、社会团体等也积极地配合民政部门的工作。公安部门对流浪乞讨人员中有违法越轨行为的进行收容，公安部门还依法为遣送回原籍但户口已注销的流浪乞讨人员办理落户手续。卫生部门则负责收治收容遣送站送去的患有严重传染病或生命垂危的流浪乞讨人员，还积极配合民政部门搞好收容遣送站内的防疫工作。铁道交通部门则为遣送工作提供交通方面的便利条件，提供优惠车票，车船上的乘警还协助在途中看管流浪人员，让坐车船的流浪人员到目的地才下车，防止流浪人员自行返回城镇。计划、商业、粮食、煤炭等部门为收容遣送人员提供生活必需品的供应指标。正是因为有了中央的指示，其他部门对收容遣送工作进行大力支持和配合，新中国刚成立后的1950年一年内就收容遣送了几百万灾难民、散兵游勇、失业人员等，收容遣送工作才取得了较大的成效。同样，在20世纪50、60年代发展的社会福利企业，只要中央鼓励举办，地方各级政府就会马上热烈响应，发展速度非常快。1958年5月26日至6月18日，第四次全国民政会议在北京召开。会议提出要贯彻社会主义建设总路线，推动民政工作全面“大跃进”。6月30日《人民日报》第1版撰文《民政工作也要以生产为中心》，文章指出：多快好省地发展生产是党的社会主义建设总路线的核心，也是各级党委经常的中心任务。在中央的倡导下，各个地方马上落实，出现了一股大办福利生产的高潮，在1958年的5–7月的三个月时间里，全国的福利生产单位增加了14倍，参加人员增加了7倍，1958年

9月社会福利生产单位达到81 266个。[1]可见，无论是收容遣送工作，还是社会福利企业和社会福利事业的发展，政府依靠强大的权威和强大的政治调控力能够快速地调动一切资源、高效地实施福利措施。

三、推进了社会主义社会的和谐与稳定

新中国成立之初，中国的社会中存在着大批游民、乞丐、妓女等，还有大量流离失所、无所依靠的老人、儿童、残疾人等，他们生活困顿、生存不保。新中国成立后国民经济迅速恢复和发展，党和政府关注这些困难群体的生存困境，重视民政福利事业的发展，并以强大的社会动员能力、社会治理能力等取得了福利事业建设的良好绩效，较好地解决了城市中那些无家可归、无依无靠、无生活来源的"三无"人员的生存问题。政府通过妥善安排，采取了紧急救济和收容遣送工作，1950年中南、西南、西北三大区就收容遣送了国民党散兵游勇120万余人；华东、中南两大区收容遣送了灾民难民75万余人；北京、武汉、西安、青岛等7个城市收容遣送了无业人员110万人。[2]新政府通过接管、改造旧社会留下来的社会福利机构和建立新的福利机构，收容了大量的孤老残幼人员和无家可归的乞丐、妓女、游民等，使城市中的"三无"人员能够过上相对安定的生活。据统计，1962年全国的社会福利单位共收养人员136 385人，其中收养老人40 647人，收养青壮年残疾人14 429人，收养婴幼儿童65 882人，收养精神病人15 427人。[3]政府

---

〔1〕 常宗虎："聆听历史的教诲——近50年来中国社会福利史的三点启示"，载《民政论坛》2001年第4期。

〔2〕 崔乃夫：《当代中国的民政》（下），当代中国出版社1994年版，第146页。

〔3〕 民政部计划财务司编：《民政统计历史资料汇编（1949-1992）》，中国统计出版社1993年版，第206页。

组织福利生产，举办了大量的社会福利企业，使残疾人员能参加就业和平等地参与社会生活，1957年社会福利生产安置老弱残废人员30 811人，1961年安置残疾职工22 333人。[1]新中国成立后中国政府通过对游民、乞丐、妓女等进行收容与改造，对孤老病残进行长时期的收养救济，给弃婴孤儿提供生存条件和教育机会，给残疾人员提供就业机会，使他们获得了基本的生存生活保障。中国政府通过社会福利救济工作，解决了成千上万处于困境中的民众的生存危机，使人民的生活环境好转、民心基本安定下来，这是中国政府为人民利益、为民众生存作出的重大贡献。并且，如果不解决这些动荡的社会群体的基本生存问题，那么他们将可能威胁新政权的稳固，而政府通过社会福利救助措施使这些潜在的不安定因素基本安定下来，从而缓解了社会矛盾、安定了人心，保证了社会的稳定，为国家的经济和文化发展、民众的安居乐业等提供了安定的社会条件，有利于推动新社会的稳定与发展。

社会福利机构对被收容的孤儿弃婴、残疾人、游民、乞丐等进行教育和劳动改造，提高了他们的受教育程度和劳动技能，增强了他们自力更生的能力，使他们获得了更多的政治、经济、教育的发展机会。他们不但获得了暂时的基本生存保障，从长远来看他们也获得了改变命运的希望，这些弱势群体的生存情况和心情都有所好转，有利于促进社会公平与社会稳定。并且从总体来看，中国共产党以社会平等作为发展目标，通过政治解放赋予人民平等的政治地位，通过土地改革使贫苦农民获得土地，实行相对平等甚至是平均的分配机制，农村收入最高的20%人口收入减少将近20%，收入最低的40%人口收入增加

〔1〕 民政部计划财务司编:《民政统计历史资料汇编（1949-1992）》，中国统计出版社1993年版，第200、291页。

50%，[1]新中国成立后的社会更加趋向平等化，社会氛围更加公平化，较之解放前弱势群体获得了一种更好的社会环境，有利于促进社会和谐。

社会福利是一种对国民收入进行再分配的手段，从 1956 年开始民政福利的资金全部来源于国家财政拨款，政府将国家财政收入投入到民政福利建设中，以提供给“三无”困难群体，有利于缩小贫富差距，实现社会公平。新中国成立之初虽然国家财政紧张，但政府依然坚持拿出一部分财政支出用于福利事业，对老弱病残等社会弱势群体进行收容、教育。国家财政拨出的社会福利救济费 1952 年为 0.66 亿元，1954 年为 1.08 亿元，1956 年为 1.61 亿元，1958 年为 1.15 亿元，1960 年为 2.15 亿元，1962 年为 2.39 亿元，1964 年为 2.87 亿元，1966 年为 3.19 亿元。从时间上来看，除了 1958 年以外，其他各年份社会福利救济费都在逐步增加。从 1952 年到 1966 年期间的拨款额度来看，民政事业费占国家财政支出的比例平均每年为 2.09%。并且相比于新中国成立前社会福利的受益范围更广、受益面更大，民政福利水平也有较大的提高。通过福利支出，实现了对社会财富的第二次分配，有效地保证了弱势群体的生存与发展，一定程度上使社会成员在社会发展中的结果不公平得以缩小，这有利于实现社会公正，减小贫富差距，从而促进社会的和谐发展。

新中国成立前“三无”人员等弱势群体的生存问题难以解决，新中国成立后民政福利事业发展较快，取得了较明显的成效，老弱病残人员得到了基本的生存保障，流民、乞丐等社会问题得到了很好的解决，社会环境和社会风气好转，这使得不

---

〔1〕 李立志：《变迁与重建——1949－1956 年的中国社会》，江西人民出版社 2002 年版，第 107 页。

管是社会弱势群体还是一般群众，均对新政权充满了信任与感恩，更认同中国共产党的执政。新中国成立后的民政福利工作还提高了人民对共产党的执政认同，这也有利于促进社会主义政权的巩固并推进社会和谐与稳定。

新中国成立初期国家把在死亡线上挣扎的20多万孤儿、弃婴、流浪儿童收养起来，使他们得到抚育。这些在福利院长大的孤儿陆续走上了各条战线的工作岗位，成为建设社会主义的有用人才。1984年的统计显示，35年间乌鲁木齐市的儿童福利院共收养孤儿1000名，先后分配就业的有800多名。20世纪80年代在乌鲁木齐市儿童福利院举行的慰问大会上，许多20世纪50、60年代从乌鲁木齐毕业的校友纷纷前来参加大会，他们一见到慰问团和院里的老师，都异口同声地说："我们回娘家了。我们孤儿永世不忘党的恩情。"广大孤儿表示："社会主义祖国大家庭抚养我们长大，我们要好好学习，以实际行动来报答党的关怀。"[1]这些由福利院收养的孤儿长大后充满了对党和国家的感恩。

黑龙江省在全省范围内进行有计划的全面收容，使流散的残老、孤儿得到了安置，结束了流浪乞讨的生活。黑龙江省庆安县县长亲自送收容对象上火车，社会孤老王光老人感动地说："我7年没盖上被，吃不饱、睡不暖，从来未穿过这样的棉衣，是政府救了我，感谢共产党，感谢毛主席。"[2]抗日战争结束后的浙江省区救济院安老所虽已恢复，但当时国民政府提供的经费太少，难以维持，安老所收容的老人白天外出乞讨，晚上回

---

〔1〕 崔乃夫：《当代中国的民政》（上），当代中国出版社1994年版，第242～243页。

〔2〕 黑龙江省地方志编纂委员会：《黑龙江省志·民政志》，黑龙江省人民出版社1993年版，第310页。

所栖身睡的是稻草地铺，穿的是破旧衣裤，老人的生活一度只得依赖美国的救济食品维持。[1]解放后由人民政府接管了浙江省区救济院安老所，并改组成杭州市人民安老院，1956 年新建了院舍 8 幢，居室 104 间，另设活动室、诊疗室、病房、隔离室、厨房、厕所、仓库等，老人居室每间 8 人，发给衣被、蚊帐、凉席等日用品，住宿条件有了较好的改善，生活水平也有了很大的提高。因此，被收容的老人们感受到了新社会带来的好处，体会到了党和政府是真正为老百姓办事情的，从而建立起对党和政府的信任感，并认同新政权和新社会。

新中国成立后党和政府通过改造和救济游民、妓女等，较好地治理了这些社会问题，形成了良好的社会风尚，不但游民、妓女感激党和政府，广大民众也给予了高度肯定。例如，各地政府拨出款项为妓女治病。上海市一个妓女得了子宫癌，医务人员对她进行了精心的治疗，两个月后她痊愈出院。当她得知，她不用自己付钱、政府已为她付清新人民币 790 元的时候，她十分感动，说："共产党要真心救我出火坑，这是做梦也没有想到的"。[2]大批妓女经政府付费进行疾病治疗后，身体恢复了健康，心情愉快，她们感叹道："旧社会把人变成鬼，新社会把鬼变成人。衷心感谢共产党救了我们，使我们重新做了人。"[3]听说政府封闭妓院的消息后，曾是清代翰林的北京老人潘龄皋也表示："封闭北京的妓院，是一件大善事，过去做不到，现在经我们代表会议一通过，北京市人民政府马上就办了，这就是新民主的好处，人民政府真正替老百姓办事，为老百姓忠实服

---

〔1〕 杭州市民政局：《杭州民政志》，内部发行 1993 年版，第 210 页。

〔2〕 崔乃夫：《当代中国的民政》（上），当代中国出版社 1994 年版，第 86 页。

〔3〕 崔乃夫：《当代中国的民政》（上），当代中国出版社 1994 年版，第 86~87 页。

务。”[1]解放前上海市的流氓、小偷、乞丐共有12万人，占全市人口的2%以上，对社会具有很大的破坏性，并且有的游民还欺压百姓。[2]解放后党和政府领导游民改造，社会风气有了很大的变化，各种破坏社会秩序的案件数量急剧下降。上海市民高兴地说，“能把上海的小偷、流氓消灭掉，真是一件了不起的大事，历史上空前的大事，只有新中国才能做到”。[3]

党和政府在民政福利建设方面的绩效显著，民众普遍认为只有中国共产党才能完成这样的好事、大事，民众认同中国共产党领导福利建设的绩效和社会治理的能力，民众也高度认同中国共产党为人民服务的宗旨。并且民众还普遍产生了回报党和社会主义的报恩心理，激发了民众参与社会主义建设的热情和对国家的责任感，使得国家的凝聚力增强，从而建立了对社会主义政权的认同与支持，有利于巩固中国共产党的执政地位并保证社会主义社会的和谐稳定。

四、推动了社会主义社会新风尚的形成

新中国成立后在党和政府的大力倡导下，社会主义新风尚在全国蔚然兴起。团结友爱、互帮互助、尊老爱幼、一方有难八方支援等成为人们普遍的行动准则，遵守公共秩序和履行道德规范成为人们的自觉行动；剥削可耻、劳动光荣，为人民服务光荣、损人利己可耻等，成为新的社会风尚。这种新风尚成为约束民众行为的一种道德外力，有助于民政福利建设中凝聚力的形成，是社会福利事业成功开展的重要原因。此外，社会

---

〔1〕《当代中国》丛书编辑委员会编：《当代中国的北京》（上），中国社会科学出版社1989年版，第61页。

〔2〕崔乃夫：《当代中国的民政》（上），当代中国出版社1994年版，第91页。

〔3〕崔乃夫：《当代中国的民政》（上），当代中国出版社1994年版，第101页。

主义民政福利事业的发展也推动了社会新风尚的形成。社会主义民政福利建设采取劳动生产的形式，政府对老弱病残等弱势群体进行着力安置等，都有力地推动了劳动光荣、尊老爱幼、为人民服务光荣等新风尚的形成。

在实施民政福利的相关措施时，政府对收容人员采取了思想教育、劳动生产等教育改造形式，并且大力采用社会动员的方式，从情感上打动收容者，使他们从内心接受劳动，主动要求参加劳动。例如，对游民和流浪人员进行劳动改造，组织老年福利院的老人适当参加劳动，组织残疾人参加福利生产等，这些教育改造等福利实践活动使劳动是光荣的、不劳而获是可耻的等社会风尚深入人心。石家庄市生产教养院收养了一批流浪儿童，这些流浪儿童大多懒惰。在他们入院后的 3 个月里，教养院对其加强了生产与政治教育，教养员强调学习也要围绕着生产进行，提出生产是最光荣的，并联系政策提高其政治意识，他们的觉悟水平不断提高。其中一个流浪儿童尹二柱就是一个刚收来的 12 岁的乞儿，一天他和大家外出，向人家要了一块山药蛋吃，大家即反对起他来，一齐向他质问，“教养院不让你吃饱吗？为什么给我们教养院丢脸”。尹二柱感到很羞愧，他没话回答，自此以后尹二柱再也没向人要饭了，并且这件事教育了大家。〔1〕社会福利机构通过教育和劳动改造的方式确实改变了收容人员的懒惰思想，引导人们树立了劳动光荣的信念。

各地教养机构对游民采取了生产教养院、垦荒队、农场、习艺场等多种劳动生产形式进行改造。一开始，游民对劳动存在着抵触情绪，厌恶劳动，把从事劳动看成是痛苦的事情，千方百计地逃避劳动，有的大吵大闹，有的装疯卖傻，有的装病

〔1〕 石家庄市民政志编纂委员会编：《石家庄市民政志》（公元前 1200 年-公元 1991 年），中国社会出版社 1993 年版，第 364~365 页。

装残。但经过劳动和教育，他们逐渐懂得新中国绝不允许有不劳而食的寄生虫，每一个人都应成为自食其力的劳动者。游民自己发现“在新社会里，坐吃等穿、不劳而食是不存在的，终究要被社会所淘汰”，正是由于游民从思想上认识到，在新社会必须通过劳动自力更生才能获得生存的道理，所以他们在行动上就不愿意再乞讨，而愿意投入到劳动生产中。“除了极少数不良分子，仍愿出所乞讨或偷盗外，其余绝大多数均不愿再出去过那种寄生生活。”这种劳动光荣的社会风气也传播到了全社会。“一般市民首先认识到，在人民政府领导下，无论任何人都得劳动生产，不劳而食的人终究会被淘汰，今后每个人都得劳动生产，不劳动是不行了。”〔1〕

社会新风尚作为社会成员的共同理念和价值标准、道德规则，将转化为民众的行为规则，最终将指导民众的实际行动。迪尔凯姆认为，把个体连接在一起的既不是卢梭的“理性契约”，也不是孔德的“国家强力”，更不是斯宾塞的“自由竞争”，而是“集体意识”，集体意识具有重要的社会整合功能。〔2〕社会新风尚作为一种集体意识，将整合社会，成为社会变革的力量。一方有难八方支援、团结互助、尊老爱幼、为人民服务等新风尚，成为引导民众思想行为的道德外力，并形成了强大的社会凝聚力。例如，20 世纪 50、60 年代中国确立的“劳动光荣、不劳动可耻”的道德风尚，推动了广大群众包括老幼病残、游民乞丐等民政福利对象投入到生产劳动中，从而促进了社会生产的发展。

总之，中国共产党秉承为人民谋福利、以人民自救自助为

---

〔1〕 北京市档案馆：《北平和平解放前后》，北京出版社 1988 年版，第 389~394 页。

〔2〕 张敦福：《现代社会学教程》，高等教育出版社 2001 年版，第 36 页。

基础等积极进步的福利指导思想，实行高效率的以人民政府和各级民政系统为领导者和主管者的管办合一的民政福利行政管理体制，加上新中国成立之初党和政府强大的政治控制力和社会动员能力，中国的民政福利事业建设展现了良好的绩效，为几百万食不果腹、衣不蔽体、居无定所的灾民、难民、游民、流浪人员以及孤老残幼人员等解决了基本的生存问题，推动了中国社会的变革和社会主义社会的和谐稳定。不但促进了社会秩序的稳定，也以此提高了民众对共产党执政的认同，巩固了政权，推动了社会新风尚的形成，还促进了国民经济的恢复和发展。另外，随着中国社会福利事业的发展，政府不但建立了一套社会福利组织体系、基层福利机构，也在社会福利思想、制度、实践方面进行了有益的探索。这些探索经验一直为今天的社会福利事业建设所继承，为以后社会福利事业的发展和社会福利制度的改革打下了良好的基础。

第二节　我国社会主义民政福利建设存在的历史局限性

新中国成立后的社会主义民政福利思想与制度具有很大的进步性，也有一定的局限性。中国政府在理念上重视社会福利问题，重视民众的基本生存问题，“不让一个人饿死”的观念深入人心，力图保障所有民众的基本生存权利，民政福利思想具有全民性和平等性特征。民政福利思想与制度立足于民众，以为人民利益服务、为人民大众谋福利为宗旨，一定程度上体现出福利思想与制度的以民为本。中国政府还提出以人民自救自助为支柱，通过教育、劳动改造等方式试图提高收养人员自身的生存能力，以一种积极的方式解决弱势群体的基本生存问题，这种思想也具有一定的积极性。政府统揽一切民政事务的计划管理模式也发挥了快速调动一切福利资源、高效落实福利政策等优势。当然，受制于特定的政治经济形势，中国的民政福利思想还有一定的历史局限性，还没有完全树立平等的福利权利观。由于对公有制的盲目追求，政府把福利领域的民间力量和外国资本全部排斥出去，社会福利失去了社会性，而且在社会福利的实践中，由于缺乏刚性的、专门的福利制度，基层单位对福利政策的实施会有所偏离，在民政福利工作中还存在管理混乱等乱象。

一、民政福利工作存在不平等性

中国共产党认为提供福利是政府的责任。中国共产党以为人民服务为宗旨，主张国家和政府必须为人民利益而服务，社会福利是政府为人民服务的一种方式，给弱势群体提供福利是政府的责任，反映了中国共产党关注民生、重视民生、造福民生的执政为民理念，力图保障每个民众的基本生存权利，民政福利思想具有全民性和平等性的特征。但是在民政福利思想政策的实际执行过程中，受限于政治意识的影响和政治经济形势的变化，加上执行者对民政福利工作的把握出现了偏差，民政福利工作在实践中体现出不平等性。

董必武副总理在《新中国的救济福利事业》报告中指出，新中国的救济福利事业“不再是统治阶级欺骗麻醉人民的装饰品，也不再是少数热心人士的孤军奋战，而是政府和人民同心协力医治战争创伤并进行和平建设的一系列工作中的一个组成部分”。董必武副总理在报告中，明确将救济福利事业当作政府工作的一个组成部分，这反映了党和政府对福利工作的重视和对民众生存问题的关注。中国共产党将救济福利事业作为政府职责，但并没有树立公民的福利权利观。按照现代的福利理念，福利应该是所有公民的一项普遍权利。当公民陷入困境时，有权要求享受福利权利，国家和社会有责任给公民提供福利。但是中国共产党并没有树立起这种福利的“权利观”，1954年中国《宪法》中虽然提出“新中国劳动者在年老、疾病或者丧失劳动能力的时候，有获得物质帮助的权利”的一般原则，但并没有用法律条文将这项权利具体确定下来，在党和政府有关民政福利的会议、文件中也很少有将社会福利表述为公民的权利的。中国共产党虽然关注福利工作、关注弱势群体，但只是把提供福利当作党和政府实现人民利益的一种手段，仍然没有真正树立福利的平等权利观，并不认为每个公民都享有平等的福利权利。党和政府认为社会福利建设体现了社会主义的优越性，福利对象则充满了对党和政府的感恩思想，福利的本色淡化。这些事实从另一个角度反映出，当时中国政府没有把提供福利当作自己的义务，民众没有把享受福利服务当作自己应得的权利。

党的福利指导思想立足于为人民服务，以为人民利益服务、为人民大众谋福利为宗旨，并强调社会主义的本质和优越性，面向全体人民，不分年龄、性别、民族、种族等，所有民众都可以从国家平等地获得福利权益，重视社会公平，力图保障每个民众的基本生存权利，中国的民政福利思想具有平等性的特征。但是在民政福利事业的实际实施过程中，尤其是随着阶级意识的日趋强化和“以阶级斗争为纲”路线的确立，在民政福利对象的界定和待遇方面常常出现因政治出身不同而区别对待的问题。政府在对福利对象进行认定时，存在着政治倾向性的问题。政府界定福利对象时，常常考虑其阶级出身，往往把出身穷苦人家的困难群体视为福利对象，而把同样面临生存困难的地主、资本家出身的人排斥在外。例如，新中国成立之初一些福利院在界定收容范围时，认为穷人都是阶级兄弟，只要是受剥削、受压迫的穷苦大众，都应该接收他们进福利院，这样才能体现穷人翻身做主人、打倒剥削阶级的政治意义，而不管他们自身有没有劳动能力，也不管他们有没有依靠。从而导致收容审查范围过宽，一些不符合条件的民众也进入了收容所、福利院，使他们产生了不劳而获的倾向，也使收容所、福利院人满为患。而对于所属阶级不同的人员，则拒之于门外。一些国民党的旧职员，有的因年老体弱而陷入生活困顿，甚至不断有人因生活无靠而自杀，但是因为他们是旧官吏、旧军人，是我们的敌对阶级，一些福利机构的工作人员就拒绝收容救济他们。即使将他们收容进来，因出身不同，他们的生活标准也会更低。例如，江苏省就曾对非劳动人民出身的收容者实施更低的生活水准和生活待遇。1959 年后常州市的伙食供给标准就明显按出身有所区别，劳动人民出身、政治经济上受压迫的敬老对象为每月 8 元，劳动人民出身但对社会没什么贡献或身份不清的养老对象为 7 元，而非劳动人民出身的教养对象为 6.5 元。[1] 劳动人民出身的敬老对象和养老对象其伙食水平要高于非劳动人民出身的教养对象。中国政府对弱势群体的认定并不完全以客观的物质生活水平为标准，还要考虑政治出身，这也是以“阶级斗争”为纲的政治路线的突出反映。

新中国成立后城市和农村居民享受的福利权益也存在不平等。20 世纪 50 年代后期由于选择了优先发展重工业、迅速实现工业化的发展战略，国家在发展重心上“重城市、轻农村”。这一发展战略也突出表现在福利事业的发展领域，将城市与农村的救济福利事业分流，分别设置城市救济福利机构和农村救济

〔1〕 江苏省常州市民政局：《常州市民政志》，内部编印 1991 年，第 159 页。

福利机构，对城市和农村的救济和福利事业进行分别管理。同时，对民政福利事业方面的投入，又倾斜到城市福利事业建设上，而忽视农村福利事业的发展，政府对农村福利几乎没有投入与组织，民政福利只面向城镇居民，这造成了中国城乡居民在福利方面的待遇极不平等，强化了城乡差别，也加剧了中国城乡二元结构的形成，并影响至今，成为中国发展中的重要桎梏。据郑功成测算，在福利项目支出方面，占全国人口约20%左右的城镇居民的福利性支出占全国财政性福利支出的95%以上，占全国人口75%以上的乡村居民的财政性福利的份额却不足5%。民政福利事业机构只收养城镇“三无”的孤老残幼和精神病人，覆盖对象的范围狭小，农村很少有人能享受到这种福利待遇。〔1〕

另外，政府在民政福利的实际实施过程中，具有一些强制性成分，在对老人、儿童、残疾人、流浪乞讨人员等进行收容、遣送、改造的过程中包含了较多的行政命令。正是由于没有把社会福利当作全民的权利，而是当作党和政府实现人民利益的手段，政府难免以高姿态自居。政府对流浪乞讨人员、灾民难民、盲流人员等理所当然地采取强制性收容遣送的措施，并对所有收容者进行强制性的教育和改造，但很多收容者不是主观上乐意接受改造，而是被迫接受改造。例如，新中国成立初进入教养院的无论是老人、儿童还是残疾者，不管收养者是否自愿，一般都必须接受劳动改造、政治教育等。这说明国家和政府缺乏对福利对象的尊重，缺乏对福利对象的平等关爱，这其中隐含了深层的歧视性态度与恩赐性心理，与现代福利理念主张的平等性、权利性背道而驰。政府和社会的民权、平等意识

〔1〕郑功成：《中国社会福利制度变迁与评估》，中国人民大学出版社2002年版，第333页。

还有待进一步地完善。

二、民政福利建设的制度不健全和不完善

新中国成立后中国的社会福利、民政福利并没有从根本上建立完善的社会福利制度和运行机制。中国政府没有确立专门的社会福利法，更没有建立专门的民政福利法律。只有民政部门颁布的通知、决议等以及各地方政府颁布的办法、方案等政府政策主导着福利事业的运转。这些政策是计划经济时期社会主义民政福利事业具体运行的最重要的制度依据，在一定程度上指导和规范了中国民政福利事业的建设，指导了民政福利事业运行的大方向。例如对于要不要办民政福利事业、民政福利事业是要大举进行还是要整顿处理等方向性的问题，政府提出了指导性意见，但是没能形成刚性的、系统的制度，难以保证民政福利事业建设的长期规范和有效运行。随着局势的转变和每一次会议的召开，这些政策不断地变化，具有临时性、临事性，也不专业、不系统，中国一直没有制定专门的关于社会福利、民政福利的强制性法规和系统性制度，没有专门的社会福利法，更没有老年人福利、儿童福利、残疾人福利等相应的法规。临时性的部门政策管理权限、管理界限、管理程序等不清晰，容易造成管理上的模糊性和实施过程中的不到位。并且各地的规定并不一致，例如不同地区之间政府规定的收养标准、程度等颇有差距。新中国政府对于民政福利事务的管理，仅仅依靠政府的临时文件、临时通知等进行操作，只能勉强初步建立起社会福利的基本秩序，管理难以规范、难以持续。

由民政部制定的政策来主导民政福利事业的发展，使得管理难以规范，尤其是在执行的过程中因缺乏刚性约束，福利工作运行有赖于执行工作人员的主观性。如果工作人员既有极强

的工作能力，又有强烈的责任心，就会认真执行，福利工作的成效就显著；如果工作人员认识水平低、工作态度敷衍，那就难以执行到位，福利成效就无法保证，造成民政福利事业的发展缺乏规范和持续动力。并且民政部门制定的有关福利的政策也常常与其他社会政策混杂在一起、管理界限不清，如福利与救济、福利与劳动保护等问题混合在一起，面对灾民难民、流浪人员、老弱病残人员等困难群体需要政府提供帮助时，到底哪些工作是福利的范畴与边界，应该由哪个部门进行管理，应该提供什么样的帮助，哪些工作又是救济和劳动的范畴与边界，这些问题没有相应的制度进行规范，只能靠政府的常规工作经验进行判断和操作，在执行中容易出现偏差。

改革开放前民政福利的政策制度就常常受到政治运动的干扰，常常因政治环境的变化而变化，从而影响福利政策的持续稳定性。新中国成立伊始为了迅速恢复经济、稳固政权，中国政府对旧有的福利设施采取团结合作的方针。而当中国参加抗美援朝、社会主义改造的高潮到来时，就将私营的社会福利机构全部改造为国有化的。尤其是随着以“阶级斗争为纲”的政治路线的确立，进行“文化大革命”，导致民政福利建设严重受损，社会福利机构被破坏，社会福利事业趋于停滞，甚至连管理福利事务的民政部都被撤销了。政治环境变化了，福利政策就变化，这样的福利政策缺乏稳定性、科学性。由此造成在较长的一段时间内，中国的民政福利事业、社会福利事业都没能为解决潜在的弱势群体问题采取预防性措施，也未从建立完备的社会保障制度入手建立社会福利体系，更没有以社会福利法的形式确立规范的体系，从而没有形成稳定的社会福利制度。

中国政府的民政福利事业的制度建设，之所以出现了较大的局限性，其原因与新中国成立初特定的政治经济形势和社会条件有着密切的关系。例如，新中国成立初期出于巩固政权、维护社会稳定的目的，政府加紧进行民政建设，这可能是难以绕开的现实。由于弱势群体对社会稳定存在潜在的危害性，加上新中国成立初期的社会转型，让新政府面临沉重的政权维稳压力，政府难免出于维持社会稳定、巩固政权的目的来实施福利措施。对弱势群体提供福利，既有社会福利的人道主义动机，也有政府得功利性所在。为了安定社会秩序、保证政权的稳定，政府领导才重视福利事业，这是新中国成立初政府建构民政福利制度的一个出发点，也是福利实践取得重大成效的重要原因。但这种维稳的政治动力是不稳定、缺乏可持续性的，在这种动力的背景下很难建立起完善的、稳定的社会福利制度和法规。政府只有真正地树立平等的社会福利权利观，才有可能确立完善的社会福利制度。

由于没有建立系统的、严格的制度和程序规范，缺乏完善的法律制度来操作民政福利的正常运作，容易导致民政福利工作执行不到位，出现违规现象，这也是新中国成立后直至今天民政福利事业发展受限的重要原因。

三、民政福利发展趋向非社会化

20世纪50年代末期，国家和政府将外国势力资助的福利机构和民间福利机构全部改造为国有，国家和政府成为福利建设的唯一主体，民政福利建设成为单一的政府责任。由于“国家垄断了绝大部分资源，并控制了几乎所有的生存空间”，[1]政府成为唯一具有合法性的福利组织，民间福利组织和机构失去了

〔1〕孙立平：《动员与参与：第三部门募捐机制个案研究》，浙江人民出版社1999年版，第19页。

合法性，最终在福利服务领域被完全排斥出去。这样做一方面加剧了国家和社会的高度一体化，使权威式的国家权力更为集中，促成了“大政府、小社会”的形成，社会失去了基层民间组织的活跃，社会结构更加固化，基层社会失去了活力，不利于公民社会的发育；另一方面，民间组织在中国有多年的历史积累，是中国基层社会的重要角色，具有机动灵活的特点，能充分发挥具体管理社会、服务社会的作用。这是国家政权难以企及的功能，将民间福利组织排斥出去，民间力量难以发挥作用，也局限了国家实施福利政策的实际效果。

民政福利事业完全变成了政府的行为，所有的资金由政府承担，形成了政府包管包办的模式。这种非社会化的民政福利，造成福利资金来源的唯一性和供给的无偿性，加大了政府的负担，也容易导致民众对国家和政府的过度依赖。资金全部来源于国家财政，福利资金因渠道单一很容易出现资金短缺的问题。再加上新中国成立初期经济基础薄弱，经济发展水平较低，财政资源紧张，必定会导致社会福利的覆盖范围狭小、福利水平降低。例如，解放前上海市有宗教慈善团体所办的儿童教养机构31个，解放后经过处理整合，就只剩下了一所儿童教养院。[1] 1949年北京市有孤儿院20所，其中外国教会主办的有10所，中国宗教道会主办的有5所，私人主办的有4所，市立的有1所。这些孤儿院共计收容孤儿2599人。随着北京市对儿童救助机构的清理与整合，孤儿院有的停办，有的被接管，有的解散。到1954年国外教会在北京所设的儿童救济机构全部由北京市民政局、北京市救济分会接管，北京市的儿童救助机构只有新成立的北京市儿童教养院及其分部和北京市儿童工艺院。由此北

---

〔1〕《上海民政志》编纂委员会编:《上海民政志》，上海社会科学院出版社2000年版，第160页。

京市收养的儿童数量急剧下降。[1]由政府部门单独办理福利事业，势单力薄，势必会造成收容范围缩小。

非社会化、政府办政府管的民政福利模式，违背了福利事业的内在发展规律，必定会限制社会福利事业的长期健康发展。最终的结果就是，福利供需矛盾日益突出，供不应求，政府不堪重负，民众的需求得不到满足，造成服务对象的狭隘化、服务内容的单一化、服务队伍的非专业化。正是因为财力受限，中国的福利设施的数量虽然在不断增加，但是仍然远远难以满足数量庞大的群体的需求。福利单位仅限于接收“三无”对象，服务对象不可能扩及其他社会群体，民政福利所覆盖人群的范围狭窄。20 世纪 50、60 年代很多福利事业单位的基础设施长期得不到改造，对所收养的孤老残幼的生活也仅能满足其基本的生存需要，甚至有的福利单位连基本的生存都难以维持、生活标准偏低，康复、治疗等服务难以满足，更没有条件满足收养者的精神文化等更高层次的需求，福利水平十分有限。服务队伍的素质也难以提高，大多数社会福利机构的工作人员都是非专业化的。正是由于缺乏社会力量的参与，民政福利实施机构的完全官方化、福利设施封闭运行，经费受限，由此导致民政福利建设效率低下、福利对象狭小化、福利水平过低。

民政福利实行无偿供给，福利对象不用承担任何义务，很容易刺激福利需求的增长，容易使民众形成“有问题找政府”的思维习惯，养成社会成员对政府的过度依赖。例如，新中国成立初期一些有劳动能力的居民也设法进入福利单位混吃混喝，造成北京、上海等地区的福利单位人满为患。

另外，由于政府本身财力有限，要勉强维持福利机构的运

---

〔1〕 北京市地方志编纂委员会：《北京志 · 政务卷 · 民政志》，北京出版社 2003 年版，第 300 页。

转，除了对福利对象的数量、福利服务的质量等进行压缩外，政府难免会更多地依赖于民众自身、依赖于社会动员来发展福利事业。因此，才会出现一些福利单位单纯地追求经济效益，强迫收容者进行过度劳动来“以院养院”。

从总体来看，受限于20世纪50、60年代的特定的社会历史条件，民政福利思想与制度本身也存在一些缺陷。从思想层面来看，受限于特定的社会意识形态，民政福利在思想上有时会打上明显的政治烙印。政府没有完全建立平等的福利权利观，在福利对象的认定上有的地方具有政治倾向性，在福利投入方面对社会力量有排他性、对城市居民有倾斜性，在福利实施的过程中体现了强制性。另外，抱着改造旧社会、推翻资产阶级的统治的思想，政府将新中国成立前外国势力资助的、民间慈善团体举办的福利机构全部接受改造为国有化的，民政福利事业发展趋于非社会化。并且为体现社会主义“一大二公”的优越性，政府将所有的福利设施实行官有官办，打上了明显的计划经济烙印。民政福利建立在旧中国破败的经济基础上，是在社会生产力落后、资源紧张、各种社会问题严重的背景下发展而来的，当时的历史条件决定了民政福利思想政策还有一定的历史局限性。对此，我们“不能用今天的时代条件、发展水平、认识水平去衡量和要求前人，不能苛求前人干出后人才能干出的业绩来”。[1]

〔1〕 中共中央宣传部编：《习近平总书记系列重要讲话读本》，学习出版社、人民出版社2016年版，第32页。

第三节　我国社会主义民政福利建设事业发展的现实启示

习近平总书记说："中国特色社会主义是在改革开放历史时期开创的，但也是在新中国已经建立起社会主义基本制度并进行了20多年建设的基础上开创的。""如果没有1949年建立新中国并进行社会主义革命和建设，积累了重要的思想、物质、制度条件，积累了正反两方面经验，改革开放也很难顺利推进。"[1]新中国成立后社会主义民政福利事业建设是当前中国福利事业发展的历史基础，这一时期的民政福利建设，为当前社会福利事业的发展积累了重要的福利思想、物质、制度条件，并且在探索和实践中积累了正反两方面的经验，为当前社会主义社会福利事业的建设提供了有益借鉴，为深化社会福利体制改革和建设社会主义和谐社会提供了重要的现实启示。

当前中国依然是一个发展中国家，依然处于社会主义初级阶段，社会经济水平与发达国家还有一定的差距，这是中国的基本国情。同时改革开放以来，中国的经济持续稳定发展，2017年全年GDP为827 122亿元，GDP总量位居世界第二，全年人均GDP为59 660元。[2]根据世界银行2013年公布的最新标准，我国人均国民收入已经进入中等偏上收入国家的行列，国家财政收入稳步增加，2006年全国财政收入为38 760亿元，2017年全国一般公共预算收入为172 567亿元，增长了345%。[3]

---

〔1〕 中共中央宣传部编：《习近平总书记系列重要讲话读本》，学习出版社、人民出版社2016年版，第31页。

〔2〕 国家统计局：《2017年国民经济和社会发展统计公报》，http://www.tjcn.org/tjgb/00zg/35328.html.

〔3〕 国库司：2017年财政收支情况，http://gks.mof.gov.cn/zhengfuxinxi/tongjishuju/201801/t20180125_ 2800116.html.

随着社会经济的发展，社会福利获得了一定程度的发展，福利覆盖面和福利水平都有所提高。但是，随着中国人口结构的变化，老龄化趋势和家庭规模缩小化趋势不断加剧，民众对福利需求的数量增长越来越多，对福利需求的质量要求也越来越高。并且，随着民众的生活水平的不断提高，对生活方式的要求日益多样化，对社会福利也出现了多样化、多层次的需求。而在社会主义市场经济体制建立和完善的过程中，社会经济结构也发生了重大的变化，贫富差距问题依然存在，收入分配不公问题依然突出，社会福利是社会公平的调节器，也是社会稳定的减压器，中国政府必须通过改革福利制度、发展福利事业而促进实现公平合理的收入分配格局，从而促进经济的持续增长与民生的协调发展。另外，非公有制经济成分增加，民间资本力量壮大，民间资本对参与社会福利领域的热情也在不断地增加。总之，当前中国的社会福利制度与社会经济、社会发展之间仍存在着不相适应之处，社会福利水平滞后于社会经济的发展、难以满足民众的福利需求，深化社会福利制度改革是时代的必然要求。结合这些现实情况，参照新中国成立后 20 世纪 50、60 年代的社会主义民政福利的发展历程与民政福利建设的历史经验教训，我们对于社会福利在社会建设和社会改革中应置于什么地位、社会福利的科学概念是什么、如何处理社会福利与经济发展的关系、在发展福利中如何对待社会力量、如何进行社会福利的制度建设等问题，可以得出以下现实启示。

一、提高重视中国特色社会主义社会福利的思想认识

新中国成立后党和政府在思想原则上重视民政福利工作。中国共产党把为广大人民群众谋取福利作为重要的政治任务，坚持人民的利益高于一切。党的福利指导思想始终以为人民服

务为出发点，始终贯彻为民服务的执政理念。中国政府在思想上重视民众的基本生存问题，倡导“不让一个人饿死”的观念，要求保障每个民众的基本生存权利，所有的民众遇到生存困境都可以获得国家提供的福利救助。这都说明了党和政府在思想上对福利事业的重视。尤其是新中国成立后，当面临几百万的流浪人员、灾难民、散兵游勇等游荡在城市，大量的老弱病残人员生存不保，从而危及社会秩序和政权稳固的情况时，党和政府高度重视社会福利工作，将其作为各级政府部门的政治任务，大力推进收容遣送工作、社会福利事业的收养工作、社会福利生产工作等。而一旦政府在思想上重视福利工作，那么民政福利事业就会获得快速的发展。例如，社会福利生产的两次“大办”高潮，就是在政府的主导下出现的。但是另一个方面，在实践中，新中国成立后党和政府面临千头万绪的工作，也常常会有将福利工作置于其他工作之后，对福利政策落实不到位的地方。例如，新中国成立后中国政府没有建立管理社会福利事业的专门机构，社会福利被当作民政部门的事务。而民政部门的管辖范围又十分广泛，在民政部内部福利事务还被放在优抚安置、基层政权建设、社会救济、救灾等工作之后。例如，1950 年 7 月 15 日，第一次全国民政会议在北京召开，会议对民政工作的范围进行了讨论。谢觉哉部长在讲话中指出：凡属人民的政事，如没专业部门管的，就都属于民政部门。这表明民政部门管辖的范围十分宽泛，在民政部门宽泛的管辖范围中，很难将福利工作管得到位、管得完善。而且第一次全国民政会议确定了地方政权建设、优抚、救灾为内务部的工作重点，而社会福利不在其中，福利工作只是民政部门要管辖的广泛工作中的一个非重点工作。1959 年 7 月 1 日召开的第五次全国民政会议确定民政部门的主要业务是：优抚、复员安置、救灾、社会救济、社会福利和政府系统人事工作，社会福利工作在优抚、复员安置、救灾、社会救济工作之后。可见，在民政系统内部，社会福利工作也没有受到足够的重视。

另外，20世纪50年代末期和60年代受“左”倾错误路线的影响，将社会福利与资本主义联系在一起，社会福利满足人民需要的保障功能被扭曲和否定，适当地发展福利事业和社会福利企业被视为福利主义、修正主义而成为政治斗争的对象，从而缩减社会福利事业单位的数量，将社会福利企业转交给其他政府部门，严重影响到了社会福利工作的正常开展。其实，政府没有将社会福利作为政府的必然义务和民众的必然权利，而是将其当作资本主义腐蚀工人阶级的工具，这种现象也从另一个角度表明了当时政府和社会对社会福利工作的轻视和错误认识。如果在思想上不重视社会福利建设，社会福利事业的发展就会缺乏足够的支撑和动力，社会福利的发展就会受到限制。

当前中国社会福利制度的改革也依然面临不被足够重视的困境。社会福利事业的发展和社会福利制度的改革长期被忽略，社会救助、社会保险如养老保险、医疗保险等制度改革被当作社会保障制度改革的优先选项。而政府依然认为福利制度改革和福利事业的发展并不是那么急切，社会福利制改革仍被视为可以置后的选项，福利制度改革的步伐迟缓不前。另外，国家和社会还没有确立科学的社会福利观，社会福利仍然被当作一种补救式的福利，政府只负责对无依无靠、无家可归、无生活来源的“三无”人员提供福利，仍然没有把福利视为一种全民的福利权利，政府仍然没有确立满足社会所有成员普遍福利需求的科学“普惠型”福利观。长期以来，福利事业建设和福利制度改革被当作民政部门的事情，而且在民政部门的事务中民政福利还被置于优抚安置、基层政权建设等事务之后。但实际上，社会福利是要满足所有公民的需求的，是一个会影响到整个社会稳定和发展的独立社会系统。

因此，要发展民政福利事业，首先在思想上要高度重视有中国特色的社会主义福利事业的建设。在改革计划经济体制、完善社会主义市场经济体制的背景下，传统的社会福利制度的不平等性、非社会性等越趋明显，将阻碍经济体制改革和整个社会的健康稳定发展，因此必须充分意识到福利制度改革的紧急性，须在政府的领导下扎实地推进社会福利制度的改革。要加快推进社会福利制度的改革，为此要加强党和政府对民政福利事业的领导，建立有效的工作机制。政府和社会要将福利事业的发展和其他社会事业同等看待，作为国家社会事业发展计划的一个重要组成部分，根据中国的具体国情，充分发挥社会主义制度的优越性，全面确立科学的福利权利观，合理建立社会福利事业发展的长期规划，避免西方在发展福利事业过程中犯过的类似于“高福利”的错误。将社会福利制度的改革置于国家事务的优先地位，绝不能将福利事务仅仅看成是民政部门的事务。福利事业有着自己的发展规律、有着独立的运行系统，因此还应该明确建立管理福利事业的专门机构，确立管理福利事业的专门法律法规。

二、确立科学的中国特色社会主义社会福利思想与观念

如果不能确定社会福利、民政福利的科学概念，不搞清楚社会主义民政福利的内涵是什么，不确立现代福利的理念，那么中国的民政福利事业也就难以获得真正的发展。在新中国成立之初，中国政府一度没有厘清社会福利、民政福利、社会救济等概念的内涵与边界，从而造成了社会福利事业发展过程中的管理乱象。

由于对社会福利和社会救济的概念界定不清，新中国成立后政府一度将社会福利与社会救济交杂在一起，将福利事业和救济事业统称为救济福利事业。尤其是新中国成立伊始，社会福利实际上就是在从事社会救济工作，对无依无靠、无生活来源、流离失所的各类人员进行收容安置，所以新中国成立初期这类救济福利机构大多被称作“生产教养院”。同时将救济与福利事业交织，不分彼此，将救济对象（如有劳动能力的流民、乞丐、妓女等）和福利对象（如孤寡老人、儿童等）混杂在一起，使福利对象的身心健康遭遇侵害，造成了严重的管理混乱问题。20 世纪 50 年代后期进行整顿改革，社会福利与社会救济逐步分离，社会福利的概念和实践操作逐步明晰。民政部领导逐步将有劳动能力的各类人员如乞丐、游民等从福利机构排除出去，将生产教养院的收容对象确定为无依无靠、无法维持生活的孤老残幼，机构名称也改为养老院、儿童福利院、精神病人疗养院等，工作内容从原来的以改造、教育、救济为主转变为以救济、教育为主，淡化改造的功能。1961 年在内务部召开的社会福利事业、优抚事业工作会议上，针对社会福利事业单位存在的虐待收养对象、不关心他们的生活、有病不治、强迫劳动等现象，提出了整顿意见，进行了一系列整顿工作，福利机构的救济性质逐步转变为福利性质。虽然新中国成立初期民政业务范围内的社会福利的概念还没有达到真正的科学水平，民政福利依然没有完全摆脱救济的特点，但是新中国成立后社会福利的独立色彩还是越来越浓，20 世纪 50 年代末期社会福利逐步独立于社会救济之外。正是因为社会福利与社会救济相分离、社会福利的科学概念逐步清晰，民政福利事业才有了更快速的发展。中国政府对社会福利概念的曲折探索，所积累的历史经验与教训是我们今天进行社会福利制度改革的重要依据。

社会福利制度的改革必须从确立科学的社会福利概念出发。

首先，要确立有中国特色的社会福利的理念。中国的民族特点、历史基础与西方国家不一样，中国的经济社会发展水平与西方国家也不一样，中国有自己的具体国情。因此，中国的福利体系必定与西方国家不一样。相比于20世纪50、60年代，现在中国的社会经济水平已有了较大的提高，但中国仍然是一个发展中的社会主义国家，依然处于社会主义初级阶段，社会经济发展相对落后，社会福利基础薄弱，社会福利制度仍不健全，人口基数大，老龄化趋势严重，社会福利需求量巨大。因此，中国福利事业的发展必须立足于中国的具体国情，而如果将西方国家的福利模式照搬到中国，实行西方式的高福利、建立西方式的全民普惠型社会福利制度是不现实的。中国的社会福利发展应建立在中国国情的基础上，继续发扬中华民族的传统美德和民族特点，继续发挥社会主义制度的优越性，建立适合于中国国情的、与当前中国的社会经济水平相协调的有中国特色的社会福利制度。

长期以来中国的社会福利采用的是一种补缺型的福利概念，将福利定位为弱势群体提供的支持，一般民众难以享受到民政福利。当然，对社会福利的狭义的“补缺型”定位是符合于新中国成立后较长一段时间的国情的。作为一个经济落后的发展中国家难以将广义的大福利作为发展目标，但是随着经济体制改革的深入和经济社会发展水平的提高，中国关于社会福利的定位也还有待于进一步的调整和完善。目前中国依然是发展中国家，广义的大福利、高福利模式还是不适合于中国的国情，但是仍然将社会福利局限于面向弱势群体，那也是不符合中国实际的经济社会发展水平的。可以考虑在狭义的社会福利的基础上有所发展，将社会福利的内涵与外延适当放宽，建立适度普惠型的社会福利概念，逐步扩大社会福利的覆盖范围，使社会福利逐步面向所有公民，逐步提高社会福利水平，将教育福利、住宅福利等逐步纳入社会福利的范畴。

在中国的社会福利建设的实践中，社会福利的概念隐含着不平等性、歧视性，这也是长期以来社会福利概念中的一个误区。新中国成立之初政府将社会福利事业作为维护社会稳定的方式，多采取行政手段实施福利服务，理所当然地强制被收容对象接受遣送、教育、改造等，民众不能自由选择，只能被迫接受。这种不平等的福利观严重制约了民政福利事业的长期发展。当前对于中国社会福利制度的改革，国家和社会应该树立一种平等的福利权利观，牢固树立社会福利是所有公民权利的理念，而提供社会福利既是政府的责任更是政府的义务。在整个社会确立平等的福利权利观，才能规范社会福利事业的发展，并使社会福利事业获得长足的发展动力。

三、推进与经济发展水平相适应的社会福利发展

如何平衡社会福利与经济发展二者之间的关系，这是一个既关系到社会福利是否可以维持和发展，又关系到经济能否持续发展的重要问题。新中国成立后中国政府较好地处理了这个问题，社会福利建设能够根据社会经济的发展水平，既做到量力而行，又做到尽力而为。当时党和政府认为，经济发展水平是社会福利发展的基础，决定了社会福利发展的水平，没有生产力的发展，社会福利的发展就会缺乏物质基础。同时社会福利又会反作用于经济发展，影响经济发展。如果社会福利水平滞后于经济发展水平，那么经济发展会因缺乏社会福利的保障而受到阻碍，但如果社会福利水平超越了经济发展水平，也会因过重的负担而拖垮经济的发展。只有当社会福利水平与经济

发展水平相适应时，社会福利和经济发展二者才能都获得可持续发展。当前一些发达国家在处理社会福利与经济发展之间的关系上，也出现了问题。例如，欧洲一些国家实行高福利制度，实施所谓的“从摇篮到坟墓”的社会福利，一度受到了很高的赞誉，但20世纪80年代以来这些高福利国家出现了严重的经济不振、经济衰退的问题。因此，当前中国如何正确地处理社会福利发展与经济发展的关系问题十分重要。

新中国成立后中国政府较好地处理了福利事业建设与生产力发展之间的关系，两者形成了良好的互动，这可以成为今天中国发展民政福利事业的可贵经验。首先，毛泽东强调，社会福利和生产力之间是一种辩证的关系，生产力是基础，起决定性作用，经济水平决定了福利水平，福利事业反过来又可以影响经济的发展。在这个思想的指导下，国家确立了社会福利水平必须与经济发展水平相一致的原则。首先，强调大力发展社会生产力，为福利发展提供物质基础。另一方面随着经济水平的提高，也逐步加快了社会福利事业的发展。例如，新中国成立初期党和政府重在恢复和发展国民经济，将发展生产、提高经济水平作为国家建设工作的重点。而20世纪50年代后期以来，国民经济得到了恢复和快速发展，第一个五年计划也顺利完成，社会生产力水平有所提高，社会福利事业随之进入了快速发展的通道，养老院、儿童福利院、精神病院等社会福利机构的数量大幅增加，所收养安置的人数也大幅上升。以儿童福利院收养儿童为例：据1949年至1954年约5年时间的统计，在全国666个残老、儿童福利机构中，收养在院抚育教养的婴幼儿童达到了2.596万人；[1]1958年有婴幼儿童福利院57个，收

---

〔1〕 崔乃夫：《当代中国的民政》（下），当代中国出版社1994年版，第233页。

养婴幼儿童 1.2128 万人；1962 年全国有儿童福利院 772 个，收养无依靠、无家可归的婴幼儿童 6.5182 万人。[1] 20 世纪 50 年代后期以来儿童福利院和收养儿童的数量增速较快。正是在社会经济水平提高的基础上，政府才能加快推动社会福利事业的发展，大力建设社会福利机构，这是在经济发展的基础上加快发展社会福利事业的成功经验。

中国政府在处理社会福利生产与社会经济水平的相互关系中也有过深刻教训。社会福利生产通过兴办福利企业为残疾人提供了就业的机会，解决了他们的生活保障问题。但是 20 世纪 50 年代后期，某些地区福利企业过快发展，福利企业数量迅猛增加，社会福利生产出现了“大办”的高潮，一些福利企业虽然打着“福利”的幌子却并不以安置残疾人为主，造成了管理混乱、效率低下、偏离公平等问题。而 1959 年的反右倾运动对福利企业搞“一大二公”，从福利企业过多抽调资金、设备等开展福利事业或支援其他单位，造成社会福利企业经营困难，在 1959-1962 年的经济困难时期民政系统更是刮起了一股“交厂”风，把福利生产单位盲目地交出去，福利生产迅速萎缩，使残疾人员的安置问题变得紧张，社会矛盾突出。1963 年开始恢复和新建了一批社会福利企业，矛盾才有所缓解。从这段社会福利生产的发展历史可以看出，社会福利生产也必须与社会经济水平相适应。“社会福利生产不能不办，但也不能大办”。对于福利企业，既要根据当时的经济能力适当兴办，又不能头脑发热，不能超过经济发展水平而过大规模地兴办。在经济发展势头好、国家鼓励福利企业发展的时候，也要保持客观冷静的态度。

---

〔1〕 崔乃夫：《当代中国的民政》（下），当代中国出版社 1994 年版，第 233 页。

改革开放以来中国的经济取得了长足的发展，社会福利事业也有所发展。但是从总体来看，社会福利事业的发展滞后于经济的发展，社会福利制度的改革也滞后于社会经济体制的改革，当前的社会福利制度还不能适应有中国特色的社会主义市场经济体制。从社会福利事业的费用在国家财政支出中的占比来看，社会福利事业的费用支出占比远远低于发达国家，甚至也低于一些发展中国家。因此，当前中国既要继续深化经济体制改革，继续坚持以经济建设为中心，大力发展生产力。同时，也要面向社会主义市场经济体制推进社会福利制度的改革，加快发展社会福利事业，加大力度提高社会福利水平。尤其是政府要重视社会福利的发展，要加大推进社会福利的发展力度，增加对福利事业建设的投入。政府要将社会福利制度的改革作为一个独立的系统放在改革的前位。政府和社会都要增加对社会福利的投入，加大力度建设社会福利设施，继续扩大社会福利机构的数量，例如增加养老机构的数量、儿童福利机构的数量等，扩大社会福利覆盖的范围，以适应当前日趋激烈的老年化趋势。另外，也要通过增加投入继续提高社会福利的服务水平，以满足民众日益提高的福利需求质量。通过改革社会福利制度和发展社会福利事业为经济发展增加动力，也促动社会的稳定。

四、实现新型社会化的中国特色社会主义民政福利事业建设

社会性是社会福利的本质属性，民政福利事业只有保持社会性，才能有长远的、健康的发展。新中国刚刚成立的两三年内，新中国政府依然允许和鼓励外国教会、民间力量举办的福利机构存在，社会力量在社会福利事业领域发挥了重要的补充作用，社会力量与官方的良性互动也促进了社会政治活力的提

升。但是，1956 年完成社会主义改造后，确立了公有制经济的主体地位，随着对社会主义“一大二公”片面认识的强化，中国的政治环境发生了改变，从中央到地方“左”倾思潮流行，也深刻地影响了社会福利事业的建设。中国的社会福利事业开始背离社会化，而变为全部国有化、官方化。政府将外国教会和民间慈善团体举办的所有福利机构加以接收和改造，将之全部变成国有的，政府成了福利事务的唯一资金来源，民政福利脱离社会，成了完全官办官管的性质。同时民政收容对象也仅限于“三无”人员，福利机构只限于提供收养服务。但是这种官办官管的民政福利事业，带来了国家财政负担沉重、福利受益面狭窄、福利水平难以提高等问题，民政福利难以持续发展，并且一直影响到今天。这为当前中国社会福利事业的发展提供了深刻的教训。

随着社会主义市场经济的完善和发展，在构建和谐社会的背景下，国家越来越关注民生问题，如何通过改革社会福利制度而促进中国福利事业的发展是一个重要的问题。完全由政府包办、政府统揽一切民政福利事务的管理的模式已经不再符合当前的历史发展潮流，在政府发挥其基本职能的前提下，鼓励和引导社会力量发展福利事业，充分发挥社会的能动性，从而促使民政福利回归社会化，是改革的必然方向。

改革开放以来，中国民政福利事业的改革正在朝着社会化的方向行进。例如，民政福利机构开始打破自我封闭，不再局限于只接收“三无”人员，开始接收自费人员入住。这样一方面使得福利机构的资金来源不再仅限于国家财政，开始有了其他收入，民政福利机构的效率也大大提高；另外一方面，也使得福利服务对象从“三无”对象扩展到其他群体，例如社会一般孤老、一般残疾人员等。另外，国家和政府允许和鼓励社会力量兴办福利机构，社会资本进入了社会福利事业的发展领域，并且社会办的福利机构的数量、收养的人数等在不断地增加。当前某些社会福利企业也开始变成独立自主的经济实体参与市场竞争。这些社会化的方式都有利于社会的良性发展，能促进民政福利事业从数量到质量上的进步。但当前也依然存在政府垄断福利资源、对民办福利机构设置过高的门槛、民办福利机构难以享受平等待遇等社会化的障碍，因此中国的社会福利制度要继续深化改革，尤其要继续加强对社会福利社会化的落实。在社会福利主体的建设方面，打破政府对福利资源的垄断，由政府、企业、个人及社会共同承担社会福利责任，既要落实政府的主要责任主体作用，又要充分发挥社会、个人、企业等的主体作用，并且使不同的责任主体之间进行分工与合作。例如，充分调动民间组织在现代社会福利事业实施中的独特作用。打破政府是社会福利资源唯一来源的局面，实现资金渠道的多元化，允许民间资本进入社会福利事业的投资领域，继续通过改革进一步拓宽筹资渠道。打破社会福利对象仅局限于“三无”人员的狭窄化，实现服务对象社会化，将社会福利面向全体老年人、残疾人、孤儿弃婴以及全体国民。

五、建立新时期完善的有中国特色的现代社会福利制度

新中国成立后民政福利事业在制度建设的探索上还处于起步阶段，民政部发布的政策从大的原则上主导了福利事业的运行，在政府统揽民政事务、管办合一的计划管理模式下，依靠国家政权强大的政治控制力和组织力，保证了福利事业发展的正确方向、推动了民政福利工作的开展。但是新中国成立后的20世纪50、60年代一直没有建立管理社会福利事业的专门机构，虽然由民政部门主管社会福利工作，但是民政部门除了管

辖社会福利事务以外，一直以来还承担着其他工作，如优抚安置、行政区划、基层政权建设、婚姻登记管理、殡葬管理等，而且长期以来民政部门将基层政权建设、优抚工作作为最主要的工作任务，社会福利工作并不是民政部门的主要工作，民政部门更不是管理社会福利的专门机构。民政部门只是将社会福利工作作为部门工作的一个非重点工作，社会福利工作的组织机构不健全。

新中国成立后的20世纪50、60年代民政福利工作的运作仅仅依赖于民政部门临时的政策、指示等，指导了民政福利工作的基本方向，但没能建立规范的、完善的制度，更没有出现专门的福利法规，与普遍规范的现代福利制度相去甚远。这种缺乏制度约束的福利事业在实施过程中容易导致各种不规范的问题，例如福利对象进入福利机构把关不严，福利机构中所收容的人员混乱，福利工作队伍中人员的素质参差不齐，甚至出现了虐待福利对象的现象等。既由政府出资举办、又由政府管理监督的管办合一的民政福利行政管理体制和计划管理模式容易导致职责不清、监管不严的问题，从而造成社会福利事业的发展缺乏长足的动力。

直到今天，中国的福利事业依然保留了新中国成立后计划经济时期民政福利制度体系的某些特征，例如社会福利组织机构仍不健全，现在中国政府已成立了人力资源和社会保障部，社会保险是人力资源和社会保障部的一项重要职责，但社会福利并没有划归人力资源和社会保障部管理。今天民政部门依然是社会福利事业的主管部门，但是民政部门依然管辖范围广泛，例如还主管社会组织、优抚安置、救灾、社会救助、基层政权和社区建设等，并且民政部对社会福利的职责排在以上这些职责之后。因此，今天对社会福利的管理依然缺乏专门的管理机构。同时，也还没有建立规范的社会福利制度，福利管理体制不符合市场经济条件等，至今仍没有建立专门的社会福利法律制度，还没有建立老年人福利法、儿童福利法、残疾人福利法等，社会福利制度体系依然不健全，这依然是限制当前社会福利事业继续发展的障碍。因此，社会福利的法制化建设仍然是福利事业改革和发展的重要议题。

当前中国要加强福利事业的制度化建设，首先就要建立专业化的社会福利事业的管理机构。其次，要建立健全社会福利事业的专门法规，例如建立系统的社会福利法，建立老年人福利法、儿童福利法、残疾人福利法等，建立有关民间组织、社会资本进入社会福利事业领域的相关法规。另外，还要建立完善的社会福利制度和运行机制，改革政府管办合一的计划管理模式，推动政府对民政福利事业发展的管办分离，形成社会福利发展的独立体系。只有通过完善的制度建设，才能引导中国特色社会主义社会福利事业的健康、持续发展。

“历史就是历史，历史不能任意选择，一个民族的历史是一个民族安身立命的基础。总结和吸取历史教训，目的是以史为鉴，更好前进。”〔1〕以史为鉴，通过探讨中国民政福利建设的发展历程，从中可以总结丰富的历史经验与教训，可以为当前中国福利制度的改革提供有益借鉴。前文探析了新中国成立后民政福利思想、政策、实践的发展演变，考察了中国社会福利政策的具体实施情况、社会福利对象的生存发展状况等，进而总结了中国民政福利建设中的成效和局限性，并分析了民政福利指导思想和制度的优劣和实施过程中的得失。立足于历史经验教训，结合当前完善社会主义市场经济体制和建设和谐社会的

---

〔1〕 中共中央宣传部编：《习近平总书记系列重要讲话读本》，学习出版社、人民出版社2016年版，第33页。

背景，对当前中国社会福利事业的健康长远发展进行深入的思考，中国社会福利制度的改革要提高新时期重视中国特色社会主义社会福利的思想认识；要确立科学的中国特色社会主义社会福利思想与观念；要推进与经济发展水平相适应的社会福利发展；要实现新型社会化的中国特色社会主义民政福利事业建设；要建立新时期完善的有中国特色的现代社会福利制度。

第四节　我国社会福利事业发展的未来方向

随着社会主义市场经济体制改革的深化，中国的经济结构发生了重大的变化，民间资本力量壮大，经济成分、利益主体、生活方式等均出现了多样化的趋势，对扩大福利设施的数量、提高福利服务的水平、拓宽福利服务领域等提出了新要求。尤其是人口老龄化进程加快，家庭规模缩小化的趋势日益加剧，多层次、多形式的福利需求不断增加。据统计，2015 年全国各类养老服务机构和设施共计 11.6 万个，各类养老床位 672.7 万张，每千名老年人拥有养老床位 30.3 张，床位比例刚达到 3%，与发达国家的 5%～7%的机构供养比例还有较大的距离。截至 2017 年底，我国 60 岁及以上老年人口有 24 090 万人，占总人口的 17.3%。其中 65 岁及以上人口有 15 831 万人，占总人口的 11.4%。[1]老年人的福利需求非常大。但当前中国的福利制度依然继承了新中国成立后计划经济时期的不平等性、非社会化等弊端，福利事业仍然处于低位水平。所以社会福利事业的发展既面临挑战，又面临机遇，改革社会福利制度势在必行。而如何改革社会福利制度是我们必须要探究的问题。依据 1949－

---

〔1〕 国家统计局："中国 2017 年国民经济和社会发展统计公报"，载 http://www.stats.gov.cn/tjsj/zxfb/201802/t20180228_1585631.html.

1966年中国民政福利事业的发展历程和探索的经验，根据当前中国的现实国情，中国的社会福利事业的发展将朝制度化、社会化、适度普惠化方向行进。

首先，社会福利制度化。新中国成立后中国既缺乏管理福利事业的专门机构，也没有管理社会福利事业的专业人才，更缺乏关于社会福利的系统的法律制度，这是传统的民政福利事业发展受阻的根本原因。因此要保证社会福利事业的健康长远发展以及福利工作的实效性，最重要的还是建立系统完善的社会福利制度。当前中国已形成了《残疾人保障法》《未成年人保护法》《老年人权益保障法》《收养法》等相关法律，在一定程度上保障了残疾人、弃婴孤儿、老年人的合法权益。但是面对当前错综复杂的新形势以及人们对福利事业越来越多、越来越高的需求，还必须进一步完善社会福利方面的制度建设。中央和地方要成立专门的社会福利部门，培养专业化的社会福利服务人才，建立社会福利事业的中长期发展规划。尤其要逐步建立健全的、专门的社会福利法律制度，建立《社会福利法》《老年人福利法》《儿童福利法》等，抓紧制定推进社会福利社会化的系统政策法规。以制度化建设促进社会福利事业的发展，这是当前社会福利制度改革的必然要求。

其次，社会福利社会化。新中国成立初期中国政府曾与社会力量进行团结合作，使民间福利团体在民政福利事业中发挥了重要的作用。但是20世纪50年代中后期国家对所有民间福利团体进行整顿、改造和接收，使中国福利事业走向了非社会化道路，造成了福利资金紧缺、福利水平难以提高等问题。从历史经验来看，社会福利社会化是福利事业发展的内在需要。2005年11月民政部发布的《关于社会力量兴办社会福利机构的意见》指出："社会福利社会化是在社会主义市场经济条件下发展社会福利事业的必经之路，推进社会福利社会化必须动员社会力量多渠道、多层次参与福利事业、兴办福利机构，开展形式多样的系列化服务。”所谓社会福利社会化，“就是在政府的倡导、组织、支持和必要的资助下，动员社会力量共同参与社会福利事业的发展，以及开展全方位的社会化服务，以满足日益增长的社会福利需求”。[1]第一，实行社会福利主体的社会化，由政府、企业、个人及社会共同承担社会福利责任，并且使不同责任主体之间进行分工与合作。政府依然是社会福利最主要的责任主体，也要充分发挥社会、个人、企业等的主体作用。例如民间组织就是现代社会福利事业中最活跃的部门。第二，实现资金渠道多元化，允许民间资本进入福利事业的投资领域。改变国家包办民政福利的做法，打破福利资金来源于政府财政的唯一局面，实现福利资金的多渠道来源。继续加大以下福利资金来源渠道的作用：通过发行福利彩票筹集福利资金，接受社会捐助，城乡集体单位投入，进行服务收费等。继续通过改革进一步拓宽筹资渠道。第三，实现服务队伍的社会化和服务对象的社会化。民间社会作为志愿服务的直接提供者，也是社会福利事业的积极推动者，要充分发挥民间社会的作用，要向全社会的老年人、残疾人、孤儿弃婴等提供服务。

最后，社会福利适度普惠化。新中国成立后中国的民政福利是典型的补缺型福利，福利对象仅面向无家可归、无依无靠、无生活来源的“三无”孤老残幼人员。社会福利事业几乎全部都是面向城镇居民的，而农村居民很少享受到福利服务。福利水平仅提供基本的生产需要和保障最低的生活水平，甚至一度与社会救济混合在一起。计划经济时期的社会福利一定程度上

---

〔1〕 赵顺盘：“社会福利事业的基本架构及其发展趋势”，载 http://zyzx.mca.gov.cn/article/yjcg/shfl/200712/20071200009050.shtml.

有非公平性、非正义性的一面。随着中国经济社会体制的改革和经济社会的发展，2017年我国人均GDP已经突破5.9万元人民币、约合8000多美元，社会福利事业已经滞后于经济社会发展的总体水平。因此有必要改变传统的补缺型社会福利，适当地扩大社会福利的范畴并提高社会福利的水平，从而建立适度普惠型的社会福利。党的十八大在社会建设方面明确提出要使“人民生活水平全面提高”，“社会保障全民覆盖”。指明了社会福利的改革方向要指向“全民”“全面提高”等，这也反映出建设适度普惠型的社会福利事业已经势在必行。在福利对象上，要拓展到所有老年人、残疾人、处于困境中的儿童，覆盖所有困难群体、特殊群体、边缘群体等，同等条件的公民享受到同等的福利权利。在福利水平上，不但要满足基本的生存需要，而且要在保障基本生活的基础上，满足福利对象不同层次的多样化的需要，例如精神文化等方面的需要。当然，目前中国依然属于发展中国家，人均经济发展水平还很低，因此要避免西方福利国家的高福利模式的误区。在福利事业的发展方面转为适度普惠型，既要进一步扩大福利的范围并适当提高福利水平，又不能过快、过高地提高福利水平。

参考文献

1.《马克思恩格斯选集》(第1~4卷),人民出版社2012年版。

2.《毛泽东选集》(第1~4卷),人民出版社1991年版。

3.《毛泽东选集》(第5卷),人民出版社1977年版。

4.《邓小平文选》(第1~3卷),人民出版社1993年版。

5.《江泽民文选》(第1~3卷),人民出版社2006年版。

6. 中共中央宣传部编:《习近平总书记系列重要讲话读本》,学习出版社、人民出版社2016年版。

7. 中共中央文献研究室编:《建党以来重要文献选编》,中央文献出版社2011年版。

8. 中央档案馆:《中共中央文件选集》(第6册),中共中央党校出版社1986年版。

9. 江西省档案馆、中央江西省委党校党史教研室编:《中央革命根据地史料选编》,江西人民出版社1982年版。

10. 中共中央文献研究室编:《建国以来重要文献选编》,中央文献出版社2011年版。

11. 中共中央文献研究室编:《三中全会以来重要文献选编》,中央文献出版社2011年版。

12. 中共中央文献研究室编:《十七大以来重要文献选编》(上、中、下),中央文献出版社2013年版。

13. 郑功成等:《中国社会保障制度变迁与评估》,中国人民大学出版社2002年版。

14. 郑功成:《社会保障学——理念、制度、实践与思辨》,商务印书馆2012年版。

15. 宋士云：《新中国社会保障制度结构与变迁》，中国社会科学出版社2011年版。
16. 王子今、刘悦斌、常宗虎：《中国社会福利史》，武汉大学出版社2013年版。
17. 景天魁等：《当代中国社会福利思想与制度》，中国社会出版社2011年版。
18. 陈银娥：《社会福利》，中国人民大学出版社2009年版。
19. 王振耀：《社会福利与慈善事业》，中国社会出版社2009年版。
20. 郑功成：《中国社会保障改革与发展战略（救助与福利卷）》，人民出版社2011年版。
21. 范斌：《福利社会学》，社会科学文献出版社2006年版。
22. 景天魁：《福利社会学》，北京师范大学出版社2010年版。
23. 钟仁耀：《社会救助与社会福利》，上海财经大学出版社2005年版。
24. 胡务：《社会福利概论》，西南财经大学出版社2008年版。
25. 钟良才：《中国社会福利》，北京大学出版社2008年版。
26. 陈红霞：《社会福利思想》，社会科学文献出版社2002年版。
27. 丁建定、魏科科：《社会福利思想》，华中科技大学出版社2005年版。
28. 张士昌、陶立明、朱皓：《社会福利思想》，合肥工业大学出版社2005年版。
29. 彭华民：《从沉寂到创新：中国社会福利构建》，中国社会科学出版社2012年版。
30. 王爱平：《中国社会福利政策研究》，中国社会出版社2013年版。
31. 周永新：《社会福利的观念和制度》，中华书局（香港）1990年版。
32. 江亮演：《社会福利与行政》，五南图书出版公司2000年版。
33. 王顺民：《社会福利析论》，洪叶文化事业有限公司1998年版。
34. 周沛：《社会福利体系研究》，中国劳动社会保障出版社2007年版。
35. 刘敏：《适度普惠型社会福利制度——中国福利现代化的探索》，中国社会科学出版社2015年版。
36. 时正新：《中国社会救助体系研究》，中国社会科学出版社2002年版。
37. 阎青春：《社会福利与弱势群体》，中国社会科学出版社2002年版。

38. 王齐彦:《中国新时期社会福利发展研究》，人民出版社 2011 年版。
39. 韩克庆:《转型期中国社会福利研究》，中国人民大学出版社 2011 年版。
40. 高冬梅:《新中国成立初期中国共产党社会救助思想与实践研究（1949-1956）》，人民出版社 2009 年版。
41. 李小尉:《新中国建立初期的社会救助研究》，社会科学文献出版社 2012 年版。
42. 张奇林:《社会救助与社会福利》，人民出版社 2012 年版。
43. 杨立雄、兰花:《中国残疾人社会保障制度》，人民出版社 2011 年版。
44. 彭华民等:《西方社会福利理论前沿：论国家、社会、体制与政策》，中国社会出版社 2009 年版。
45. 胡晓义:《走向和谐：中国社会保障发展 60 年》，中国劳动社会保障出版社 2009 年版。
46. 崔乃夫:《当代中国的民政》，当代中国出版社 1994 年版。
47. 李学举:《跨世纪的中国民政事业》，中国社会出版社 2002 年版。
48. 敖文蔚:《中国近现代社会与民政》，武汉大学出版社 1992 年版。
49. 池子华:《中国流民史（近代卷）》，安徽人民出版社 2001 年版。
50. 李强:《当代中国社会变迁 30 年》，社会科学文献出版社 2008 年版。
51. 朱力:《社会问题概论》，社会科学文献出版社 2002 年版。
52. 阮清华:《上海游民改造研究（1949-1958）》，上海辞书出版社 2009 年版。
53. 蔡勤禹:《国家、社会与弱势群体——民国时期的社会救济（1927-1949）》，天津人民出版社 2003 年版。
54. 孟昭华、王明寰:《中国民政史稿》，黑龙江人民出版社 1986 年版。
55. 杨剑虹:《民政管理发展史》，中国社会出版社 1994 年版。
56. 胡民新、李忠全、阎树声:《陕甘宁边区民政工作史》，西北大学出版社 1995 年版。
57. 李立志:《变迁与重建——1949-1956 年的中国社会》，江西人民出版社 2002 年版。
58. 黄黎若莲:《中国社会主义的社会福利——民政福利工作研究》，中国社会科学出版社 1995 年版。

59. ［英］R. 米什拉:《资本主义社会的福利国家》，沈汉、陈祖洲、蔡玲译，法律出版社 2003 年版。
60. ［美］吉尔伯特:《社会福利政策导论》，黄晨熹、周烨、刘红译，华东理工大学出版社 2003 年版。
61. ［荷］汉斯・范登・德尔:《民主与福利经济学》，陈刚等译，中国社会科学出版社 1999 年版。
62. ［美］威廉姆・H. 怀特科:《当今世界的社会福利》，解俊杰译，法律出版社 2003 年版。
63. ［丹麦］考斯塔・艾斯平–安德森:《福利资本主义的三个世界》，郑秉文译，法律出版社 2003 年版。
64. ［日］一番ケ瀬　康子:《社会福利基础理论》，沈洁、赵军译，华中师范大学出版社 1998 年版。
65. ［美］吉尔伯特・罗兹曼主编:《中国的现代化》，陶骅等译，上海人民出版社 1989 年版。
66. ［英］贾森・安奈兹:《解析社会福利运动》，王星译，格致出版社 2011 年版。
67. Barker, R. L. , *The Social Work Dictionary* (*4th ed*), Washington, D. C. : NASW Press. 1999.
68. Miton and Rose Friedman, *Free to Choose*, Avon Books 1981.
69. George T. Martin, Jr. and Mayer N. Zald, eds. , *Social Welfare in Society*, New York: Columbia University. 1981.
70. Harold Wilensky and Charles Lebeaux, *Industrial Society and Social Welfare*, The Free Press, New York, 1958.
71. Glendining C. , Powell M. A. , Rummery K. , *Partnerships*, *New Labour and the Governance of Welfare*, Associated University Press, 2002.

后 记

本书是2016年度教育部人文社会科学研究专项任务项目（中国特色社会主义理论体系研究）的研究成果，也是在我的博士论文的基础上进行修改完善而形成的。在本书撰写的过程中，曾遭遇了诸多困难与困惑，有思想上的懈怠，有理论突破的瓶颈，也遭遇了资料搜集的困难，还好得到了身边诸多老师、同学、领导、同事、家人等的帮助与支持，终于完成了这一著作。

首先感谢我的导师段治文教授。段老师对本书从理论框架、资料搜集、行文等方面进行了悉心指导。尤其在本书的写作中，当我面临思路上的瓶颈、产生思想上的懈怠时，段老师的指导与鞭策是我克服困难、继续坚持写作的不懈动力。深深地感谢段老师几年来对我所倾注的大量心血！

感谢万斌教授、马建青教授、张彦教授、黄铭教授、高力克教授、张国清教授等，他们在我从一开始定题写作到完稿的过程中，曾经给予了我悉心的指导并提出了宝贵的意见，使我的思路更加开阔，为本书的完善提供了重要的参考。

感谢我的同学、师弟、师妹们，在我遇到挫折时给予思想上的鼓励以及本书写作上的指导建议。感谢我的领导和同事，在我撰写本书的过程中，他们在工作上关心我、帮助我，也在思想上开导我，为本书的撰写提供了良好的环境与条件。

感谢我的家人！我的父母弟妹关爱我，他们自力更生、健康快乐地生活，是我安心写作的前提。我的爱人在我写作本书的过程中，给予了全力的支持，主动分担家庭负担，在我思想压力大时给予开解和鼓励，是我坚持下来的极大动力。我的女儿虽然年幼，但很理解和支持我在工作和学业中的投入，她自己在各方面做到自尊自立、自主自强，很少让我操心，女儿对自己所选择目标的那种认真劲与执着劲，暗暗地鞭策我、激励我，我也希望自己敢于克服困难、能坚持不懈，能与女儿一起进步，这成为我在渐入中年时仍然有一份上进之心、仍能坚持撰写本书的力量源泉。

本书肯定还有诸多不足之处，敬请各位专家同仁批评指正。

龙国存

2018 年 10 月 16 日